文庫

文旅产业与全域发展文库

民族旅游村寨地方性的感知与彰显研究

刘宏芳　明庆忠　/　著

中国旅游出版社

总　序

文旅产业与全域发展：融合赋能促进高质量发展

众所周知，文旅产业是非物质生产产业，但其与我们的精神生活“须臾也不能分离”。社会主义新时期新矛盾的转变使我们对文旅产业及其促进全域发展的方式有了新认识与再定位，文旅产业与全域发展的关键在于体制机制创新、动力在于全链改革创新、路径在于统筹发展。

文化与旅游从来就是“孪生”兄弟。沧海桑田，山河演化，人猿揖别，发展人类文明。古人依山为命，辗转山林，群居穴处；又或朝行暮止，风餐露宿，行道迟迟，载饥载渴，忽见山溪、宽敞山洞，睹日出而林霏开，云归而岩穴暝，野芳发而幽香，佳木秀而繁阴，山高日小，身心愉悦，渐生乐山乐水之倾向；“山林川谷丘陵能出云，为风雨，见怪物，皆为神”（《史记·祭法》），“万物有灵”的原始自然崇拜文化也即诞生。“智者乐水，仁者乐山；智者动，仁者静”，后人谓之“君子比德”说。秦始皇统一中国，确认祭祀名山；汉武帝祭山祭水，“五岳”遂出；仿自然山水园林始现，状景体物之汉赋繁荣；魏晋南北朝，游士游道适意自然，“以形媚道”“澄怀味象”，“山川之美，古来共谈”；山水诗、山水文、山水画等应运而生，“采菊东篱下，悠然见南山”，山水可游、可居、可赏析的适意游渐行成风；仙游、释游兴起，“南朝四百八十寺，多少楼台烟雨中”，人文景观与山水融洽，各类生态文旅地萌生。唐宋盛世，“触景生情，借题发挥，记为诗文，以激千古”，旅游文化繁荣，山水名胜、书院隐居、园林殿阁传世天下。《梦溪笔谈》《徐霞客游记》诠释了“一游胜读十年书”“行万里路，读万卷书”的要义。文旅融合共生至今，且愈益发达。

当今世界，旅游成为人们的重要生活方式，文化成为人们的生活底蕴，旅游业与文化业为我们当世生活的“幸福产业”“快乐产业”，着眼于业态，聚焦于民生。究于本质，文化和旅游本源就是追寻人生幸福快乐，也使之成为人民生活水平提高的重要指标。旅游彰显了文化的价值，赋予文化更大的动能，文化需求促进旅游活动产生，文化创意提升旅游产品质量。文旅既承继历史传统，又创新功能，“宜融则融，能融尽融，以文促旅，以旅彰文”。

文化与旅游及相关要素相互渗透、交叉会合或整合重组，突破原有的产业边界或要素领域，彼此交融形成新生共生体。要素禀赋融通，以文化内涵为魂，赋予文旅全新理念与价值，注入特色，对旅游品位、旅游业态、旅游吸引力、旅游发展空间等进行优化、丰富和拓展，提倡优质发展；渗透融合、转换共进、跨文化跨区域交流，“讲好中国故事”，彰显“软实力”，实现文化旅游性与旅游文化性的有机统一，赋能区域发展。

“一方水土养一方人”，文化、旅游的本质特征离不开本区域的发展土壤，文旅的“地方性”“空间生产性”等多存在于特定的空间地域中。文旅业具有资本密集、资源密集、文化密集、人力密集、创意密集、新技术应用密集等特点，多元、多层、多方位的交融，成为“双创”最活跃的领域、一项没有天花板的智慧产业，从而促进盘活文旅资源，拉动文旅消费增量，获得乘数级的放大效应，文化和旅游融合也使人们赢得物质和精神的双丰收。文旅业不仅相促共生，而且与其他产业协同发展。协调第二产业和第三产业的关系，推动传统产业结构转型，持续不断制造消费热点，促进就业，促进区域内多产业的多元发展，其绩功不可没。

当下旅游正从观光游向休闲游、体验游转变，从景区游向全域游转变，从传统的团队游向自助游、深度游和品质游转变，文旅消费体验场景化、生活化、智慧化与现代化已是大势所趋。旅游消费的升级变化倒逼文旅供给侧创造新产品，创新文旅消费新业态。新型旅游景区、旅游小镇、古城古镇古街、山水田园、田园综合体、美丽乡村及中医药旅游、研学旅游、文博文创等新兴融合业态成为释放潜在动能的主要载体，顺应创新、协调、绿色、开放、共享五大发展理念，让优质的土地、资源发挥其最大的价值，运用全域性整合思维、创新性目的地思维、融合性系统思维、优质化品质思维和参与性共享思维，推动区域协调化、资源系统化、公共服务便利化、产品供给品质化、产业发展融合化、旅游治理规范化、旅游参与社会化（全民化）、旅游效益综合化（最大化），引领文旅产业谱写促进全域发展、可持续发展的新篇章。

文旅产业作为国民经济战略性支柱产业，在调结构、稳增长、促消费、惠民生等方面发挥着越来越重要的作用，已经成为经济社会发展的“加速器”、生态文明建设的“催化剂”、对外合作交流的“压舱石”，因此，文旅产业要创新业态，构建新的发展载体，进行供应侧改革创新，要做全产业链融合，以涵盖文化产业和旅游产业整个产业链，构筑成文旅产业体系：文旅融合要做产业融合，从某种意义上讲，文旅融合重在产业经济，重点在于生产要素、市场主体、经营方式的融合，着力点是形成市场化开发模式；文旅融合要做全域融合，文旅融合也不仅限于产业融合，应为“全域融合”，即着力于文旅全方位跨域融合，重点在资源整合、管理方式、发展模式上形成“文旅合一”的路径，其“全领域”涵盖了经济社会发展的诸多方面，如跨产业领域上以旅游融合农业、工业、服务业共发展，跨行业领域上以旅游带动文化创意、技术应用、新兴业态发展；跨部门领域上以旅游促进生态建设、扶贫脱困、基础建设等。通过对区域内各种资源尤其是旅游资源、相关产业、生态环境、公共服务、体制机制、政策法规、文明素质等进行全方位、系统化的优化提升，实现区域资源有机整合、产业融合发展、共建共享，以文旅业促进经济社会协调发展，构建起以文旅产业为基础平台的复合型产业结构，推动文旅产业域由“纯文产”“小旅游”向“大文旅”转型，达到文旅产业促进空间地域的全域维度、产业的全域维度、社会的全域维度、时间的全域维度、消费的全域维度、管理的全域维度等的全资源重新配置、整合，提升配置效率，打造全域发展环境，全方位发展社会经济，促进全域民生水平的高质量提升。

有鉴如此，云南财经大学工商管理及其旅游管理重点学科研究团队、云南省文旅产业与全域旅游发展哲社创新团队、云南省旅游产业发展与促进高校创新团队、云南省旅游产业发展哲社研究基地、云南省旅游管理研究生导师团队、云南省国家旅游局省部共建旅游管理教学科研基地、云南省旅游管理重点学科研究团队、云岭学者科研团队等在组织相关研究的基础上，出版“文旅产业与全域发展文库”系列著作，期盼对文旅产业、全域旅游及区域社会经济发展贡献绵薄之力。感谢中国旅游出版社段向民主任的大力支持！感谢各位专家学者给予的关心和帮助！敬请一如既往地给予关怀和支持！

明庆忠

2020 年 5 月于昆明滇池畔

前　言

地方是一个有着不同尺度的概念，民族旅游村寨是微观尺度层面的社会空间和聚居地。地方性是地方特有的属性，地方性的感知包含客观的地方性经由媒介解读传播和实地检验成为主观的地方性的整个过程。民族旅游村寨自然环境、社会环境、文化传统、民族习俗决定了其独特的地方魅力，但未必能较好地被感知。研究民族旅游村寨地方性感知与彰显，是对文化多样性保护、旅游开发中的同质化现象及少数民族传统文化传承的回应，可以丰富文化地理学、旅游人类学的研究内容，有助于民族旅游村寨吸引力的长久保持和强化旅游者体验，同时也可为我国民族地区文化建设提供一定的参考。

本书主要采用了规范研究和实证研究两条主线，先对民族旅游村寨地方性的感知与彰显的基础理论和主要内容进行了分析，然后采用实证研究法对石林大糯黑村和双廊大建旁村进行了案例研究。

规范研究部分，主要运用文献分析法和归纳演绎法对民族旅游村寨的理论基础、地方性的解构与重构、主客视角下的地方性感知及彰显进行了分析。认为地方感、地方依恋与地方认同理论、社区参与理论与利益相关者理论、旅游感知理论、空间生产理论。地方性与民族文化、族群性、自然环境、大众媒介、旅游活动有密切相关，民族村寨传统与现代、地方与全球、开发与保护是研究的关键问题。地方性是民族旅游村寨的核心吸引力所在和民族旅游村寨地方认同的重要依凭，地方性的彰显与民族旅游村寨文化的延续传承一脉相承。地方性通过民族旅游村寨这一“舞台”充分展现地方魅力，地方性在民族村寨旅游体验中不可或缺，鲜明的地方性让民族村寨在旅游市场脱颖而出，地方性的凸显有助于民族村寨文化的保护传承与当地旅游产业的长远发展。

民族旅游村寨的地方性包含自然生态环境、地方历史、民族文化的特殊性及特殊的区位优势形成的地方优势。研究从地方之根、地方之干、地方之叶三个部分搭建了地方性的概念模型——“地方树”，并据此采用德尔菲法对地方性指标体系各要素的重要性进行判定。一级指标体系中，地方传统、地方历史、地方环境、精神纽带、生活方式非常重要，空间格局、社会氛围、地方联系、地方活动与生产方式很重要；二级指标体系中，集体记忆、文化、宗教信仰、自然环境、集体活动、社会环境、习俗、民风民俗、民居形态、宗教活动、住所非常重要，并据此设计民族旅游村寨的访谈问题。

民族旅游村寨地方性的识别要素既有显性要素/物质要素，也有隐性要素/非物质要素。国家政策、制度安排、工业化、信息化、现代化、全球化与旅游化是建构民族旅游村寨地方性的结构性动力，民族社区精英、本土投资者、外来投资者、民间组织机构等是非结构动力。资源禀赋、生产方式与生活方式变迁、发展需求与家园保护、地方性知识的运用、自组织与创新、对旅游市场需求的理解与认识等是地方性建构的内生动力，政策、市场、外部交通、资本、技术、外来人力资源等属外生动力。

“我者”及“他者”视角下的地方性感知受不同因素影响也存在差异。地方性的彰显，有助于突出地方个性和复兴地方文化，也有助于给旅游者带来良好的旅游体验及强化本土居民的地方认同。民族旅游村寨地方性彰显的框架体系，包含了本体的地方性塑造、媒介对地方性的宣传及旅游者对地方性的感知。民族旅游村寨地方性彰显的理想模式是“政府引导＋村寨为核＋社区参与＋多方支持”，主要路径有：在旅游开发中融入地方性，通过情境构建策略、深度体验策略、社区治理策略、景观设计策略等实现地方性的彰显。

实证研究部分，主要采用实地调研、半结构访谈、统计排序的方法，对石林大糯黑村与双廊大建旁村进行了研究。分别就石林糯黑彝族村寨、双廊大建旁白族村寨2个村寨概况、地方性建构的动力来源、旅游者和当地居民对其地方性的感知及具体的彰显路径进行了论述，并进一步进行了比较分析。研究认为，糯黑当地居民和旅游者对糯黑地方性的整体感知较好，当地居民的地方认同和地方依恋也优于旅游者，对于旅游开发的感知也较好；双廊大建旁村当地居民和旅游者对地方性感知较弱，在地方认同和地方依恋上，当地居民也弱于糯黑，且呈现出当地居民和旅游者较为接近的态势。

刘宏芳

2020年7月

目　录

第1章
导　论

本章主要介绍了选题研究的背景、研究综述、意义与价值、目标与内容、思路与方法。民族旅游村寨的地方性研究，从宏观层面来讲，关乎文化多样性保护和地方特色的突出，是对现代流动性日趋增强的社会背景之下“千村一面”“千镇一面”开发同质化问题的回应。从微观层面和实践意义方面来讲，对于目前中国民族村寨及传统村落文化传承和核心吸引力的保持、物质景观到精神内核的维系具有一定的积极意义。研究目标在于探析地方性的构成因子、生成机制及“我者”和“他者”地方性感知的影响因素，并据此提出地方性彰显的策略和方法。将其运用于不同类型的案例研究之中，解析民族村寨的地方性建构及当地居民和旅游者对当地地方性的感知情况，提出更为具体的地方性彰显策略。

1.1 选题研究的背景

1.1.1 民族旅游村寨的地方性研究具有文化多样性保护意义

联合国教科文组织在 2001 年 11 月 2 日通过的《世界文化多样性宣言》中指出，文化在不同的时代和不同的地方具有各种不同的表现形式。这种多样性的具体表现是构成人类的各群体和各社会的特性所具有的独特性和多样化。文化多样性是交流、革新和创作的源泉，对人类来讲就像生物多样性对维持生物平衡那样必不可少，文化多样性是人类的共同遗产。联合国教科文组织还分别通过了《保护世界文化和自然遗产公约》(1972年)、《保护非物质文化遗产公约》(2003年)及《保护文化内容和艺术表现形式多样性公约》(2005年),逐步对物质形态的自然文化遗产、习俗或精神层面的非物质文化遗产及其表现形式予以关注,旨在由外向内、由浅入深地推进文化多样性保护。民族村寨是我国扎根本土而生长起来的特殊微观社会,其世居族群、地域文化、民族习俗等都有一定的特殊性,民族旅游村寨是这一类型社区的典型代表。因旅游发展的需要,其文化传承与保护受到越来越多的关注。近年来,国家对中国传统村落保护力度的加大、国家民委命名"中国少数民族特色村寨"、住建部及国家旅游局评选的"全国特色景观旅游名镇名村示范名单"等,均体现出对村落、村寨这一微观空间文化殊异性的重视。我国台湾学者王汎森曾提出质疑,"如果这世界只有一种文化,如果每一个城市的中心地区的建筑物都是一个模样,那么我们的生活有什么意思?旅行要看些什么"?工业时代的机器流水线上的标准化生产、批量加工的生产方式盛行以来,后工业、后现代社会便开始了对前现代工业化社会的种种质疑,而生物多样性、文化多样性、艺术多样性在后现代语境下越来越受到关注。

文化多样性的保护也遇到了一些困难和阻滞。从具象的国际知名跨国集团、星级酒店、摩天大楼般的建筑样式在发展中国家的全面铺开,到大众传媒、网络内隐的多重价值观念、生活方式的全方位交叠,文化多样性的传承与保护受到了前所未有的冲击和挑战。即使是位于边远地区的民族村寨,也难逃现代化、工业化、全球化带来的多元文化渗透和价值观念输入。《保护文化内容和艺术表现形式多样性公约》强调:"文化多样性是人类的共同遗产,且创造了一个多姿多彩的世界,特别是要提高发展中国家保护和促进文化表现形式多样性的能力。"可见发展中国家在文化保护及表现形式的具体问题上确有困难,也更加棘手。我国是发展中国家,以汉族为主体的村落及以少数民族为主体的村寨众多,各村寨的文化传承状态不一、方式不一、效果不一。在当前城镇化、全球化及乡村空心化的背景之下,学界对乡村传统文化的保护基本已达成共识。地方性是文化多样性的有力支撑条件,无论是大尺度的城市空间、文化区域,还是小尺度的微观村寨,地方性的挖掘与彰显均富有意义。强化民族村寨地方性的彰显研究有力于边缘社群的地方特色挖掘和文化保护,也可为微观层面的文化多样性保护提供渠道。

1.1.2 流动性和全球化进程带来社会扁平化需要地方特色的凸显

自工业革命以来，交通工具的改进和创新让人群和物资的流动日益频繁和简易，经济全球化背景下相应的劳动力、信息、资金、技术的流动使得价值观念、经营模式、时尚潮流等意识行为层面的传播带来了物质形态的趋同，“地球村”和“平的世界”等已成事实，也逐步被接纳。全球化和经济一体化促进了地方发展和文化交流，但地方特质不应在此进程中被消解，诚如费孝通先生所言，“各美其美，美人之美，美美与共，天下大同”，这种“天下大同”是一种“和而不同”，需要以多元的美、特色的美为支撑。多元与特色需要不同的地方性特质作支撑。如何凸显地方特色、在扁平化的社会中保有特色，值得当今社会反思与重视。虽然旅游产业建设要求旅游服务与设施等与国际标准接轨，但地方特色的保留与彰显与此并行不悖，甚至是旅游地经久不衰的核心关键所在。

乡村作为社会体系的基层单位，与城镇的功能、格局存在较大差异。但在地方特色的凸显上，二者皆有意义。乡村代表了微观的社会单元，城镇是宏观区域。城镇建设与发展的基础与灵感来自乡村，甚至有的城镇早期就是乡村形态，而后逐步随着功能的改变和社会发展基础和要素的不断累积逐步演变为了城镇。乡村代表着传统文化的根脉所在，有的地方的乡土文化是传统文化的起源地，也是城镇文化体系中的重要组成部分。再者，乡村自有的文化特色和地域风情是旅游场域中独特的审美对象，山水田园之美、人文风情之美、劳作之美、“诗意栖居”的想象多数与乡村有关。民族旅游村寨即是此类乡村的典型代表，其地方性的保留更为关键。

1.1.3 旅游开发存在同质化现象亟须彰显地方特色

旅游活动得以开展的重要动因是异地吸引力，区域的地方性是形成异地魅力的重要元素。然而不容忽视的现实情况却是旅游开发的千篇一律、高度雷同的同质化现象较为普遍存在。这在景观规划设计、项目设计安排、商铺配置与商业运作模式、铺面装潢等方面表现得尤为明显。如仿古镇建设或古镇翻新多采用临水建屋或黄棕色木质建筑，配置酒吧、茶吧、休闲吧，辅以灯笼装饰、青铜雕塑，古色形貌的民居内是各式各样的旅游商品销售，仿佛

"天下古镇一个样"。同时，伴随着全球化进程的加速和渗透，各式各样的"舶来品"或"采借品"往往也在无形中压缩了本土文化的生存空间，间接地导致了地方性的缺失。伍德（Wood，2000）曾指出大众旅游的全球化导致奇怪的矛盾现象：旅游的出现被视作差异性保留的机会，但为吸引旅游者的城市再造却越来越相似，明显地引起了"旅游泡泡"或"旅游飞地"。各式各样的国际高端度假社区引入不同的异域风格，知名旅游地从景观塑造到生活氛围营造都日益"西洋化""高端化"，国内也出现了一些各式各样的专门在旅游地经营的品牌商铺。此外，还存在旅游纪念品同质化、风格同质化等现象。

不同地域空间内的资源和景观自有其殊异性，但随着旅游地逐渐热门之后，越来越多的投资者和商家一同进驻，同时带来了多元的思维理念和发展模式，这些"外界多元的杂糅拼接"似乎可以复制到任何地方，而各地内部空间差异与特色似无从辨识。建立于当地民众的文化自觉和文化自信、规划者对地方传统和历史的尊重、策略性地对地方文化和特色的挖掘与突出基础之上的地方特色回归和彰显研究有待加强。

1.1.4 民族村寨地域特色在旅游开发中有被湮没的风险

特色是旅游吸引力的核心构成部分之一。若任由全球化、开放式的开发经营理念在旅游地全面扩张，不注重地方性的挖掘与保护，各类型民族旅游地的发展大多难逃少数民族居民失语、政府全权代言且主要由外界开发推动下进行的命运。在强有力的政府"看得见的手"的集中助力下发展良好，也有可能出现高度同质化开发而导致"均质的地方"。旅游是一个求新求异、不断探索发现的过程，一旦地方流于平庸，无个性无特色，其旅游吸引力也会迅速下降。

民族村寨虽位于主流文化的边缘地区，又因其民族风情和独特的地域环境而自成一体，更有地方特色突出的条件和基础。但随着村寨知名度的提高，大量的资本和外来投资者涌入之后，村寨的开发建设项目和形态也不再由当地居民决定，各式旅游度假村、游乐场的建设，也有可能将民族村寨带入千篇一律的发展境地。一旦少数民族地区的旅游村寨都沦为均质的、无差别的地方，要再恢复其原有的生活状态和景观形态将非常困难，也意味着旅游目的地中的边缘之地、隐秘之地的文化特色也在全球进程中被消解，是非常危险与不可逆的过程，也不利于地方旅游业的长远发展。因此，有必要对民族旅游村寨地方性的感知与彰显进行研究，从而在了解地方性如何被认知的基础上，进一步为如何突出和塑造民族旅游村寨的地方性提出建议。

1.1.5 地方性是民族旅游村寨的核心吸引力和地方认同的重要凭借

首先，地方性是旅游开发的基础，在一定程度上决定着地方的旅游吸引力。旅游开发是一个挖掘、构建地方性的过程。地方性影响旅游者的旅游体验、目的地选择和旅游地形象等方方面面。其次，地方性在一定程度上规定着旅游开发的方向和旅游地的性质。优美的风景对于观光旅游、宜人的气候对于度假旅游、优质温泉对于温泉旅游都是不可或缺的、具有决定性作用的以自然为基底的地方性因素。地方性要素的丰富程度直接影响旅游资源的丰度与资源组合状况，从而影响旅游开发潜力与规模。如少数民族地区独具特色的建筑风貌、丰富的文化遗存、多彩的民俗风情等丰富的地方性要素及其相得益彰的组合为旅游开发提供了优越的条件。民族旅游社区中的地方性和民族性保持是形成社区旅游的重要前提。为了早日形成一种多样化、多元化的文化景观，有必要保持和研究这些区域文化和建筑的地方性。民族旅游村寨的地方性兼具族群特殊性、村寨景观奇特性与文化殊异性。这些地方特色是民族旅游村寨的核心吸引力所在，如何保持并突出民族旅游村寨的地方性十分关键。

如果说地方性形成的吸引力是针对旅游者而言，社区认同则是对村寨内部社区居民的意义所在。杨慧（2003）指出，云南各少数民族在旅游开发的特定场景中，族群意识借助于民族身份的再认同被强化，并在与民族旅游发展的互动中不断传承、延续、发展。在这一过程中，民族旅游起到了推动各少数民族传统文化复兴、再建构民族身份和民族精神的作用。吴其付（2011）认为，地方族群的文化认同是国外民族旅游与文化认同的重要方面，而族群身份与文化认同亦是国内民族旅游与文化认同的重要内容。文化认同既有来自主流社会的建构，也有地方族群的自我认知。在旅游发展这样一个特定的历史场景中，频繁的人员流动和文化之间的交往接触引起地方民族对我者和他者的文化判别，进而形成了对本民族文化认同的考量。文化认同是地方认同的内核所在。地方认同除了对特定空间时间累积的情感依附外，有形的山河草木、民居建筑、饮食服饰，无形的传统技艺、文化艺术、节庆等，既是延续社区居民集体记忆的重要载体，也是地方性的重要构成部分。所有对物质与非物质文化传承与延续的努力，也都是地方性彰显的重要实践。地方认同包含着对地方的文化认同、对地方的情感依恋和热爱，有助于地方建设和地方发展，但地方认同也有赖于清晰的地方性感知，因此，地方性的彰显对当地民众也意义重大。

1.1.6 地方性彰显与民族旅游村寨文化延续一脉相承

地方性与地方文化有一定交叉且一脉相承。地方文化是地方性的内核所在，隶属地方文化的内容，也必然是地方性显像化的重要载体。地方性指涉的外延更加广泛，一些自然要素也是构成地方性的内容，地方因此具有有别于他地的特征与形貌。民族旅游村寨文化生态、文化创造也深深地根植于具有典型地方性的自然环境中，可以说二者密不可分。旅游作为民族村寨的一种发展方式兴起的同时，也为民族村寨的文化复兴与文化再生产提供了空间和舞台，使得民族村寨从自在的生活空间演变为旅居一体的旅游空间、商业空间及展演式的舞台空间。民族村寨的文化开发、文化特色的保留是地方性彰显不可回避的问题。在此背景下，民族村寨中的物质与非物质文化遗产的开发利用，也成为凸显地方特色的内容。对民族旅游村寨而言，内在的“我者”社区居民在旅游情境下不断发掘出本土文化的意义所在，从文化自觉迈向自信，更好地针对村寨的“传统家底”进行利用，在民族村寨旅游的建设中更加积极主动和得心应手，是彰显地方性的有力途径。

1.1.7 民族旅游村寨的地方性研究有益于乡土传统的回归

据国家统计数据显示，2000 年时中国有 360 万个自然村，到 2010 年，自然村减少到了 270 万个，10 年里有 90 万个村子消失了，一天之内就有将近 300 个自然村落消失[1]，而自然村中包含众多古村落。古村落中保留着最

1　人民论坛.中国城镇化阵痛与担忧：10年90万自然村销声匿迹[EB/OL]. http://politics.rmlt.com.cn/2013/0809/101148.shtml（2013–08–09）.

根性的文化记忆和多元文化发展的可能性。城市化发展造成千城一面，让乡村濒临消亡。古村落的消失在某种程度上是在热衷经济发展及城市建设速度与规模发展模式之下的本土文化的土崩瓦解的显性表征。城市化进程推动人们离开故土、流向城市，也意味着村落消失、村寨的文化生态被逐步改变已成为难以扭转的局面。可喜的是，新一轮的乡村振兴战略，开始重视乡村产业建设及其文化建设。民族旅游村寨地方性的研究，以村寨地方性的彰显为最终目标，试图保留本土传统和当地居民的精神家园，也可为位于城市中的人们提供“怀乡念旧”“寻找故园”的空间。此外，对地方特质的关注，研究不同群体对村寨这一特殊地方的感知，进而为地方独有魅力的彰显提供建议。再者，民族旅游村寨地方性的研究，是民族村寨地方性与旅游开发的嫁接和融合，将更有益于村寨地方特色的挖掘，同时强调一种本土传统的回归与精神家园的守望。地方文化的捕捉，也将有益于形成局内“我者”的文化自觉，同时让旅游者更好地理解地方的根脉和来处。

1.1.8 美丽中国建设与文化软实力的提高需要彰显地方性

党的十八大报告明确指出，必须树立尊重自然、顺应自然、保护自然的生态文明理念，把生态文明建设放在突出地位，融入经济建设、政治建设、文化建设、社会建设各方面和全过程，努力建设美丽中国，实现中华民族永续发展。文化建设是与经济、政治、社会四位一体并驾齐驱来共同承载与支撑生态文明建设的重要载体。这要求在动态的世界中挖掘、传承并坚守中华文明固有的文化之根，民族之脉。文化之根、民族之脉不在于外界，而在于本土，来自中华民族千载不息辛勤耕耘的大地乡野、田间地头，蕴藏在都市和乡野民众的具体化的生活实践和经验之中。复振中华民族的传统文化，赢得世界的理解与尊重，树立人民的文化自信，是美丽中国建设的应有之义。

十八大报告还强调，文化是民族的血脉，是人民的精神家园。全面建成小康社会，实现中华民族伟大复兴，必须推动社会主义文化大发展大繁荣，兴起社会主义文化建设新高潮，提高国家文化软实力，发挥文化引领风尚、教育人民、服务社会、推动发展的作用。文化的大发展大繁荣、文化软实力的提高需要多样充足的本土文化素材，明显的地方特质可提供丰富多样的文化建设素材，可创造文化保护与传承的典范。地方性研究可为传统文化的保护、优秀文化的传承与弘扬打基础，也试图在本土文化的保留与外来文化的交融中寻求平衡，进而为自觉的文化保护和良性传承提出些许思考。

1.2 相关研究回顾

1.2.1 民族旅游村寨研究

民族旅游村寨是指以民族风情为主要依托和核心吸引力发展旅游的村寨。鉴于民族旅游地、民族地区、民族旅游与民族旅游村寨高度相关，本研究拟以此对国内外相关文献进行综合分析。

1.2.1.1 国外相关研究

（1）起源与发展。国外民族旅游相关研究起源较早，专门针对民族旅游村寨的研究较为罕见，多以某一国家或某一民族地区民族旅游发展为主题开展研究。

国外民族旅游地的相关研究始于20世纪70年代，发轫于人类学研究。“民族旅游”（ethnic tourism）首次出现在Valene Smith的专著*Hosts and Guests: The Anthropology of Tourism*（《东道主与游客：旅游人类学》）中（Li Yang, Geoffrey Wall, 2009），书中选取了一些典型民族旅游地讨论其文化变迁问题，引介到中国后，成为中国旅游人类学研究的必读书目之一。此外，Nash也著有《旅游人类学》，奠定了旅游人类学的学科基础。在西方，人类学与民族学基本指向同一概念，主要是对某一特殊族群开展研究。国外民族旅游地的研究主要以人类学研究为主流，“二战”期间西方对第三世界的好奇推动了对边缘民族地区及其族群的研究，这种传统也延续到了旅游人类学的研究之中。20世纪90年代，美国的《旅游研究纪事》（*Annals of Tourism Research*）上刊登了大量研究民族旅游的相关文章，掀起了民族旅游的研究热潮。关于民族旅游（ethnic tourism）、土著旅游（indigenous/aboriginal tourism）和民族旅游地文化的真实性（authenticity）、商品化（commercialization）、文化展演（cultural representation）等传统命题研究以MacCannell、Cohen、Nash、Graburn为代表。此外，少数民族（ethnic minorities）、民族性（ethnicity）、民族认同（ethnic identity）、民族旅游者（ethnic tourists）等也逐步进入旅游研究者的视野。

就民族地区旅游发展研究来看，欧洲及美洲地区研究涉及英国、加拿大、美国等地，亚洲地区研究主要集中在东南亚国家和地区，如泰国北部的多民族地区、越南、尼泊尔、日本和中国西南的少数民族地区，以及非洲的博茨瓦纳等地。

（2）主要研究内容。

①旅游与民族性的关系研究。主要包括民族认同、民族性在旅游发展过程中的体现，以及由发展旅游产生的民族主义问题等。Pitchford（1995）讨论了威尔士的民族旅游与民族主义（nationalism）的关系，认为旅游在帮助威尔士人获得经济收益的同时，具有重新谱写历史、重估文化价值的功能，对民族形象的塑造（ethnic image-making）有着潜在的作用。民族旅游还充当了民族主义信息传递的媒介，塑造了威尔士人作为不公正待遇的受害者与异质文化持有者的形象，为民族主义运动提供了素材。Jamison（1999）则将旅游和民族性视作“水乳交融”（brotherhood of coconuts）的关系。他对肯尼亚的马林迪沿海地区进行了研究，认为旅游是本土社区成员身份认同再解读的催化剂，旅游可以促进族际间关系的缓和，但同时旅游交往可能会导致不可预见的、有利或不利于旅游发展的结果。Hitchcock（1999）以一种情境主义视角（situational perspective）来讨论旅游和民族性（ethnicity）的关系，认为民族性穿插在旅游的许多方面，旅游可促进民族认同的进程，同时可以让主流民族重新认识少数民族。Callahan（1998）以英国的舍得兰群岛（Shetland）为例，对舍得兰群岛及其之下各地域进行了整体和部分的分析，认为分析区域历史和文化的旅游展演及其动机有助于更好地理解民族性现象。日本北海道的民族旅游跟阿依努人（Ainu）身份认同关系也受到关注。研究认为旅游场域下的阿依努身份得以形成、加固和强化，促成了更为广泛的阿依努的民族认同，对其文化的自我呈现提供了空间（Hiwasaki，2000）。

②旅游发展背景下民族地区各利益相关者之间的关系研究。主要包括本土居民与其他旅游参与者或开发商、不同性别的旅游工作者在旅游产业中的角色问题、社区参与问题、民族旅游者的需求等。Lazaridis 和 Wickens（1999）分析了希腊少数民族旅游就业问题。研究显示，西方旅游工作者（tourist-workers）待遇比阿尔巴尼亚人更好，阿尔巴尼亚人不仅被剥削和歧视，还在一些政治游戏中充当着替罪羊的角色。阿尔巴尼亚人的境遇相较而言更次等，更无流动性，且受到了极度的剥削。Moscardo 和 Pearce（1999）以理解

民族旅游者（ethnic tourists）为切入点进行了研究。他们对澳大利亚土著文化公园（Aboriginal Cultural Park）的1500名旅游者进行了调查，认为不同的旅游者在民族旅游情境体验下寻求的体验需求不同，在后现代的民族旅游者中，有的非常热衷于与土著居民的交往互动；有的则仅仅对娱乐和活动感兴趣，却并不关心直接的族际交往；有的旅游者甚至对与当地居民的直接交往感到困难与不适。若要充分发挥民族旅游的积极作用，了解旅游者对所开发的旅游产品的态度十分必要。Pandit（2012）对尼泊尔奇特旺国家公园塔鲁族边缘化的问题进行了讨论，认为在旅游发展过程中塔鲁族的女性与其他山地移民相比，被赋予的权利和经济收益都不如其他山地民族，旅游导致了社会分化（social differention）。也有研究对泰国北部民族旅游政治问题进行了分析，但落脚点在利益相关者关系上。研究者认为旅游者、中间商、政府之间的互动在一个较浅的层面。虽然当地居民试图从旅游当中获益，但与其他利益相关者比较而言，仍处在一个较低的位置。旅游发展和传统文化保留的冲突依然存在，未破坏的、真实的文化消费体验十分困难，旅游者看到的多数是虚假和戏剧化包装而成的。这使得寻求原真体验的旅游者开始探寻大湄公河次区域的其他地区。生态旅游和社区旅游呈现出一种更积极、平等趋势，可创造更多的尊严和平等（Leepreecha，2005）。2009年，Li Yang与Geoffrey合作，以西双版纳为例，构建了包含利益相关者、社会—文化问题和可能的解决方式在内的民族旅游概念性框架（Li Yang，Geoffrey，2009）。

③民族旅游与文化的关系研究。包括民族地区遗产旅游、文化旅游。其中，民族文化的“舞台化”与“真实性”是热点问题之一。Caffyn和Lutz（1999）以伯明翰为例，讨论在多民族城市开发遗产旅游产品的问题。焦点问题放在了如何实现经济和社会目标、如何实现社会融合和识别少数民族族群需求、如何在后工业时代背景下开发工业遗产旅游和融入全新的欧洲一体（European identity）中。Loukaitou-Sideris（2011）等研究过美国洛杉矶将文化旅游作为经济发展战略的民族社区（ethnic neighborhood），在当地，文化旅游更多被视作民族地区旅游发展的一种方式和机会，可让民族社区丰富的传统、历史、艺术、美食等资源的价值被开发和利用，但同时，机会与挑战并存。对于民族文化“舞台化”与“真实性”讨论，源于20世纪80年代。MacCannell（1973）在美国社会学期刊（*The American Journal of Sociology*）上发表了一篇题为“‘舞台真实性’：社会空间在旅游背景下的安排”（*Staged*

Authenticity: Arrangements of Social Space in Tourist Settings）的文章，正式拉开了旅游场景中关于民族文化真实性问题讨论的序幕。MacCannell 认为 Goffman 的"前台—后台分割理论"（front-back dichotomy）可以解释旅游者在民族地区际遇中遇到的舞台性真实与后台真实的差异。Mbaiwa（2011）以波茨塔瓦中心的古莫喏咪（Goo-Moremi）社区为例，研究了当地文化商品化（cultural commodification）与旅游的关系。波茨塔瓦为了改善乡村的生计状况、增加社区参与、丰富以自然旅游为基础的旅游产业，大力推动文化旅游建设。研究显示，古莫喏咪村本地居民对文化商品化的态度褒贬不一，部分居民认为文化商品化可带来社会经济收益，可以接受；而另一部分村民坚持认为文化商品化会破坏他们的文化和信仰体系，持较为抵触的态度。Notzke（1999）以加拿大西部的北极地区为例，对当地的土著旅游发展态势进行了分析。他认为土著旅游（indigenous/aboriginal tourism）是资源依托型产业，在现代背景下逐渐演化为生态旅游、文化旅游或民族旅游。一些本土居民试图寻找一些创新方式来让旅游支持他们以土地为基础的经济传统元素，而不仅仅是被产业消耗。旅游体验的"真实性"（authenticity）既是当地的主要资本，同时也面临着严峻的管理挑战。Yiping Li（2000）对位于加拿大萨斯喀彻温省、萨斯卡通市的温根遗址公园（Wanuskewin Heritage Park）进行了研究。研究采用半结构和无结构访谈法，对政府部门、旅游商业人员和典型的少数民族进行了研究，关注公园的发展历程、社会文化问题及一些应对策略。其中，文化复制与综合集成（cultural pluralism vs. integration）的问题被视作矛盾性问题之一。公园的营销工作和资源管理计划都已意识到本土文化的重要性，并且非常重视吸纳本地居民和咨询年长者。泰国西部地区老族的语言生动性和民族旅游发展的关系也受到关注，研究认为语言生动性和共有文化特质的保留易于促进基于社区的民族旅游项目（community-based ethnic tourism project）的开展（Somsonge Burusphat，Sujaritlak Deepadung，Sumittra Suraratdecha）。2011 年，Li Yang 以云南民族村为例，探讨了民族旅游与文化展演的问题，其中各利益相关者观点是重点分析内容。

④民族旅游地的开发与影响问题研究。主要涉及政府在民族旅游地开发中的功能、角色、核心问题、开发方法及开发影响等问题。Li Yang（2006）与 Geoffrey、Stephen 一起以西双版纳为例，对民族旅游发展的中国政府视角进行了剖析。认为不同层面的政府通过对生产、消费和投资的控制在民族旅

游的许多方面起着重要作用。此外，对国家规制与民族自治、文化殊异性与现代性、经济发展和文化保护、真实性和文化商品化的国家层面和区域 / 地方层面的功能进行了比较研究，重点关注了民族旅游发展中的热点命题，如文化保护与开发、利益分配等。Howard（2006）选取了几个核心问题对中国南部民族地区的旅游发展进行了研究，讨论了旅游和中国少数民族的关系，对空间发展、劳动力和收入转变、商业化、影响评估等问题做了较为细致的论述。Theerapappisit（2012）以泰国清莱为例，分析了社区民族旅游的自下而上法（Bottom-Up Approach）。作者认为，有效的本土参与可以促进长期旅游收益，东道主社区和 NGO 共同协作的旅游规划可以找到一个较好的平衡点。同时指出，社区旅游规划中的重要资产是乡村社会文化、环境资源及其周边环境。此外，服务教育、语言和计算机技能也被视作长期发展的重要保障。越南沙巴地区老街的旅游对少数民族的影响、泰国山地部落的民族旅游影响进入了研究者视野，经济影响、文化影响、社会影响都是学者较为关注的方面（Dr. Ph¹m ThÞ Méng Hoa.Dr. L©m ThÞ Mai Lan，1999；Kayoko Ishii，2012）。

（3）研究述评。国外民族旅游研究呈现出以人类学为主线的特点。旅游的经济、社会、文化影响，旅游发展过程中的利益分配、权力结构、文化舞台化、商品化开发与保护、生态保护基本构成了国外民族旅游研究的主要内容。民族旅游地一般被视作案例分析的区域背景。整个民族旅游研究沿袭了人类学、民族学对特定人群、特定环境的研究传统；从研究方法上来看，研究以质性研究为主，主要通过学者的观察或半结构访谈获取信息；从研究视角来看，较偏重宏观层面，学者往往选取较大的区域为背景进行综合分析，微观层面如具体的民族村寨、小镇或乡村地区的研究还较为鲜见；从研究内容来看，旅游与族群认同、旅游对民族文化的影响等已进入研究者视野，为民族旅游村寨地方性的研究提供了有益参考。传统文化的消弭与保护基本成为学界的共同关注，国外学者将其描述为“舞台化”和“真实性”问题，也是民族村寨旅游开发中不可回避的问题。综合来看，国外民族旅游地的研究有待跨学科视角的综合运用，研究区域可再微观细致化，研究方法有待拓展创新，对一些共通的典型问题的应对还有待深入探讨。

1.2.1.2 国内相关研究

民族旅游村寨研究随着民族旅游的逐渐升温逐步成为研究热点。在我国民族多样性丰富、民族文化异彩纷呈的条件下，学者对民族旅游村寨的研究开展了大量工作。主要集中在以下几个方面：民族旅游村寨的开发与建设问题；民族旅游村寨的社区参与及利益相关者之间的关系协调问题；旅游对民族村寨的影响；基于主体视角的社区居民感知与影响、旅游者体验与感知问题分析。在李瑞、殷红梅（2010）对近10年中国民族村寨旅游研究梳理中，认为其研究内容主要涉及发展、开发、社区参与、市场化、产权、文化、定量等方面。

（1）民族旅游村寨的开发与建设。包括旅游村寨的开发方法与策略、旅游规划、旅游产品开发设计、民族旅游的同质化问题等内容。

民族旅游村寨的开发方法与策略问题研究，呈现出理论研究与实证研究互为补充的局面。理论研究主要围绕发展或开发模式展开，实证研究分为宏观层面的区域性研究与微观层面具体村寨的开发建设研究，两类研究也有交叉。

在民族旅游村寨开发的理论研究方面，吴忠军（1992）提出“民俗旅游村寨”的概念，其本意与民族旅游村寨相通。他针对广西龙胜各族自治县民俗旅游资源，对景观建设控制、村寨管理、活动安排设置提出了要求，主张应对民族村寨进行规划，其建筑要融现代化与民族化、乡土化之中，具有一定的前瞻性。黄亮（2007）以西双版纳傣族园为例总结了少数民族村寨的旅游发展模式，认为民俗博物馆、生态博物馆、文化生态村对少数民族村寨建设有重要借鉴意义。蒋焕洲（2010）指出贵州少数民族村寨旅游要由观光旅游向融观赏、考察、学习、参与、娱乐和度假于一体的综合性方向发展转型，要构建社区居民参与机制，让旅游开发成为切实的“富民工程”。廖军华（2011）提出了民族旅游村寨发展的集文化（Culture）、公司（Company）、特色（Characteristic）、社区（Community）、和谐（Concord）于一体的5Cs模式。他认为5Cs模式或能从根本上解决发展民族村寨经济、保护民族传统文化、保障村寨居民利益三者间的矛盾。

宏观层面的区域性研究涉及整个西部地区、西南民族地区、贵州省和湖南省三省区等地。马晓京（2000）强调要重视西部地区民族旅游开发与民族文化保护。2002年，他继续从正反影响两个角度辩证的认识了民族旅游开发中的“商品化”问题。蒋焕洲（2010）探讨过贵州少数民族村寨旅游的转型问题。谭璇（2012）对黔东南少数民族村寨旅游开发进行了研究，找出了现存的一些问题并提出了应对策略。田云海（2013）就湘西民族村寨旅游与生态农业的融合发展研究提出了政府主导观念和体制创新是基础、市场导向的资源整合是动力、区域协作是保障的融合模式。微观层面关于具体村寨研究的主要情况如表 1–1 所示

表 1-1　民族旅游村寨研究情况概览

研究者与年份	村寨名称	主要研究内容
徐新建（2000）	银水寨、藏羌村	探讨“民族旅游”与“旅游民族”的形成于影响
陈志永（2007）	贵阳镇山村布依村寨	探究民族旅游地衰落的原因
邓映红（2008）	郎德上寨	以乡村旅游发展视角探讨民族村寨的发展对策
王汝辉（2009）	理县桃坪羌寨	以巴尔泽产权模型为理论基础，研究少数民族村寨资源开发的一系列问题
薛玉梅（2009）	贵州西江苗寨	透过传统价值观念与当代价值观的变化来研究西江经济价值观的变迁
池玉雪（2010）	康定三道桥村	川西藏区民俗村寨旅游开发
孙小龙（2010）	箐口哈尼族村	通过纵向对比来研究民族旅游村寨的发展模式
邓辉（2011）	恩施枫香坡侗寨	特色民族旅游村寨发展的新模式：旅游统筹、产业整合驱动
王凤娇（2011）	理县桃坪羌寨	以人类学视角，探讨民族村寨的自主发展模式
王婵娟（2012）	贵州郎德苗族村寨、镇山布依族村寨	探讨比较了两种类型的民族旅游村寨发展模式
方磊（2013）	隆回花瑶村寨	以民俗学为视角，讨论民族旅游村寨的开发
张河清（2013）	湖南“皇都侗寨”	以人类学为视角，探讨民族村寨开发中的原真性问题
杨艳霞（2014）	贵州西江苗寨	产业集群生态化问题

以上研究中的代表性观点有：徐新建（2000）认为“民族旅游”派生出了“旅游民族”，且影响因素是多向、多因的政府因素和民族因素。民族旅游在某种程度上建构了新的族群身份，而旅游民族的文化体系存在被扭曲的状态，较早关注到了民族旅游中文化的保护与开发问题。王凤娇（2011）认为四川阿坝州理县桃坪羌寨开发主角是政府、企业，当地居民收益甚微。因此提出了通过制度安排来确保居民自主参与、自主决定的“住民参与”权利，倡导民族村寨的自主发展模式。王婵娟（2012）以贵州郎德苗族村寨和镇山布依族村寨为例总结、比较了朗德苗寨和镇山布依村寨的发展模式，其中，前者是“国家文物保护下，以社区为主导，全民参加，工分制为其经营管理机制，政府有限参与”的旅游发展模式，后者是“建立在国家文物保护、民族文化保护和生态博物馆建设基础之上，以家庭为主导的农家乐旅游接待，非全民参与，村民自建公司经营管理，政府有限参与”的模式。

民族旅游村寨的规划建设是研究热点之一。人类学背景和建筑学背景的学者纷纷从各自的专业视角出发，对民族旅游村寨的规划研究进行了有益尝试，社会学、民族学背景的学者也对民族旅游村寨的建设与景观保护展开了研究。

黄烨勍（2002）引入了“民俗文化生态旅游村”这一概念，以曼龙代、么粉、曼崩为实证研究对象，对西双版纳傣族民俗文化生态旅游规划进行了研究。认为民俗文化生态旅游村是民俗生态文化旅游开展的一种有效途径，并就几个村寨的具体规划要素做了研究，研究偏重生态视角。李川（2008）以广西三江程阳八寨为例，从民俗学视角探讨其景观规划。主张应在保护景观原貌的基础上，为当地居民提供一个带有民族印记、地方景观记忆、舒适便利的生活空间，同时为旅游者提供一个地方气息浓郁、民俗文化氛围浓厚的旅游环境。重视了当地居民生活与旅游者游览的二元体验需求。周晖（2011）就黔东南地区乌利、朗利苗寨的旅游规划策略进行了研究，同时注重生态安全与政策监管问题。盛成（2012）针对民族文化在旅游发展中面临的种种冲击，提出了基于文脉保护的民族村寨规划方法与设计策略。黄海珠（2007）从少数民族经济发展角度出发审视了我国民族旅游村寨的建设。研究就民族旅游村寨的投资模式、管理模式、政府作用等问题展开了讨论，并指出应处理好民族旅游村寨中的文化生态保护和人的发展关系，是民族旅游村寨研究中不可忽视的内容之一。张洁（2007）以云南大槟榔花腰傣村为例，分析了民族村寨旅游景观系统的开发。吴静文（2013）以黔东南朗德上寨为例，从村容村貌、居民保护、传统道德、村落文化、社区建设、社区保障六个方面剖析了朗德上寨的特色村寨建设情况，并厘清了特色村寨建设实施的模式及参与主体，关注到政府、旅游开发商、社区、村民等利益相关者之间的多方利益博弈，找出了缺乏政策支持、旅游形式单一且资源利用率低、村寨保护与村民需求矛盾冲突、文化变迁等问题，提出了相应对策，强调应把传统文化当作特色村寨建设的核心。刘艺兰（2011）以贵州榕江县宰荡侗寨为例，对少数民族村落文化景观遗产展开了研究。她将村落文化景观分为物质文化景观和非物质文化景观,并将文化景观划分为"原生形态""次生形态""变异的""消逝的"几种类型，据此提出了几种文化景观的保护理念和策略。

旅游产品的开发设计也是民族旅游村寨开发建设研究的内容之一。其中，基于体验理论的旅游产品开发设计是热点方向，也有针对演艺产品、社会风俗空间模式的开发构想及整体性的产品开发研究。罗永常（2011）提出了民族旅游村寨应坚持"主题提炼—形象塑造—场景设计—氛围营造—项目安排—意象设计—宣传营销"的步骤进行产品开发设计。钟洁（2012）从游憩体验质量角度出发，以云南西双版纳傣族园、四川甲居藏寨为例，提出了其民族村寨旅游产品的优化策略。

此外，在民族旅游村寨发展建设的过程中，空间生产理论作为其分析框架也被引入。孙九霞（2013）以贵州黔东南的岜沙社区为例，对旅游与民族村寨传统社区空间生产之间的关系进行了探讨，研究认为民族村寨空间景观是核心的旅游吸引要素、游客旅游体验的对象和村寨发展可持续旅游的基础。郭凌（2014）以四川凉山的泸沽湖为例，分析了民族文化的空间形态及文化空间生产的动力机制，认为"文化的空间生产"值得关注。

民族旅游的同质化开发问题也在近两年开始受到关注。周大鸣（2012）针对民族旅游的景区同质化、产品同质化、族群同质化，缺少真正表达民族性、地方性的精品等问题，提出要树立多元文化理念，避免民族文化旅游的同质化倾向。刘志扬（2012）以白马山寨风情游的实地调研情况为基础，对民族旅游地的麦当劳化问题（本质上是单一化、同质化问题）进行了思考，认为"旅游展演情境下的民族文化的选择主要以符合麦当劳化的元素为主，而那些不适合商业化、商品化、麦当劳化的，具有地方性、个别性和原生性的元素被弱化或者取消了”。这也说明，民族旅游村寨的地方性研究亟须重视。

（2）民族旅游村寨的社区参与。民族村寨的旅游开发有着很强的社区依托性，社区参与因此成为其核心问题之一，利益相关者理论是社区参与的重要内容，也相应地成为研究热点。其中，民族村寨社区参与旅游开发、民族村寨社区内部的利益相关者（也有学者表述为利益主体）间的利益协调与和谐问题等。

黄华（2004）就社区参与民族村寨展开了综合性研究。研究较为系统地提出了社区参与民族村寨旅游开发的原则、方式、发展机制和保障措施等。罗永常（2010）就“传承与发展、外力与内力、深度与适度、小众与大众、特色与综合、节日与平日”六大问题进行了探讨，对民族旅游村寨的建设有一定指导意义。李玲（2010）就社区参与民族村寨可持续旅游开发问题，选取了广西东宅江瑶寨和平安壮寨进行了实证研究。赵巧艳（2012）以龙脊景区内不同民族村寨为例，探讨了“资本—策略”视角下的居民参与民族旅游的路径。

罗永常（2006）对民族村寨社区参与旅游发展的利益分配的现状和原因进行了分析并据此提出了相应的保障机制。黄海珠（2006）以广西龙胜平安村为例，对社区参与中利益主体的非和谐因素进行了探讨。冉琼（2009）运用利益相关者理论对震前北川县青片乡羌、藏民族村寨旅游发展中的各角色进行了定位，并尝试建立旅游利益公平的分配机制。郭凌（2009）以泸沽湖里格村为例，对当地旅游社区参与主体培育进行了讨论，针对里格村的现实问题提出了相应的对策措施。田艳（2010）建议比照生物资源补偿机制的方式来构建民族村寨旅游开发中的利益补偿制度。颜晗（2011）以西双版纳基诺巴坡村寨为例，分别就政府组织利益、旅游企业利益、游客利益、社区居民利益四个方面分析了村寨旅游利益相关者的利益影响因素。陈志永（2011）认为少数民族村寨旅游开发中存在权利失衡的问题，因此要构建利益约束机制和行为监督机制来实现利益均衡。肖琼（2012）就我国民族旅游村寨各层面、各群体的利益相关者行为分析展开了研究，认为应协调各利益主体关系，让更广大的农户切实分享到旅游发展的收益。周常春（2013）以云南红河可邑村为例，探讨了民族村寨旅游利益分配机制的影响因素，研究得出居民对社会文化、社区公共环境建设和社区参与的影响感知最强烈。李乐京

（2013）对民族村寨旅游发展中的利益主体、利益诉求与利益矛盾进行了分析，并提出了相应策略。

此外，杨业文（2007）以广西龙胜大寨红瑶为例关注民族旅游对社区教育的全面影响，认为乡村旅游提高了居民的素质，重构了社区居民的价值观，同时对传统文化有着一定的振兴作用。白凯（2014）关注了民族旅游社区治理问题，对社区内部治理机制的驱动力、影响因素等进行了分析，并认为自组织网络结构是对民族旅游社区治理的有效回应。胡家镜（2016）对民族旅游村寨自组织的困境与社会网络信任构建进行了研究，社会认同、精英信任、契约信任和人情信任是民族村寨自组织治理顺利运行的有力保障。

（3）旅游开发对民族村寨的影响。旅游开发对民族村寨的影响涉及诸多方面，文化影响是整个民族村寨旅游开发中的热点问题之一，尤其是对原真性与舞台化命题讨论较多，民族旅游与族群认同、文化认同的关系也逐步进入研究者视野。主要有以下主题：文化真实性（原真性）与舞台化、文化变迁、文化认同、社会关系变迁、文化保护等。

在民族旅游村寨文化真实性研究方面，刘晓丽（2011）以西双版纳基诺山为例对民族村寨文化旅游的原真性感知评价进行了研究。研究构建了游客感知文化原真性的影响模型、分析了游客感知差异、提出了民族村寨文化旅游开发原真性的保护对策。任以婷（2011）重新解读“真实性”，就民族旅游下羌族的文化表象与真实性展开研究，强调应多加关注文化的客观主义真实性问题。在旅游影响下的文化变迁，虽然“台前”的表演或许已经失去了原真性，但在某种程度上巩固了散落的文化。高冲（2014）以贵州西江苗寨为例，分析了民族旅游村寨话语权转移的问题。认为只有作为民族文化主人的社区居民才拥有文化话语权，才可保证文化的原真性。而文化话语权的转移受利益相关者权力关系主导，更多集中在政府手中，内部民族精英却处于“失语”状态，导致了旅游者对苗族文化的误读及违背某些风俗习惯等问题。民族旅游中真实性问题的讨论是旅游人类学研究领域的热点之一，此处只对与民族旅游村寨有关的研究进行了回顾，还有不少对整个民族旅游真实性问题的经典论述（赵红梅，2012；李文勇，2012；陈文玲，2012），此处不作赘述。

在民族文化变迁问题讨论方面，周丹（2007）以四川理县的桃坪羌寨进行案例研究。刘超祥（2012）以湘西德各村为例，将人口移动与文化变迁结合起来，认为人口移动中发生的文化变迁实质上是一种文化再生产现象，也是社会正常发展的结果。佟琛（2013）以凤凰早岗苗寨为例，从跨文化交流的视角开展了民族旅游村寨研究，并遴选了跨文化交流的符号。赵红梅（2013）从旅游人类学视野对民族旅游中的文化变迁与族群性进行过探讨。高婕（2013）以黔东南苗寨为例，探讨了民族旅游开展背景下的文化变迁与社会发展。研究显示，开展民族旅游一方面会不可避免地促使其传统民族文化发生变迁，另一方面也能促进乡村现代化进程与农村社会的整体发展。

文化认同是地方认同的重要方面。杨慧（2002）对民族旅游与族群认同、传统文化的复兴与重建进行了探讨，认为“云南的民族旅游推动着各少数民族传统文化的复兴和民族身份、民族精神的再建构得以不断展现，而且为族群文化的复制、再造和再生产提供了前所未有的场景和舞台”。对民族旅游发展持肯定态度。李珊珊（2013）以枫村为个案，研究了民族旅游开发中的文化移植与文化认同问题。吴其付（2011）比较了文化认同在国内外民族旅游研究中的差异。

李仕蓉（2011）以贵州的石头寨为例，就民族旅游村寨社会关系的变迁展开了研究，分析了场域重构和关系重构的问题，认为以血缘、地缘、姻缘为中心的场域转化成了经济理性主导下的行为习惯，以情感为基础的“差序格局”被逐渐吞噬，以利益为基础的“差序格局”得以产生且势力得到逐步扩展，这也是民族地区经济发展的必然结果。

民族旅游村寨的文化保护受到关注。唐玲萍（2010）提出了原生态文化保护的社区方法，构建了乡村社区旅游规划模型，在模型中引入了社区精英，搭建了从项目构想到监督的流程体系。田敏（2012）等就贵州、湖北两省民族村寨文化的保护与传承进行了实证研究。

孙九霞、刘相军（2015）分析了旅游发展背景下生计方式的变迁对民族旅游村寨自然环境的影响，认为雨崩村半农半牧、以牧为主的生计方式与自然资源基本处于平衡的良性状态，当旅游接待成为当地的主导生计方式，对自然环境产生了更为复杂、微妙的影响。

（4）民族村寨旅游活动中的行为主体。民族村寨旅游活动中的行为主体，主要指旅游者与社区居民。在旅游者相关研究上，在旅游者感知研究方面，沈莹（2009）就广西桂林龙胜县龙脊景区为例，对游客对民族村寨的满意度评价进行了研究，发现民族歌舞、民俗节庆活动、村寨整体风貌、旅游环境卫生、停车场和住宿餐饮设施5个要素对景区总体满意度具有显著影响。钟洁（2010）以西双版纳傣族园为例，分析了民族村寨游客旅游体验质量，研究显示：民族村寨的个性化体验旅游产品开发具有重要意义。张琼（2013）以四川丹巴甲居藏寨为例，就旅游者对民族旅游村寨的资源偏好进行了研究，认为民俗风情类的旅游资源对外地旅游者有重要吸引力。

在社区居民的研究上，付保红（2002）对曼春满村寨村民的社会角色变化进行了研究，唐玲萍（2013）以新平大槟榔园花腰傣民族文化生态旅游村为例，选取了当地社区的青少年来管窥旅游影响感知。李强（2012）以云南曼听村和贵州西江村为例，探讨了民族村寨旅游对农民的影响。研究从农民的生计方式转型、传统建筑改造、职业角色转换、农民企业家、农民社会资本的拓展、农村妇女角色转变等方面展开了细致论述。还有学者就民族旅游村寨居民的社区感（sense of community）（曹兴平，2013）、感知与态度（向明，2008）进行了研究，对地方性的感知研究有一定的借鉴作用。

周诗雅（2014）以游客和居民感知的视角为起点，对民族旅游村寨的空间形态进行过研究。唐欢（2016）从游客和原住民视角出发，对民族旅游村寨文化景观的真实性感知进行了比较研究。吴沛丽、杨洋（2015）等认为，处于不同旅游生命周期的民族旅游村寨，村寨居民在旅游影响感知与态度方面具有差异性：处于旅游发展起步阶段的肇兴侗寨，居民对旅游影响的正面感知度较强，负面感知度较弱；处于旅游快速发展阶段的西江苗寨，居民对旅游负面感知度较强。

（5）研究总结与述评。从以上研究回顾情况来看，民族旅游村寨研究主要呈现出以下特点：第一，民族旅游村寨研究以实证研究研究居多。虽然各个案例点实际情况不一，但诸多共性问题仍然值得关注，如利益相关者的利益协调问题、居民获益问题等，都是民族旅游村寨旅游开发的核心焦点所在，也是今后地方性彰显中不可回避的问题。第二，研究内容呈现出内容多元、视角多元的特点。对民族旅游村寨的开发建设问题研究以经济学、地理学视角居多，涉及村寨规划建设、村寨产品开发设计、村寨旅游开发战略、模式和策略等；对社区参与与利益相关者问题研究，涉及社区参与民族旅游村寨开发的保障机制、模式与路径，利益相关者关系协调与利益分配等；对民族旅游村寨的旅游影响问题，尤其是文化变迁问题的研究以人类学和文化学者见长，主要集中在探讨旅游影响下村寨传统文化与全球化、现代化及外来文化相遇下出现的商业化、舞台化（伪文化）的立场的选择及其应对等；关于开发与保护问题研究主要集中在旅游开发与生态环境、旅游开发与文化传承这两个核心命题上；对民族旅游村寨内行为主体研究主要涉及民族村寨旅游者感知、体验、偏好和社区居民的感知问题等。第三，研究呈现出理性回归的态势。早期对待民族文化变迁态度的否定立场较为明显，尤其是对民族文化商品化的态度，基本呈现出批判为主的特点，但近些年对“真实性”和“商品化”问题的研究开始逐步回归理性，越来越多的学者开始更为辩证地看待真实性与商品化的二元博弈。对原真性游客感知的相关研究，或可为地方性感知研究提供一定的借鉴。民族村寨民族文化研究中的部分内容，可对地方性文化因子的提取、地方性概念模型的建构起到一定的启发作用。第四，研究视角愈加新颖。除早期的人类学、经济学的视角外，符号学、社区治理、感知理论等不同理念逐步被引入民族旅游村寨研究中。第五，以地方性为切入点来探究民族村寨开发建设问题的研究还不多见。民族村寨旅游开发建设丰富的研究内容或可为地方性的彰显的路径或对策起到一定的借鉴作用，但目前研究较少涉及对民族村寨地方性感知与保持等问题的探讨。也有研究关注到民族村寨旅游开发中的同质化问题，接近本研究的研究起点，但有待深入。

1.2.2 地方性的相关研究

1.2.2.1 国外研究

地方性（placeness，placeality，locality）源于地理学界的核心概念“地方”（place）。“地方性”这一概念更接近国内研究者对“local”“place”此类密切关联词汇的衍生品，虽然国外学者的研究有具体指向“无地方性”（placelessness，又译作“非地方性”），但基本没有单独对 placeness 的研究。在对“本土”（local）、地方（place）与空间（space）的研究中，不少内容涉及国内学者所理解的“地方性”这一概念。国外地方性研究总与地方、地方感交织在一起，这两个概念是与地方性关系最为密切的概念，也是地方性相关研究中出现最多的概念。

（1）对“地方”的研究。地方是地理学研究的核心之一。早期的地理学试图描绘区域间的差异，这些差异包括气候差异、地形差异、生物差异、文化差异等，人文地理学更多地强调人的主体性和经验，关注人与区域、地方的关联，作为对冷酷的空间科学的回应，地方成为人文地理学研究的核心。国外对地方研究始于20世纪70年代，先后涌现出《空间与地方：一种体验视角》（*Space and Place, the Perspective of Experience*, Tuan Yi-Fu，1977）、《地方和无地方》（*Place and Placelessness*，Relph，1976）、《空间、地方与性别》（*Space, Place, and Gender*，Massey，1994）、《地方导论》（*Place: A Short Introduction*）、《消费地方》（*Consuming Places*，Urry，1995）等专著。对地方的认识也因视角不同而有所差异。诚如Cresswell（2006）所言，地方是个看似不证自明的字眼，看似简单，又十分复杂。规划人士认为地方指的是营造环境，生态学家认为地方是根植于特殊生态的生物区域，哲学家认为地方是一种在世存有的方式。地方所指的多向性、地方包含的诸多事项也让其成为跨学科或多学科研究的基础，那地方究竟是什么？

①地方是一种转化结果。Tuan Yi-fu（1977）从经验主义视角出发，认为地方是感知价值的中心，在地方之下，生理需要，如食物、水、休息等需要可得到满足，当空间变得熟悉的时候，就成了地方。②地方是一种认知方式。在Cresswell的专著*Place: A Short Introduction*中，他讨论了空间与地方、地方与地景的关系，并指出地方不仅是世间事物（被研究的对象），还是认识世界的一种方式，如果把世界视作包含各种地方的世界时，就会看见不同的事物。③地方是有意义的空间。Agnew（1987）认为地方是人类创造的有意义的空间，它包含三个基本维度：区位、场所、地方感。④地方是开放互动的空间。Lukerman（1964）认为，地方是在特定区位发展的自然与文化的整合，即由货物和人员的移动，而与其他地方连接。鲁克曼对地方的定义更为注重其区位属性以及地方的外界关联。⑤地方是社会建构。哈维（Harvey，1996）认为，空间、地方和环境是一组相关联的概念，同时间与空间一样，是一项社会建构的产物。⑥地方是消费空间。厄里（Urry，1995）认为，地方在不断地被塑造为消费中心，且在某种程度上主动地被视觉消费，且在被超时消费。⑦地方是生活实践的产物。多数地方是日常生活实践的产物，地方从未完成，通过反复的实践而生产。

就研究内容来看，国外学者对地方的讨论主要有：地方与空间（Tuan，1977；Massey，1994）；地方与非地方（Relph，1976）、地方的消费（Urry，1995），地方与性别（Massey，1994）等。除人文地理学视角外，社会学、现象学等视角也被引入。

瑞尔夫的研究以地理学的地方为起点，以现象学为哲学基础，关注地方的销蚀和地景多样性的保留，地方感（sense of place）、无地方性（placelessness）、地方制造（place-making）和地景（landscape）是其主要讨论内容，因此对建筑师、规划者等也有所裨益。他分析了许多助长无地方性的原因，如大众传媒、现代交通、观光业等，一言以蔽之，是现代社会的流动性和无序性导致了这样一种不得其所、无所适从的局面，这为旅游发展背景下的地方开发做了提醒，如何实现地方保有自我、居民各得其所、游客认可接纳这样的三维目标值得深思。同时，瑞尔夫的地方和非地方的探讨也引起了西方学界的广泛讨论，西蒙和绍尔（Seamon& Sower，2008）就对这本专著做过讨论。

克雷斯维尔的专著是对地方的一个开放式讨论。文中涉及了诸多版本的地方解读及运用，并且对梅西的全球地方感（a global sense of place）这一概念进行了解读。

国外学者在讨论地方问题时，大都涉及三组关系的讨论：地方与全球的关系、地方与空间的关系、地方与非地方的关系。在地方与全球关系的讨论上，Castells 曾指出，随着交通和电信技术的推进，全球化进程伴随而来的“空间流”之下的人流、信息流和物流正在越来越有力地打破地方之间保持个性和差异的藩篱，因此全球化意味着地方的末日。这与 Relph 的全球化扩散形成的均质空间下的无地方（placelessness）如出一辙。但随着地方性或本土主义的复振，地方终结论也开始受到质疑。有学者认为，与全球化同时产生的还有地方分异。地方分异正是随着全球视野的卷入而越发明显。Neil Smith（1999）就认为，现代世界的相互联系和依赖并不意味着地方的终结，反之是“地理学的开端”。有学者提出，即使是地方身份也完全处于全球化的相互依赖网络中（Mitchell，2000）。关于地方与空间的讨论，一般认为，地方是被赋予意义后的空间，更强调人对空间的实践和经验之下产生的情感联系，地方是空间的转变结果。Graham 和 Healey（1999）则将空间和地方关系放置在规划理论和实践中展开讨论。McCabe 和 Stokoe（2004）对旅游者眼中的地方和认同进行过讨论，认为身份的宣称是根植于地方谈论的实际成就，而旅游活动的形成对地方、活动及人群的“道德秩序感”（sense of moral orderliness）起着作用。

（2）“地方感”研究。地方感（sense of place）是人文地理学的一个核心概念。地方感理论研究以段义孚先生的研究为开端，逐步成为文化地理学、环境心理学、景观规划领域的热点命题。将地方感理论与疗愈、地方景观规划、特殊空间或地方感知、旅游活动和第二居所选择相结合的研究较为常见。

Agnew将地方感视为地方的一部分，并认为地方感是人类对地方主观和情感上的依附。Relph（1986）认为，对多数人而言，地方感是内心与地方的心理联系，只有在某些压力状态下才会凸显出来。也可理解为对某一特殊地理环境以信仰、情感和行动承诺为表征的多维建构（Jorgensen and Stedman，2006）。段义孚认为地方感是一种人们表达对他们所在地地景尊重和理解的方式。后来出现了从可视化、心理和精神三个维度来理解地方感的研究（Mohammad，2013）。Cresswell（2004）认为，地方感与地方物理要素和社会建构对个体的意义相关。因此，它既代表着一种事项，也代表着一种观看方式。此外，地方认同需要情感摄入（psychological investment）和重复性的地方际遇累积起来的一整套可帮助提供自我感知和归属感的意义系统（Nash，2008）。Shamsuddin（2008）认为地方感与物质要素、活动、意义、人们在某一地的经历交织在一起，这与早期段义孚的观点相近，段义孚（1977）认为，个体经历对客体空间意义的注入与情感累积形成了地方感。客体性的理解认为地方感是一种地方能力，通过那些让地方不同于他地的独特特质来唤起人们的情感（Lynch，1960）。地方感也与主体的地方经历相关，通过对地方的利用、关注和情感指向而产生（Relph，1976；Stokowski，2002）。

地方感理论的提出距今已有40年之久，理论研究和实践研究均较为丰富。地方依恋（place attachment）、地方认同（place identity）、地方依赖（place dependence）是学界较为公认的研究地方感的三个维度，但并未完全割裂，也是环境心理学中与地方感理论十分相近的几个概念。这三个理解维度也是国外研究的重要内容之一。研究者从不同的维度和视角来理解地方感。地方依赖、地方认同、地方依恋是不可回避的几个理解维度，已受到广泛关注（Jennifer，2001；Jorgensen & Stedman，2001，2002，2006；Gross & Brown，2008；Qian Junxi et al.，2011；Deutsch，Yoon & Goulias，2013）。地方依恋被广泛讨论，被视作“人们与他们居住的地方的情感关系（affective relation）或情绪结合（emotional bonds）”（Bonaiuto et al.，2002）。地方依恋也被定义为个人与环境的一种关系或结合形式（Hidalgo & Hernandez，2001；Moore & Graefe，1994）。当一个地方被使用者感觉重要的时候，并且能够提供条件来满足功能性需求和可更好地支持他们行为目标的时候，地方依恋就可能产生（Williams et al.，1995）。然而，地方依恋对局内人（insiders）和局外人（outsiders）而言存在差异。通过与熟悉的、可辨识的环境中相关的地方特质的意义、文化价值观念、经历的累积，局内人有着更强烈、更深厚的地方依恋（Relph，1976）。地方认同被定义为地方使个体或群体知晓身份的一种形式（Proshansky，Fabian，Kaminoff，1995）。Relph（1976）认为地方认同是地方特质的复合体，他将地方认同基于局内人和局外人进行了划分。地方依赖指基于特殊活动发生在环境背景下的活动，反映地方在提供条件来支持计划用途的重要性的关系（Brown & Raymond，2007）。

已有不少研究关注对地方感的理解。地方感由两个方面构成：与地方的关系和社区依恋（community attachment）（Jennifer，2001）。Jorgensen 和 Stedman（2001，2002）注意到这些概念可以被整合在态度结构的总体框架之中，包含对空间背景的认知、情感和意念响应。在湖畔物业的一个案例研究中，比较研究法被引入来分析地方感的测量因子，分别是依恋、依赖和认同（Jorgensen & Stedman，2006）。Gross 和 Brown（2008）采用了实证结构模型来将地方依恋概念分为地方依赖和地方认同的多维构建。吸引力、自我表达和向心力是地方依赖和地方认同共有的三个维度，地方的供给和个体地方感影响地方的识别（Watson et al.，2007）。Deutsch 和 Yoon 等从 6 个方面来理解地方感，分别是依附、依赖、认同、满意、氛围和社区（Deutsch，Yoon & Goulias，2013）。

地方感理论还被引入景观领域，有学者尝试探讨地方感、地方依恋与地景的关系。社区成员参与和社区意义在地景中的变化、地景规划中的表达有助于提升地方感和社区认同（Stewart et al.，2004）。一些学者试图通过地方感在地景中的构建或通过释放地景的疗愈功能（therapeutic function）来处理地方、空间和地景的关系，以求解决非理性的发展问题或改变当前的局面（Rose，2012；Watson et al.，2007）。Mellqvist（2013）采用鉴赏家的方法来进行景观规划和管理研究，将地方感视作核心和最重要的概念。文化背景下地景中的地方感也受到关注，地方可见的物质和精神维度都在创造地方感时贡献巨大，并且独特的地方特质能够唤起地方性的情感（feeling of placeness）（Mohammad，2013）。有的学者尝试应用地方感或地方依恋理论来检验或分析旅游者到特定地方旅行或将其作为第二居所的原因（Hwang，Lee& Chen，2005；Stedman，2006；Walker & Ryan，2008），Kyle 和 Chick（2007）对地方感的社会建构进行过讨论。

地方感的实证型、应用型研究多选取某一类型案例点就地方感和某事项进行关联研究，部分案例研究情况如下：Walker 和 Ryan（2008）以新西兰缅因州的乡村地区为例，将地方依恋与景观保护联系起来，认为乡村地区的居住者对保护规划的支持水平与他们对景观的依恋程度有着强烈的内在关系。Shamsuddin 和 Ujiang（2008）以马来西亚吉隆坡的传统街道为例，分析了地方依恋在创造地方感中的作用。研究显示，人们对传统街道有着很强的依恋心理，进而影响地方认同，不当的概念和形象也会影响地方魅力，因而在城市地区的设计中应对地方依恋予以重视。Lai 和 Kreuter（2012）以美国得克萨斯州为例，分析了环境变化和地方依恋对土地管理的直接和间接效应。他们将地方依恋分为地方功能 / 特征（place functions/features）、地方情感 / 认同（place emotion/identity）、社会连接（social bonding）进行了调查，认为土地所有者对他们的乡村不动产（房屋）（rural properties）的依恋可以更好地调动他们投身于保护本地生态系统和土地管理当中。Jorgensen 和 Stedman（2001）将地方感作为一种态度进行研究，将地方感划分为地方认同、地方依恋和地方依赖三个维度，以美国的威斯康星州为例，将态度理论和地方研究联系起来，对湖畔业主们对住宅的情感态度进行了分析。

在研究模型和方法的选择上，结构方程模型（Structural Equation Model，SEM）较受欢迎。Gross 和 Brown（2008）、Deutsch 和 Yoon 等（2013）均采用 SEM 模型分别来建模分析持续参与和地方依恋、旅游行为与地方感的关系。Gross 和 Brown（2008）采用结构方程模型对旅游中的“积极参与”（progressing involvement）和“地方依恋”两个维度进行了研究。他们认为，旅游者的高度参与和地方依恋能成为旅游目的地的重要财富，旅游者的地方依恋与消费行为有一定关联。Deutsch、Yoon 和 Goulias（2013）使用结构方程模型对旅游行为和地方感进行了测度。值得一提的是，他们使用了“依恋、依赖、认同、满意、氛围、社区”六个要素来作为地方感分析指标，研究结果显示，对地方的依赖程度因年龄、收入水平和民族性而不同。同时也指出，整合地方感、土地利用、规划和交通实践的研究并不多见。

（3）地方性研究。在国外地方性研究中，很难找到真正致力于对应“地方性”的 placeness、placeality、locality 相关概念的具体研究。本土特色（local color）、特殊感（sense of uniqueness）、独特性（distinctiveness）、民族性（ethnicity，也被译作族群性）可视作与地方性密切相关的概念，此类概念与地方性有较为密切的关联。Callahan（1998）在研究民族旅游的时候指出，特殊感（sense of uniqueness）总与文化和语言特征相关：如某一群体的食材、使用的方言或土语、服饰、仪式及关于过去、当下和未来的信仰等，也可视作理解地方性的一个维度。

地方性研究起源于无地方性“placelessness”概念的提出。Relph 在 1976 年最早提出这一概念，他认为“对特殊地方（distinctive place）的随意消除（casual eradication）和标准化地景（standardized landscape）的制造源于对地方意义的不敏感”。他还认为，无地方性的产生源自迎合大众口味低俗作品，对大众价值观念的无批判性接受、效率至上都导致了地方特色内部的终结。大众传播工具、大众文化和中央集权都从个体上和文化上破坏了地方，无差别的空间和可交换的环境，随意地替代了世界多样和重要的地方。Seamon（2008）对 Relph 做过评述，包括对无地方性的深度解读和批判总结。他认为 Relph 忽略了现世性、社会性和个别特殊情况的一些因素，这些因素有可能也塑造了地方和地方中的个体及人群在地方的经历。无地方性的研究有助于为地方性研究提供反思，无地方性产生的诸多因素是地方性彰显必须要予以规避的问题。

地方性与自然地理学的地域分异有一定的关联，但又不尽相同。地域分异是基于自然的诸多差异，如气候、植被、地形、降水差异等，地方性更多指向基于地方环境或区域格局之下的自然特殊性与文化殊异性，同时受到自然环境特征的诸多影响。如果说地方感是个人或群体对地方的感知和主观理解，地方性就是在逐步的文化累积过程中形成的客观存于地方的特性。地方感是主观的，地方性是客观的；地方感通过情感映射，地方性通过景观、服饰、饮食等各种有形的物质元素外显出来，同时也蕴含着具有文化元素的、内在的地方精神或地方气质。

从国外的研究情况来看，明确以地方性为主题的研究并不多见，但其相关思想渗透在诸多经典著作中。从学术文献的收集情况来看，关于地方、地方感的讨论最多，对地方性研究具有一定的启发作用。尤其是地方感的理解维度，将对本研究中地方性感知的指标体系构建起到良好的基础引导作用。同时也意味着，以地方客观属性为研究对象的地方性研究，将有益于平衡主观的地方感和客观的地方性研究。

1.2.2.2 **地方性的国内研究**

国内关于地方的研究主要集中在文化地理学领域，国内学者分别从地方、地方感、地方性、地方性知识、地方依恋、地方认同等方面开展过相关研究。在研究过程中，地方、地方感、地方认同、地方依恋等核心概念往往叠加使用，没有严格的区隔和界线。比如，地方依恋是地方认同的高级形式，且同为地方感的内容。为了厘清“地方性”这一研究对象，有必要对相关研究进行分析。朱竑、刘博（2011）曾对地方、地方依恋与地方认同的概念进行了辨识，指出地方依恋与地方认同有被混用或互视为各自维度的倾向，但实际上二者并不能完全等同。可以肯定的是，二者都隶属于地方感。

（1）地方理论及地方感研究。早期地方理论也被译作“场所理论”，几乎与地方感同时进入旅游及文化地理学研究视域。李九全（2007）等将场所（place，与地方是不同的译法）理论引入社区研究，认为社区是一个典型的场所，充斥着人对场所的情感、与人有着诸多联系，可作为研究社区居民情感维系的重要理论。朱竑（2014）等将地方和基于地方的文化政策作为六大文化地理学的内容之一，肯定了地方研究在文化地理学的主体地位，并对国内地方的相关研究做了较为全面的总结和分析。

地方理论与地方感应用于旅游的研究主要有地方的意义、全球与地方、地方与文化、地方与旅游形象、地方感与旅游规划、游客感知等方面的研究。

周尚意（2011）专门就作为文化地理学核心概念的“地方”对人文地理学各分支意义进行了辨识，认为地方研究可支撑经济地理学文化转向和制度转向的研究、支撑区域地理学地方营销和旅游地理学旅游目的地营销的研究、支撑城市地理学公众参与式城市规划方案的制定、支撑政治地理学的选区策略制定。杨兴柱（2007）等从“全球—地方”的连接维度对我国的旅游地研究进展进行了回顾，指出全球化和地方化两股力量已对我国旅游地产生了明显作用，应加强对其变化的后果及应对措施进行研究，这也说明全球与地方关系的旅游地影响早已被关注。周尚意（2013）进一步指出，当地人若迎合旅游者的地方想象可能会导致某些景观的“突出”或“弱化”，从而导致"地方文化整体性的破裂"。可见对于景观与地方的讨论，学者在引入地方理论之时其实已将旅游景观变迁作为地方性变动的一种显像加以简述，但似乎更为关注地方性在本土文化中的要义。

陈蕴真（2007）、张中华（2009）等分别就地方理论在旅游研究中的应用和旅游意象的空间解构展开过探讨，此处所说的地方理论，包含了地方、地方感、地方依恋。陈蕴真（2007）指出，地方理论应用于旅游地文化影响研究，主要考察旅游地的地方性变迁；而用于旅游社会影响，主要考察旅游地社区居民对社区地方依附的变化。媒体对旅游者地方感的生成、旅游地地方形象塑造、旅游者对旅游地的地方依附与重游率、满意度的关系同样值得研究。张中华（2009）就地方理论和地方感在旅游意象中的空间解构开展过相关讨论。旅游地受到全球化、商业化和旅游者到来带来的经济、社会等方面的冲击，地方性作为社会文化变迁的一个维度，值得关注。

唐文跃（2007）将地方感引入旅游规划领域并总结过地方感的研究进展，是国内较早将地方感引入旅游规划的学者。他认为地方感可应用于旅游规划中的旅游景观设计、旅游形象策划和旅游市场营销三个方面。2011年，他对南京夫子庙游憩者的地方感特征及其规划意义进行了实证研究。在此项研究中，地方性也被提及，"孔圣文教、秦淮风情的地方性特征得到了游憩者的高度认同……游憩者对南京夫子庙历史文化风貌的地方感，以及对夫子庙呈现的六朝风月、明清风貌和怀旧特征的地方性认同具有普遍性"，此处地方性是作为景观特征和客观属性而被提及。2013年，唐文跃专门就旅游地地方感命题展开了系统研究，从基础理论到自然观光地——四川九寨沟、文化观光地——皖南古村落和城市游憩地——南京夫子庙三个案例点做了较为翔实、系统的研究，出版了国内第一本以旅游地地方感为主题的专著，具有开创性意义。汪芳（2009）等就旅游地地方感的游客认知开展过研究。他们认为旅游地地方感的认知由地方认同和地方依赖两方面构成：其中地方认同主要来源于游客对地方独特性的感官、情感，以及对地方原真性的思考体验；地方依赖则主要来源于游客对地方依赖性的功能要素的体验，还设计了旅游者地方感认知测量的指标体系，是国内旅游者地方感感知量化研究的代表之一。

作为旅游社区类型之一的民族村寨是既要满足旅游者观光游览、文化体验，又要满足本地居民日常生活起居的特殊空间，是特殊的"地方"，对其地方感感知研究有着特殊意义。首先，地方感作为个体对特定环境地方的认知涉及心理学，尤其是环境心理学，国内相关研究还极为少见。其次，旅游者的个体差异较大，文化背景、年龄、性别、社会阶层、知识背景等差异都会导致对地方的认知差异，这增加了量化研究旅游者地方感的难度。目前地方感研究多数较为关注正向的地方感，如地方依恋、地方认同等，而对负面的地方感如地方疏离、地方冷漠、地方仇视的研究还较少。从某种程度上讲，负面地方感更容易导致地方危机，如无序旅游开发导致社区居民地方感的失落或不适应地方的急剧变迁，进而更容易产生社会矛盾。双廊慢慢进入旅游者视野后，大量外来投资者的进入，夜间酒吧建成后的喧嚣就曾引发当地居民的抗议。因此，负面地方感的研究也不得不予以重视。

（2）地方认同与地方依恋研究。地方认同与地方依恋同属地方感的构成内容，地方依恋是地方认同的高级形式之一，因此将地方认同与地方依恋研究结合起来。但因其所指的差异，也有学者将二者分开研究。从研究内容来看，地方认同往往被视作一组关联要素，几乎所有研究均是在探讨地方认同与其他事项的关联，如全球化与地方认同、旅游与地方认同、地方认同与文化事项，也有从历史学、符号论视角来对特殊的地方与地方认同进行的探讨。

在全球化与地方认同关系的讨论上，刘建明（2005）探讨过文化全球化与地方文化认同之间的关系。认为全球化和地方化是一组对立统一的关系，甚至在某种程度上，全球化促进了地方身份的形成。廖春花（2014）将全球化与地方认同纳入城市历史街区研究的新视角，认为应强调城市和街区发展的独特性、地方性，重构有利于传承地方文化和强化城市归属感的历史街区，研究重点也应从基于全球的经济行为转向基于地方的社会文化行为。

地方认同与旅游景观、休闲效益的关系也受到关注。赵红梅（2011）等关注过旅游景观与地方认同的关系，认为二者相互影响。旅游景观受到游客偏爱带来经济效益，就可通过让人们受益而产生认同；同时，景观制造的过程也可能是地方性被消灭的过程。这是对旅游开发活动与地方性关系的辩证认识，同时也暗喻着两种可能：如果旅游产业将地方性放置在更开阔的视野下使地方获得游客认同，进而带动当地居民受益而产生地方认同，那说明旅游业的某些“制造”活动是有益的；若旅游业不恰当地宣扬或杜撰了地方性，使旅游者误读了地方，或通过其他不恰当的方式激怒了当地居民，也可能使居民产生地方厌恶，则应该是旅游开发或营销中应避免的问题。赵宏杰（2013）等对大陆赴台自由行的游客地方认同与休闲效益关系进行了研究，研究认为地方认同与休闲效益关系是正相关的，即地方认同程度越高，在台的休闲活动效益也越高。

陈华文（2007）以年文化为对象，分析了细节变异与地方认同的关系。他认为，春节的细节决定了年文化的时代差异和地域差异，各地对地方性的认同，也决定了差异的不断延续和发展，同时在现代传媒和通信技术的影响下，年文化在不断异化和趋同。徐赣丽（2011）认为，民间传说是了解地域文化的途径和当地百姓情感的精神载体，她以广西博白绿珠传说为例，探讨了民间传说与地方认同之间的关系。胡大平（2012）认为文化认同是文化自觉的核心内容，文化认同又与地方认同密不可分，因此要在地方和空间建设中充分体现文化追求，通过促进地方认同来实现文化发展。李彦辉、朱竑（2013）以黄埔军校为案例点，分析了地方传奇、集体记忆与国家认同的关系，研究表明地方及地方传奇唤起了游客的集体记忆，增强了爱国情感，强化了国家认同。研究引入“地方传奇”（place myth）这一概念，可为本研究地方性要素的内容提供参考。

冀满红（2011）以洪洞大槐树和南雄珠玑巷移民事件为例，对民众迁徙、家园符号与地方认同的关系进行了讨论，认为山西洪洞大槐树与广东南雄珠玑巷成为众多移民及后裔心中的精神家园及“家园符号”，是超越地域限制心理认同的具体物象。

此外，朱竑（2011）等从行政区划改变的角度来探讨了地方与认同的关系。基于地方认同是一项经由动态延续的再想象而构建起来的基本认识，经济、社会、文化、政治等条件的改变会带来个体和群体基于地方的认同重构，他们以广东东山为例，采用深度访谈法进行了研究，认为行政区划的改变也会促使居民去重新想象和设立地方文化边界，以在新的局势下进行重构地方认同。

地方依恋（place attachment），在国内又被译作场所依赖，不少学者对此展开过研究。代表性研究有：黄向（2006）等将场所依赖作为一种游憩行为现象进行过分析，他将场所依赖与旅游活动中的“旧地重游”现象联系起来，认为场所依赖在旅游休闲研究中有着十分重要的意义。孔旭红（2008）将场所依赖理论引入博物馆解说系统，认为资源的解说除依靠场所之外，还要通过社会交往、文化认同等社会和心理因素建立旅游者对于博物馆的场所认同。张玉婷（2012）以场所依赖理论为基点，讨论了从旅游者出行前、旅行中和旅行后三种不同状态下的旅游目的地信息系统的构建。余勇（2010）等将场所依赖与游客后行为倾向结合起来，认为场所依赖通过价值感知、满意体验的中介作用影响着游后行为倾向，其中满意体验的作用更为关键。张春晖（2011）等以场所依赖为中介变量，以西安周边的农家乐为例，选取了一些变量与维度，对乡村旅游地品牌个性与游客忠诚进行了分析。江春娥、黄成林（2011）对九华山游客地方依恋与游后行为进行研究，认为地方依恋影响因素复杂，旅游者的背景、游览次数、对九华山的熟悉度等都会影响地方依恋，依恋程度越高，重游及推荐意愿越强。杨昀（2011）对国内外进展进行过总结，龚花（2013）则对国内地方依恋做了研究综述。宏观研究上，李燕琴（2013）对基于地方依恋与社区感的边疆民族旅游社区研究提出了构想，从心理学层面对边疆民族旅游社区的建设进行了思考。

在实证研究上，保继刚（2012）等以阳朔西街为例，分析了旅游商业化背景下本地居民地方依恋的变迁。研究认为适度的商业化对地方依恋有促进作用，然而在超过一定的限度且没有外力干预的情况下，地方依恋可能会中断。唐文跃（2014）以江西婺源为例，对旅游开发背景下古村落居民地方依恋对其迁居意愿的影响做了研究，研究认为居民对古村落的情感依恋、对古村落的保护意识和迁居政策的支持都有关联。万基财（2014）等则以九寨沟为例，研究九寨沟地方特质与旅游者地方依恋和环保行为倾向的关系。研究显示，地方特质对旅游者地方依恋具有显著的正向影响，地方特质通过地方依恋对旅游者环保行为倾向产生显著的间接影响等。此研究是属于环境心理学与游憩心理学的综合应用研究。陆敏（2014）则对地方城市公园的游憩涉入与地方依恋进行了研究，认为游憩涉入对地方依恋的两个维度都有正向影响。范钧（2014）等以浙江省旅游度假区为例，分析了旅游地意象、地方依恋与旅游者环境责任行为关系，认为旅游地意象与环境责任行为有着某些正向关联和间接关联。此类实证研究均是从某个剖面来说明其与地方依恋的关系，但迄今为止，还鲜见对影响地方依恋要素的系统分析。

（3）地方性研究。地方性相关研究在国外早已有之，在国内研究中，地方性概念还不太一致。placeality、placeness、localilty 都被理解为地方性。在具体研究中，虽然标题为地方性，但其内容不少所指为地方感、地方依恋等。此外，地方性概念也与吉尔兹《地方性知识》一书的翻译有关。某些学者在表述时也侧重“地方性知识”这一概念。2013 年第 3 期、第 4 期的《旅游学刊》专门就地方性这一专题展开过讨论。不少学者从理论和实践阐释了地方性与各类旅游事项的关联，将地方性与旅游的交互研究推向了新台阶。地方性的相关研究则主要集中在地方性与景观及规划设计、地方性与旅游发展、地方性的建构与形成、地方性的感知等方面，以及人类学视角对地方性的探讨。

地方性与景观及规划设计的相关研究主要以文化景观、生态景观为主，并涉及旅游规划等。早在20世纪90年代，地理学家陈传康先生就已重视地方文脉在旅游地形象与旅游规划中的应用。梁雪（1997）就分析过中国地域文化与建筑的地方性的关联，认为区域文化是形成中国建筑地方风格的重要影响因素，并对我国不同文化分区下的建筑风格进行了总结。陈丽玲（2002）将福建土楼视作地方性文化景观的典型案例进行了分析，认为福建土楼具有对外的防卫性、建筑的乡土性、聚居的向心性、人地的协调性的特点和社会功能。陈巍（2005）等将地方性视作一种符合新人文主义的价值取向，以日照万平口黄金海岸为例，对新人文主义下的地方性现代景观规划设计做出了思考。陈晓扬（2007）等探讨了地方性建筑与适宜技术（appropriate technology）的关系，并从适宜技术的角度为地方性建筑提供了相应的环境策略、经济策略和文化策略。李广良（2007）等探讨过城市生态景观的地方性。王云才（2009）等讨论过地方性与地域文化景观的关系及其在风景园林中的运用。郎超（2009）等对地方性的概念进行了分析，并探讨了旅游规划中地方性的挖掘与体现。彭长歆（2012）从近代西方建筑文化传播引入与传统文化的交互作用，以及现代中国建筑探索的历时性角度与文化传播、本土涵化的中西文化交互渗透的维度，以岭南城市建筑为剖面，探索了现代性与地方性交织下的景观建筑问题。唐文跃（2013）也提及新旅游景观的规划建设要注重旅游地地方性的保护与营造，他还指出，文化景观符号的异地复制可能导致当地人们的认同问题。星级酒店是旅游地景中的一种特殊的景观类型。蔡晓梅（2013）对城市星级酒店的“无地方性”进行了思考，认为其外部形态与内部结构有着同质化倾向。张中华（2015）对秦岭山区古镇的地方性意象进行了解构，并针对古镇文化、民居建筑、古镇绿化、公共空间、民俗风情提出了相应的规划设计策略。

唐文跃（2013）认为，地方性是旅游开发的基础，同时旅游开发也影响着地方性。地方性决定了地方的吸引力、竞争力和满意度，反之在旅游发展的过程中又不断彰显、丰富、重构地方性，同时也可能产生负面的“无地方性”。苏晓波（2013）对商业化、地方性和城市遗产旅游的关系进行了探讨，他认为城市遗产的商业化也就是具有地方性的城市景观在旅游市场中出售、交易、消费的过程。陶伟（2013）探讨了地方性空间与旅游发展中的地方性研究，他认为地方性空间是旅游发展的核心要素，旅游的意义不仅是历史空间的保留与复现，还存在于一定的空间与时间、空间与人（社会）之间的关系中，体验旅游体验的全部价值也才能被释放。

关于地方性可被建构这一属性，有学者在其案例研究中对地方性的形成机制进行了分析，或通过节庆活动变化来阐明。周尚意（2011）以北京的798和M50两个艺术区为例，通过结构主义和人文主义的视角探讨了地方性的形成机制。研究显示，结构主义和人文主义共同促进了艺术区以景观的形式体现城市的地方性。艺术家、经营者、消费者三类人群对地方性的理解有所不同，两个艺术区的艺术家都不太留意艺术区景观与城市地方性的关系，并都表示所在的艺术区反映城市地方文化的作品数量比较少；两个艺术区经营者对老景观的保留更多是因为理解地方性景观可能是一个具有垄断性的地方营销物；而对于消费者，研究从认知、行为、情感三个层面进行了研究，研究显示消费者对城市地方性的初级认知比较高，但是对城市地方性总体认同不高，尤其缺乏人文主义强调的发自内心深层的地方认同。张骁鸣（2013）曾撰文说明“官办的”节庆与“建构的地方性”的内在逻辑，认为建构的地方性虽然可能受到学者和旅游者的排斥，但地方内部的民众却似乎因为官方建构起来的集体记忆，让其逐步接纳这一建构的形式。这代表着对待地方性变迁的另一种态度，在一定阈限内的变迁或许是可被接纳的。吴炆佳（2013）从商品化的资本逻辑角度就西双版纳傣族园泼水节做过类似研究。陈晓亮（2013）以广州荔枝湾和恩宁路为例，从地方性的累积与消费的角度，对现代性、商业化背景下的二者地方性的再造进行了比较和阐释。唐顺英、殷秀梅（2014）认为，游记可以再现地方性要素并塑造地方性。曾军（2014）认为，地方性生产的分析必须将“内容”“形式”“生产机制”的研究综合起来。唐顺英、周尚意（2015）等认为，地方性形成过程中有结构性动力和非结构性动力两股力量，都应加以重视，地方文化价值的延续和提升需调动国家与地方、政府与民间等多方面的积极性。

郑威（2006）从人类学视角，以广西贺州为例进行了地方性实证研究。

祁进玉（2008）以同仁县“五屯”地区人类学田野调查为个案，分析了全球化与地方性的问题。研究认为全球化和旅游开发的背景下，族群认同、国家认同、宗教认同等一些本源性的认同非但不会消失，还可能有所增强。张瑾（2011）以广西龙胜黄落瑶寨为例分析了当地民族旅游背景下的地方性知识与妇女生计变迁。这在某种程度上，也肯定了全球化的反作用力和旅游发展积极的文化影响——文化虽变得日益杂糅，但本原性的民族文化或可得到复振与开发，从而加强文化认同。冯瑜（2012）等从云南回族不同聚居地的特殊族群如“帕西傣”“百回”“藏回”“彝回”“壮回”的民族认同、族群关系和社会文化变迁的角度来对地方性这一命题进行了解读。

在地方性感知方面，廖春花（2015）以广东潮州古城区为例，对城市历史街区地方性的居民感知进行了调查研究。吴钘（2013）对武汉市黄陂区居民与旅游者地方感进行了对比研究。

此外，宦震丹、王艳平（2015）专门对地方性与地方感的异同及其相互转化进行了研究，认为地方感与地方性为同一事物的两面关注：地方感关注主体，多为个人感受；地方性关注客体，具有集体赋予特征。虽然两个概念的产生语境不同，但却存在着某种转换关系。

总体来看，国内地方性研究基本起源于西方地方、地方感及无地方性的讨论。对旅游与地方性的讨论主要集中在规划设计的景观维度、人类学的文化维度、旅游吸引力维度及地方性的建构与形成几个方面。无论是有形的旅游景观还是深层次的文化内涵所具有的独特的地方性吸引力，都与旅游发展都有着密切关联。实证研究中有针对城市特殊空间、文化遗产、旅游节庆、民族村寨、特殊族群等类型的空间或活动开展的研究，整体来看，专门针对民族旅游村寨开展的地方性研究较为少见，尚缺乏对民族旅游村寨地方性的整体评估、问题探讨与解决方案。因此，本研究拟选取不同类型的民族旅游村寨，基于这一特殊的地方空间进行地方性研究，以期为民族旅游村寨地方性的彰显提供一定的研究经验。

1.2.3 民族旅游村寨地方性的相关研究

民族旅游村寨地方性的相关研究，主要表现为两种形式：一是传统的民族旅游村寨研究中对保留地方文化特色的关注，二是地方性研究中选取了民族村寨或传统村落作为切入点开展的研究。在民族旅游村寨地方性研究中，有的学者延续了吉尔兹“地方性知识”（local knowledge）的表述（吴晓，2010；张瑾，2011），有的则是直接用地方性来表达，其中较为贴近的研究具体如下。

吴晓（2010）从乡村旅游的视角出发，以湘西德夯苗寨为例，对当地民间艺术的在场与形变进行了探讨。研究认为乡村旅游的发展使得苗族传统民间艺术从隐形的民俗生活状态走向了旅游产品和旅游景观，强烈的地方性知识特征被视为建构奇异文化空间的有效资源，被重塑为供人消费的旅游商品。传统民间艺术的发展和存续处于继承与创新、传统与现代、延续与蜕变等多重文化选择之中。

张瑾（2011）以广西龙胜县黄洛瑶寨为例，探讨了民族旅游背景之下地方性知识与红瑶妇女生计的变迁。她审视了地方性知识如何被转化为旅游产品并如何影响妇女生计变迁的问题，认为少数民族居民在长期的生产生活实践中所创造、积累形成的民族文化，是支撑民族旅游的灵魂所在。为旅游业所用的民族文化，大部分都是根植于地域、产生于特殊族群的地方性知识，民族旅游的发展通过“商业化”或“文化创新”的形式将其从原生语境中搬上旅游的舞台，成为一种消费品，充分肯定了地方性知识为基础的民族文化在民族旅游发展中的核心地位。在对待地方性知识经历变迁的态度上，她指出，“即使在许多没有发展旅游的民族村寨中，由于媒体传播、地域交流、城市化进程的影响，地方性知识的变迁以另一种同样迅速的方式在进行”。由此可以窥见现代社会背景之下，开放的地方观是认识地方文化变迁的理性态度。她认为，黄洛寨的红瑶妇女成功实现了对现代化的调适，传统的地方性知识在旅游语境中成为红瑶妇女新的生计手段，新的发展模式为民族村寨经济注入了新的活力和动力。但同时，也提出了文化和经济转型中存在的一些问题，如传统服装制作工艺等地方性知识在代际传承中的断裂，旅游业发展对社区内部人际关系的影响，新生计方式如何实现可持续发展等。研究从村寨社区参与的女性群体角度出发，探讨了地方性知识在旅游语境下的调适与运用，为民族旅游村寨地方性的彰显提供了一些思路，同时也提出了一些民族村寨旅游发展中有待应对的问题。

刘志扬（2012）基于四川省平武县白马藏族乡、木座民族乡的厄里寨、详述家、木座寨 3 个村寨的田野调查提出了“民族旅游的麦当劳化”问题。

在他看来，白马山寨风情游业形成了一套固定的模式，即从游客的住宿、饮食、休息，到看民族歌舞表演等都呈现出简单化、标准化和流水线化的特征，这种同质化模式便于政府部门对旅游业的管理，同时也削弱了民族文化的自主创新能力。“麦当劳化意味着缺乏创新，缺乏人性化、地方化、个性化的发挥和创造……旅游展演情境下的民族文化的选择主要以符合麦当劳化的元素为主，而那些不适合商业化、商品化、麦当劳化的，具有地方性、个别性和原生性的元素被弱化或者取消了。”而民族旅游是后现代消费社会自恋式的“寻根”，必然要以文化的多样性、独特性、地方性为前提。一方面，全球化催生了标准化产物，另一方面，地方特色的张力也会愈加明显。这也提醒着地方性作为地方身份的重要识别特征，必须予以重视。民族旅游村寨本是地方性十分突出的空间与地方，也无可逃遁地卷入了全球化浪潮和现代性社会，但其地方特质是其旅游开发的核心魅力所在，地方性的彰显不容忽视。

魏雷、钱俊希和朱竑（2015）以泸沽湖为例，对旅游发展语境下的地方性生产进行了研究。认为泸沽湖的地方性是由媒介、游客的旅游实践、摩梭人的地方实践，以及大规模全球流动当中复杂的文化、价值、知识、资本等要素互动所共同表征、建构和重塑的过程，并且地方内部的认同亦呈现多元特征。

周尚意（2017）提出了“四层一体”的发掘传统乡村地方性的方法，认为人地关系地域系统分析就是剖析生计层、制度层、意识形态层和自然层四个层面的关系。四层一体的分析方法，更为关注文化元素背后的区域背景和地理环境。

在民族旅游村寨的研究中，诸多研究最终都指向了民族村寨旅游的持续发展、社区居民的获益或民族村寨地方文化特色的传承与保护等。地方性是与地方文化密切关联的事项，诸多关于民族旅游村寨地方文化特色传承与保护的策略建议与地方性彰显的目标有一定的相通之处，是针对文化变迁、文化商品化或文化肤浅化的回应，将文化放置在一个历时性的角度去审视，并试图通过“尊重传统，保留原味”的方式来将其延续传承。地方性的彰显的将其放置在扁平化的现代社会中来凸显其特性，通过个性化的维持与凸显来避免同质化、标准化问题，以避免地方吸引力的丧失。各自出发点不同，回应的问题有所差异，但也有一定的相通之处。如果说传统文化保护是针对地方历时性的问题，地方性的凸显则是将地方放置在共时性的背景下去凸显其个性与独特之处。一般认为，少数民族村寨本身有其独特的文化魅力和地方特征，这是民族旅游的核心基础之一。实际上民族村寨在全球浪潮的席卷中，受到现代媒介传播、社会流动性等多要素的影响，也在逐步发生着变化。幸运的是，民族旅游村寨开发中个性缺失的问题也开始受到关注。研究也试图在开放的地方观之下，对旅游场域这一特殊背景之下民族村寨地方性的感知与彰显进行剖析，从而为民族村寨保留经久不衰的文化魅力和地方特色提出一些有益思考。

1.3 研究的意义与价值

1.3.1 理论意义与价值

1.3.1.1 从地方性视角对民族旅游村寨进行研究可拓展文化地理学与旅游学的交叉研究

民族村寨的旅游发展一直是人类学、旅游学、文化学的研究焦点。其发展模式与开发途径、旅游产品开发与设计、民族文化的真实性、舞台化与变迁、居民社区参与与利益分配、村寨建设与变迁、旅游扶贫、旅游者对其资源感知及偏好问题等受到诸多关注，一般围绕民族村寨旅游开发与管理、旅游资源评价与感知及旅游影响带来的文化、经济、社会等方面的变迁与冲击而展开。中国少数民族众多，西部民族地区的村寨各有千秋，吸引了不少专家学者、政府机构、非政府组织、背包客、文化旅游者的关注。地方是文化地理学的核心要义之一，民族旅游村寨是特殊的、微观的地方，传统的地方特质鲜明。伴随着民族村寨的旅游开发，民族旅游村寨的地方性是否得到了较好的保存和彰显、是否可被旅游者清晰地感知，也是十分值得关注的问题。将地方理论引入民族旅游村寨的研究，从理论层面来讲，既属于旅游人类学研究范围，也属于文化地理学与旅游学的交叉研究范围，或可拓展二者的研究领域。

1.3.1.2 民族旅游村寨的地方性研究可丰富文化地理学微观尺度的研究，并提供案例实证支持

民族村寨的地方性研究，是一项牵涉空间、地方和文化等要素的综合性命题，涵盖了村寨所处的特殊的空间场域、地方文化特质、文化景观、大众

主流文化的传播与渗透等内容，涉及民族村寨物质文化要素、精神文化要素及其独特的文化生态环境。是对“微地方”在旅游影响之下的文化地理系统研究，村寨与自然环境的空间关联、地方的文化传统与嬗变、文化谱系的解读都是本研究需剖析的内容，因此也是文化地理学微观层面的应用研究和实证研究。研究中涉及的两个案例研究点，可为文化地理学研究提供相应的案例支持。

1.3.1.3 **从地方主体性的“地方感”研究传统转向地方空间客观属性的“地方性”研究可弥补传统研究视角的不足**

地方感是环境心理学、建筑学、地理学甚至旅游学的研究热点，已有较为成熟的研究基础，衍生出了地方依恋、地方认同、地方依赖等不同程度的感知维度和与地方的情感联系。以往的研究传统较偏重于对地方有情感交互的主体感知的研究。地方性侧重对地方客观属性的地方特质或地方精神（spirit of place）的探究，试图找寻地方固有的内在属性与特质，并通过对“主体感知—客体性质”这一二元关系的交互研究，来审视作为当地居民和旅游者“主体”对地方性这一“客体”的理解和感知，可补充以主观感知为主的研究传统，从相对全面的视角来对旅游开发之下的“地方”进行审视，能延伸和扩展文化地理学中“地方”这一命题。

1.3.1.4 **支撑地方理论在旅游领域中的应用研究可拓展旅游学研究的理论基础**

空间和地方这一组概念一直以来都是地理学的核心命题，人文主义地理学和文化地理学的相关专著也将其作为核心命题进行探讨。因此，有学者也将其称之为“地方理论”或“场所理论”。在中国，地方性的研究起源于景观建筑和城市设计，景观建筑领域对地方性景观的探讨和文化地理学对地方的关注都早于旅游学界对地方理论的关注。地方理论被引入旅游学界的时间不长，尽管旅游活动的发生往往跟文化差异有关，这些差异在某种程度上也意味着地方特质。旅游规划领域也一直在强调和关注“地脉”“文脉”的重要性，但旅游学界对地方性的相关研究目前尚处于探索起步阶段。2013 年，《旅游学刊》专门开设了“旅游与地方性”的探讨专栏，将旅游领域内的地方性研究推向了新高度。目前，地方理论应用于旅游研究逐步受到重视，本研究可支撑地方理论在旅游领域中的应用研究，通过民族旅游村寨的案例分析，丰富和拓展旅游学的理论基础。

1.3.2 实践意义与价值

1.3.2.1 以民族旅游村寨地方性为研究对象，可为中国少数民族特色村寨和传统村落的保护与发展提供一定参考

2009年，中华人民共和国国家民族事务委员会（以下简称国家民委）和中华人民共和国财政部（以下简称财政部）联合开展了少数民族特色村寨保护与发展试点工作。2013年，国家民委专门组织开展了少数民族特色村寨的挂牌保护工作，旨在保护少数民族传统民居、弘扬少数民族优秀文化、培育当地特色优势产业、开展民族风情旅游、改善群众生产生活条件、增加群众收入、巩固民族团结等。为此，国家民委专门编制了《少数民族特色村寨保护与发展规划纲要（2011—2015年）》并提出明确任务：要改善村寨生产生活条件、大力发展特色产业、重点推进民居的保护与建设，加强民族文化的保护与传承等。民族特色村寨的旅游业成为其特色产业的重要构成部分，寻求在全球化与现代化背景下，民族旅游村寨地方传统文化的传承与延续的应对策略，应是少数民族族群自身乃至整个中国的传统文化复振面临的关键任务之一。

2012年12月，中华人民共和国住房和城乡建设部、中华人民共和国文化部和中华人民共和国财政部联合发文，出台了《关于加强传统村落保护发展工作的指导意见》，明确指出要推动传统村落保护发展规划编制的实施、保护传承文化遗产，要求要建立国家和地方的传统村落名录，建立保护发展管理制度和技术支撑体系。民族旅游村寨的地方性研究，是对少数民族传统文化遗产的回溯与守护，试图摸索出民族村寨在旅游情境下地方文化变迁的一些规律。通过对传统村寨地方文化谱系的挖掘、整理，考察其在旅游开发过程中的展现与演变情况，探寻相应的突出地方特色、保留地方传统的策略，形成经久不衰的地方魅力，守住传统文化的“根”，留住村寨的“魂”，这与国家保护传统村落的理念不谋而合。本研究两个案例点均为中国传统村落，研究或可为中国少数民族特色村寨和传统村落的保护提供相应的参考。

1.3.2.2 为两个案例研究点及各相似村寨的旅游开发与建设提供有针对性的决策依据和建议

本研究选取了两个民族旅游村寨（石林糯黑彝族村寨、大理双廊大建旁村白族村寨）进行实证分析和比较研究，两个案例点的区位、主体民族、发展阶段、主要特色不尽相同。石林糯黑代表本土精英主导下的城郊型民族村寨，双廊大建旁村代表着国内热门旅游地下外来力量主导的民族村寨，对两个案例点当地居民和旅游者地方性感知异同的分析及各村寨地方性的彰显的具体建议，可为案例点的理性发展提供一定的决策依据，并为国内相似的旅游村寨提供相应的延续村寨传统、凸显村寨特色的经验借鉴。

1.4 研究目标与内容

1.4.1 研究目标

本研究的主要目标有:（1）在以往研究的基础上进一步明确“地方性”的具体所指及其相关因素，尝试构建地方性的概念模型，解析其识别要素和影响地方性感知的各要素，并通过理论演绎得出一般意义上的地方性彰显路径与策略。（2）将理论研究套用于微观的民族村寨这一特殊的旅游空间之下进行实证分析，了解各案例地地方性的建构模式，比较旅游者和村寨当地社区居民地方性感知的异同，了解“我者”与“他者”对村寨地方性的整体认知态度及其对地方特质的认知路径、地方情感、地方认同的态度。（3）关注社区居民和旅游者等不同主体的多元需求，从多方利益诉求中寻求双赢的关于地方性核心内容之地方文化遗产保护与利用的解决方案，并将其作为村寨典型彰显的建议依据。（4）力求对两个案例点关于地方性命题通过比较法及逻辑演绎，尝试性地形成关于民族旅游村寨地方性感知与彰显这一主题之下的相关问题的一般规律认知。（5）探寻案例地中各民族村寨地方性彰显的途径和策略，为村寨地方文化的复振与展现提出恰当的方式、方法，从而强化地方认同，避免走入“千地一面”的旅游开发误区，为我国传统文化和本土地方文化的回归与保护提供理论依据与决策支持。

1.4.2 研究内容

第 1 章为导论。主要包括研究的背景、相关研究综述、意义与价值、目标与内容，思路与方法等。

第 2 章为基础问题讨论。讨论民族旅游村寨地方性的概念、基础理论、关键问题及民族旅游村寨中地方性凸显的意义所在。

第 3 章为民族旅游村寨地方性的解构与重构。包括对民族旅游村寨属性的介绍；民族旅游村寨地方性的关联要素与识别要素的讨论，并分别从结构主义视角下的结构性动力与非结构性动力、系统观视角下的内生动力与外生动力两个角度解析了民族旅游村寨地方性的生成与重构问题。

第 4 章为主客视角下的民族旅游村寨地方性感知。主要包括地方性的感知维度、指标体系及其重要程度判定，分别从旅游“主客”感知与地方感感知维度的研究回顾、地方性指标体系的构建、“我者”视角下的地方性感知与“他者”视角下地方性感知的影响因素等方面进行了分析。

第 5 章为民族旅游村寨地方性的彰显。主要阐述地方性彰显的价值；地方性彰显的方式（包括地方感的构建、地方精神与地方形象塑造、地方性的塑造）；民族旅游村寨地方性彰显的框架体系（包括本体的地方性塑造、媒介对地方性的宣传及旅游者对地方性的感知）；在民族旅游村寨建设模式回顾的基础上构建民族旅游村寨地方性彰显的模式，并从应用实践、方法技术两个层面提出了具体的地方性彰显路径。

第 6 章为案例研究。包括两个案例点的概况及旅游发展情况，以及对石林糯黑、双廊大建旁村当地居民与旅游者就地方性感知问题的调研结果分析，并针对各村寨具体情况，对其地方性彰显提出了建议。

第 7 章为结论与讨论。包括对研究的整体回顾，总结研究的主要结论与可能的创新点，并提出有待进一步讨论的问题。

1.5 主要研究思路

1.5.1 研究思路

研究在对民族旅游村寨和地方性研究现状、两个案例点实地调研考察的基础上，采用：理论演绎——主要运用已有的民族旅游村寨及地方性的研究基础和相关理论综合分析、规范性研究民族旅游村寨当地居民与旅游者对地方性的感知，民族旅游村寨地方性的彰显模式与路径；实证演绎——在理论规范研究的基础上，根据案例点的实际情况和实地调研结果，采用实证主义的逻辑探究当地居民与旅游者对村寨地方性的感知异同，并有针对性地提出民族旅游村寨地方性彰显的建议，从而得出各自行之有效的建设经验与地方性彰显的方法。本研究的技术路线如图 1-1 所示。

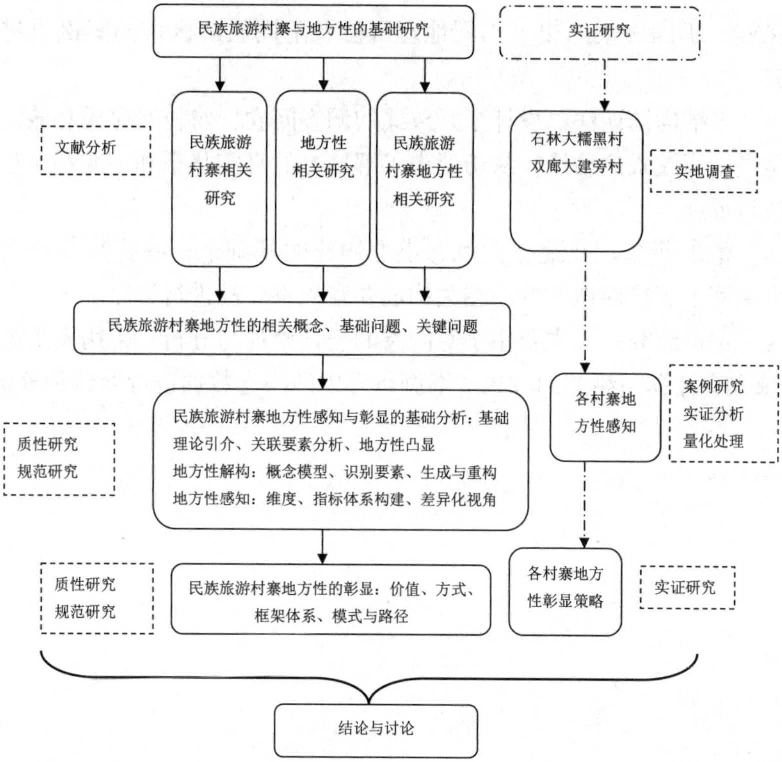

图 1-1 研究技术路线

1.5.2 研究方法

本研究主要以民族旅游村寨地方性的相关理论、分别代表“我者”的当地居民和“他者”的旅游者对民族旅游村寨地方性的感知、一般性及特殊案例地的地方性的彰显为研究对象，主要采用质性研究为主、定量研究为辅的研究方法，并采用规范研究与实证研究相结合的研究思路，处理“应然”和“实然”关系。主要采用了如下具体的研究方法。

（1）文献分析法。主要用于基础理论分析、案例点以往的相关研究回顾及报刊、网络等资料分析。

（2）实地考察法。实地调研考察两个不同类型的案例点，以获取直观感性认识和一手资料。

（3）比较研究法。对石林糯黑彝族村寨、大理双廊大建旁村白族村寨不同民族、不同发展历史、不同地理区位及不同旅游区内的案例点进行比较研究。

（4）半结构访谈法。设计半开放式的调查问卷，对村寨居民和旅游者进行定向式、开放式的访谈，从访谈中了解地方的真实状态和不同利益相关者的看法与观点。

（5）德尔菲法。在地方性概念模型构建的基础上，寻找其典型代表要素，采用德尔菲法对地方性的相关构成要素的重要性进行排序。

（6）定量研究法。主要用于对问卷的统计处理与分析，采用人工统计及Excel录入、计算、绘图的方式对案例研究中的问卷数据进行处理和分析。

第2章 基础问题讨论

本章主要对民族旅游村寨地方性的相关概念及内涵和外延进行解析，并介绍研究的基础理论：地方感、地方依恋与地方认同、社区参与理论与利益相关者理论、旅游感知理论、空间生产理论，并讨论民族旅游村寨地方性研究中的关键问题，如传统与现代、地方与全球、开发与保护等问题。

2.1 民族旅游村寨地方性的概念解析

2.1.1 民族旅游与民族旅游村寨

在少数民族（ethnic groups 或 ethnic minorities）这一概念的相关研究中，少数民族常被视作非主流民族或所谓的“土著民族”，或让人联想到居住在偏远地区、穿着奇装异服的人群。而民族村寨，也往往因其独特的民风民俗、民居和奇异的世居族群而具有神秘色彩。

Anthropology 被译作民族学或人类学，民族学曾与人类学相提并论。人类学作为独立学科是在 19 世纪中叶伴随着工业革命后的殖民主义国家对“地理大发现”后边缘地区的土著族群的研究而逐步形成的。从国内对民族旅游相关研究的引介来看，国外民族旅游研究主要发轫于人类学在旅游领域的应用研究，即旅游人类学研究。

国外旅游人类学中，富有代表性的“民族旅游”定义有如下三种。

民族旅游（ethnic tourism）是以民族极其独特的民族文化为主要吸引

物的旅游形式（van den Berghe & Keyes ，1984）。这一概念将民族文化视为核心吸引物，突出了民族旅游的文化属性。体验民族文化未必在民族村寨，但民族旅游村寨必定是民族文化的承载物与表征之一。

推销民族旅游，主要是以地方的“奇异”和异域的民族风俗习惯为特色（Smith V. L.，2007）。与 van den Berghe 类似，Smith 依旧将文化体系中的民风民俗视为主要的旅游吸引物，且指明民族旅游是在特定的地方发生的，民族旅游村寨可被视作这样一种特殊的“地方”。

Laura（2011）将“民族旅游”定义为一种旅游形式，其中旅游者的主要动机是“体验异族文化并与异族人民互动”；民族旅游不仅仅是一种特殊形式的“主人和客人”之间的互动，从根本上说是“民族关系的复杂过程”。Laura 的论述倾向于过程论，更多从主客互动导致的民族关系角度来审视民族旅游。但主客互动往往也发生在特定的场域，民族旅游村寨往往是此类主客互动的场所之一。

此外，国外学者对民族旅游有 ethnic tourism、aboriginal tourism、indigenous tourism 三种描述。从字面意义来看，民族旅游、土著旅游、民俗旅游表意均较为接近。

国内学者对民族旅游有如下代表性认识。

刘晖（2009）认为，民族旅游是指游客被异域具有的自然生态和民族文化的少数民族吸引，而前往“异文化”人群去体验异域风情的一种短暂旅游经历。它包含几个基本要件：民族旅游是一种特殊的旅游经历或旅游体验。民族旅游资源是特定的地域、特定的人群和特定的文化。民族旅游地位于少数民族聚居区。民族与文化不可分离的属性决定了民族旅游的文化内涵。特定的环境造就了特定的文化，少数民族地区的文化生态环境构筑了民族旅游发生地的场景。民族旅游既是文化旅游也是自然旅游，是二者的结合物。刘辉总结的民族旅游概念涵盖了三个层面的内容：一是民族旅游的本质属性是文化旅游与自然旅游结合的旅游体验形式之一，其文化属性不可缺失；二是民族旅游发生的特定场所是少数民族聚居区；三是民族旅游存在的特殊生境是少数民族地区的文化生态环境。民族旅游村寨是典型的少数民族聚居区，是自然生态与民族文化的共同体现。

李忠斌、文晓国（2012）认为，民族旅游就是旅游者以民族聚居区域为旅游目的地，以该民族文化为内核，以经济、社会生活为主线，以全面了解民族文化特质及生产、生活状态为目的一种参与、体验活动。民族旅游的外延包含了民族生产活动、民族文化体验、民族文化景观、民族生活场景、民族产业旅游、民族旅游产业规划与产品营销。本定义下的民族旅游村寨是民族旅游活动的目的地与民族文化的展现地。

周大鸣（2014）认为，民族旅游是指旅游者前往少数民族（或族群）的居住地区体验当地的独特文化和生活方式的一种旅游形式。民族旅游村寨在此被视作一种少数民族的居住地区。

关于民族旅游村寨内涵的代表性论述有如下三种。

民族旅游村寨是指以少数民族乡村或聚居点为旅游接待地，以少数民族群众为旅游参与主体，以民族文化和山水景观作为主要旅游吸引物，其功能是满足旅游者文化需求的同时，提供行、游、住、食、娱、购的整套旅游服务（黄海珠，2007）。

民族旅游村寨是以少数民族村寨为空间载体，以少数民族物质与非物质文化为主要吸引物的乡村文化旅游地（杨军辉，李同昇，等，2015）。

通俗地理解，民族旅游村寨是已经开展民族村寨旅游活动，并以旅游为主要生产方式的少数民族村寨（刘孝蓉，2013）。

民族旅游村寨系统是结构复杂、功能多样、开放的“生态环境—社会文化—产业经济”复合系统。民族旅游村寨系统演化既受系统内在因素的影响，又受各种随机因素的影响，其演化历程是非线性的动态复杂过程（杨建村，吴建国，2012）。

民族旅游村寨，看似一个不证自明的词汇。村寨是我国行政体系中最小的基本单位，“民族”特指少数民族，有开展的旅游活动是界定其为旅游村寨的重要标准之一。综合来看，民族旅游村寨是指以少数民族风情及其特殊的生态环境为主要吸引物的旅游地。

民族旅游与民族旅游村寨的关联主要在于：（1）民族旅游是民族旅游村寨中开展的主要旅游活动，包含民族文化旅游、民族生态旅游、社区旅游、村寨旅游等不同类型的旅游形式。民族旅游是民族旅游村寨原住民获取经济利益的途径之一，也是旅游者体验少数民族文化风情的主要形式。（2）民族旅游村寨是集村寨原住民的生活空间、民族风情展现的文化空间、旅游者的体验空间于一体的三元空间。民族旅游村寨是民族旅游开展的主要空间和场所，是一种特殊的旅居一体化空间，旅游者可在民族旅游村寨实现“主客互动”，体验地方民族文化，感受民族习俗。

2.1.2 地方性及相关概念

在地方性的相关研究中，地方（place）这一概念在西方地理学中一直被视为关键词之一。对地方感（sense of place）、地方依恋（place attachment）、无地方性（placelessness）、地方认同（place identity）的研究较多，但鲜见专门针对地方性（placeness，与 placelessness 相对应）的研究，偶见译著中有“地方性”这一表述，“地方性”这一概念似乎更倾向于一种中国本土化表述。诺伯舒兹在 1995 年提出了“场所精神”，指的是一种地方文化和意境流，一种地方上对“环境的特性”和“气氛”的体验。吉尔慈（2000）认为，地方性不仅指地方、时间、阶级与各种问题而言，并且指情调而言——事情发生经过自有地方特性并与当地人对事物之想象能力相联系。吉尔慈的情调，与诺伯舒兹所指的“环境特性”与“气氛”有类似之处。

地方感、地方认同、地方依恋、地方依赖这组概念更倾向于个体的主观情感，也可理解为个体对地方性感知的情感映射——建立在对地方性认知基础上而生成的对地方不同程度的情感联结。

地方依恋是个人与环境的一种关系或结合形式（Hidalgo & Hernandez，2001；Moore & Graefe，1994）。当一个地方被使用者感觉到重要的时候，并且能够提供条件来满足功能性需求和相较而言可更好地支持他们行为目标的时候，地方依恋就可能产生（Williams et al.，1995）。地方依恋是人们与他们居住的地方的情感关系（affective relation）或情绪结合（emotional bonds）（Bonaiuto et al.，2002）。

地方依赖指基于特殊活动发生在环境背景下的活动，反映地方提供条件来支持计划用途的重要性的关系（Brown & Raymond，2007）。

地方认同是地方赋予个体或群体身份的一种形式（Proshansky，Fabian，Kaminoff, 1995）。认同是基于个体在特殊的空间通过自然的或人文的特殊组合而获得居住地的地方意识和归属感而产生（Cristina & Cerasella，2013）。

国内学者对地方性的定义较为多元，表 2–1 是国内学者对地方性所做的定义的简要总结。

表 2-1　国内学者地方性定义一览

定义	关键词
地方性是指旅游目的地自身独特的地方特性，也称地格（placeality）（吴必虎，2001）	地方特性
地方性不仅包括一个地域（国家、城市、风景区）的地理背景，即自然地理脉络（地脉），还包括一个地域人类历史文化作用产生的社会文化氛围和社会文化脉络，即社会人文脉络（文脉）（赵飞羽，等，2002）	自然地理脉络、社会人文脉络
“地方性”或者说“局域性”不是仅在特定的地域意义上说的，它还涉及在知识的生成与辩护中所形成的特定的情境，包括由特定的历史条件所形成的文化与亚文化群体的价值观，由特定的利益关系所决定的立场和视域等（郑威，2006）	特殊情境——价值观、立场、视域
地方性包含两个层面的含义：一是地方在自身文化积累及与他地互动中逐渐形成的具有鲜明地域性、原生性和实践性等特点的深层文化传统，并运用各种策略、逻辑与知识建构出区别于他地的独特“地方感”；二是该地居民认同这些长期积累的文化，甚至将其内化为个人认同的一部分，形成地方认同（刘博，朱竑，2013）	文化传统、独特的地方感、地方认同
所谓地方性，是指在一定的地理环境中形成并显示出的地域或乡土特征。城市生态景观地方性，主要体现在可识别性、独特性和原真性三个方面（李广良，2007）	地域特征、乡土特征
文化地理学认为，一个地区长期积累的文化，以及人们对它的文化认同使得该地区具有了地方性。经济地理学认为，一个地区与外界建立功能联系时，它所具有的其他地方所不具备的内在条件就是地方性。这两种地方性的定义虽然不同，但是其本质相同，一个地方所具有的特殊性（周尚意，2011）	文化与文化认同、特殊的内在条件、地方所具有的特殊性
地方性是指一个地方拥有的特质，是一个地方所具备的有别于其他地方的独特性。独特性是地方性的基本含义，自然地理环境的独特性是自然形成的，社会文化方面的独特性则需要长期的积累并得到人们的认同和传承才能逐渐为一个地方所拥有（唐文跃，2013）	地方特质、地方独特性（包含自然地理环境和社会文化的双重独特性）
旅游目的地最核心的竞争力源于差异性，即本身有别于其他地方的内涵和意义，就是地方性（吴炆佳，袁振杰，2013）	有别于他地的内涵和意义
“地方性”在地方理论体系中代表一个地方区别于另外一个地方的差异，是客观物质环境的基本属性，包含物质空间形态、大小、颜色、长度、宽度、美观等不同特征的总和（张中华，段瀚，2014）	有别于他地的差异，客观物质环境的基本属性
地方性是指一个地方区别于其他地方的独特性（唐顺英，2015）	独特性

自然地理学、文化地理学、经济地理学、旅游学、社会学对地方性都持有各自的认识。自然地理学偏重区域差异，对社会、经济、文化因素对地方性的影响重视不够；文化地理学强调文化与文化认同生成了地方性，对地方性生成的先天自然条件重视不够；经济地理学看重区域间比较的区位优势及相对优势，有比较意识但缺乏对作为主体对地方空间意义的重视；旅游学更为关注地方的殊异性，认为地方特殊性是决定旅游地经久不衰的关键，重视地方性的旅游意义；社会学则强调社会各要素对地方的构建或重构，对地方性的消解和变迁持一种更为包容的态度，但对其边界却未涉及。

地方性知识是一个与地方性密切相关的概念。邢启顺（2006）认为，地方性知识是各民族在其长期的历史发展、文化变迁和独特的生态地理环境中，积淀并传承下来的独特而深厚的本土知识，主要涉及宗教、社会（包括原始习惯法、村规民约、社会交往习俗等）、伦理等方面，传统的天文知识；婚姻和生育方面，动植物和中医药方面；传统的农业、畜牧业知识；传统的文化艺术知识；传统的教育知识，传统的手工艺知识，传统的建筑知识等。地方性知识是地方性框架体系下的部分内容，其分类也为认识地方性奠定了基础。

地方性从字面上看与普遍性、普世性相对立，且是一个基于比较视野认知而诞生的概念。在政治话语体系中，地方与中央相对，如地方规定、地方法律、地方制度。在地理学语言体系中，地方接近区域，地方特殊性被定义为“区域差异”，且地理学试图去探索其内部差异的自然规律性。在经济学的理论体系中，地方往往与“全球”形成一组反义表达，且经济学家看重这种地方差异在全球经济体系中的竞争优势与比较优势，地方应充分发挥其比较优势寻找在整个经济体系中的立足之点。传统的经济地理学在划分此类优势的时候，又往往以当地的自然资源优势为基础，如是否富含某种矿藏、劳动力是否丰富、可达性与运输成本如何、人力资源成本是否具有竞争力、科技优势如何等。随着经济地理学理论体系的不断丰富与完善，除却自然因素外，经济、社会、技术、制度、文化、关系、尺度与调节等也被纳入经济地理学的研究范畴。从经济地理学的角度来理解地方性，地方性更倾向于一种基于地理区位和地方差异所形成的在整个经济空间结构中的地方优势。经济地理学也致力于描绘地方化和全球化的地理格局与过程，探讨经济结构与结构调整过程的地理基础。

综合来看，地方性是地方经由其所在地域特殊的自然地理环境因素与社会、经济、文化、政治等多元因素共同作用而呈现出的特殊性。简言之，就是地方的特殊性。相较于个体主观认知生成的“地方感”“地方依恋”或“地方认同”，地方性是地方有别于他地的客观殊异性。客观殊异性是根植于地方生长出来的特殊性，往往更容易被外来他者所感知。旅游者作为这种“外来他者”中的重要群体，旅游者的旅游体验中对地方性的感知也更有意义。研究尝试将旅游者对地方性的主观感知和将地方作为客体的地方性分析结合起来，以求更好地认识地方和对待地方。在此基础上充分挖掘并释放地方性的意义，进而为地方认同的强化做出努力。研究试图秉持一种跨学科综合性的眼光来看待地方性，综合考虑其经济意义、旅游意义及其多元的影响因子，推崇开放的地方性认识观，同时着力探究地方性变迁的边界，希望借此对地方性有一个较为全面的认识。

2.1.3 民族旅游村寨地方性的内涵和外延

“民族旅游村寨地方性”这一概念中，“地方”指向民族旅游村寨。民族旅游村寨地方性是指民族旅游村寨因其所在地域特殊的自然地理环境与社会、经济、文化、政治因素共同作用形成的有别于他地的特殊性。民族旅游村寨地方性应包含以下几个方面的内容。

（1）民族旅游村寨自然生态环境的特殊性。包括当地地质、地貌特征，也包括其水文要素，如江、河、湖、海等共同构成的独一无二的生态环境，以及所在地域的气候特征、天象景观等。不同村寨的自然生态环境可能会相似，如山环水绕、环境优美等，但绝不会完全相同。这既是民族旅游村寨旅游的基础，也是整个民族旅游村寨景观空间格局的基调和村寨生产生活赖以开展的基本条件与禀赋。

（2）民族旅游村寨地方历史、民族文化具有的特殊性。不同的村寨能共同经历一个时代或某一特殊的历史事件，但因其内部成员不同及事件影响力的差异，也形成了特殊的地方历史，这其中可能有名人熠熠生辉，永垂不朽；也可能有让后世铭记的重要纪念场所。其次，民族文化因区域背景与发展历史而呈现出巨大的差异。既有历史原因，也有环境作用。即使同一个民族，在某些习俗上也会随着地域分异而出现分化，如大理白族地区，虽然每个村寨都供奉本主，但每个村庄自己的本主都是不一样的，民族旅游村寨的民族文化特殊性不难理解。此外，民族文化是一个极其庞杂的系统，包含了生产与生活、物质、精神、制度的方方面面，涉及社区居民的衣、食、住、行、生活起居的方方面面，涵盖的内容可谓包罗万象，又因各地物质来源、生活习俗的不同呈现出丰富多彩的一面，让地方特殊性成为可能。

（3）民族旅游村寨特殊的区位形成的地方优势。这种地方优势既包含了村寨独有的地方吸引力、村寨内部社区居民的人力资源优势、国家相关政策及地方支持下的制度优势、基于本土的地方性知识有效运用的技术优势，也包括和谐的社区关系营造的良好投资环境或共同诉求下的关系优势等。其中，村寨独有的吸引力因人群而存在差异，如村寨对周边人群而言可能吸引力平平，对未曾了解、毫无感知的人们也毫无吸引力，但对特殊“际遇”下相识的人们而言就非常富有魅力，而促成这种“际遇”的事项，可能是针对性营销的旅游广告，也可能是旅游杂志、小说著作，也可能是微信软文、朋友圈公众号分享等。因此，在旅游宣传与营销中，促成地方与受众的“相遇”至关重要。民族旅游村寨的人员构成与创新素质直接影响着民族村寨的创新力，归根结底是人力资源差异影响了地方性创新发展能力。在一个人口结构相对稳定的民族社区，技艺的传承或相对稳定，技术的革新也更为依赖外界的输入；而在外来人口或团体介入地方的情况下，地方会呈现出多元的“熔炉”现象，甚至在外来人员影响下催生出新的文化现象。在一些民族村寨，传统的地方建筑从材质、方法到样式都更具有吸引力与成本优势，而村寨良好的人际关系更易形成良好的投资环境和消费环境，也能较好地助力当地的发展。这些优势既是民族旅游村寨发展过程中的条件所在，也因时因地而异，共同构成了具有地方优势的地方性。

一个偏远地区的民族村寨，其生长的自然环境决定了特有的生态环境，当地居住的少数民族也在本民族传统文化与地方环境与历史差异下形成出了独特的民族文化，在现代社会中，又因其远离城市喧嚣的独特区位保有了淳朴与自在的魅力，与现代社会快节奏相对而呈现的“慢生活”和传统意蕴承载了城市市民的田园怀想与回溯传统的期待，满足了现代性背景下居民的怀旧与求异心理，具有旅游观赏价值、休闲游憩价值与特殊的文化体验价值。

2.2 基础理论介绍

2.2.1 地方感、地方依恋与地方认同

地方性为地方自有的客观属性，地方感则为不同主体在与地方的互动中形成的千差万别的感觉和情感。地方感表达的是一种心情与情结，而地方性是指地区之间的客观差异（宦震丹，王艳平，2015）。尽管地方性与地方感有着本质区别，但二者又存在千丝万缕的关系——地方感是对地方的感知，也就是对地方形貌、地方特质、地方精神的感知，地方的形貌、特质与精神气质则属于地方性的构成内容。因此，地方性研究无法回避密切相关也相对较为成熟的地方感、地方依恋与地方认同等相关理论。

地方感是人文地理学与文化地理学的重要概念之一，在讨论人与地方的关系之时受到关注。在景观规划、城市规划、旅游规划等领域也备受重视，学者往往试图通过良性的地方感营造来形成融洽的社区居民关系，通过正向的引导和积极的情感纽带，让社区、景区或城市变得有家园感，从而得到关注或留恋。这也是一些旅游地试图成为“第二居所”的核心任务。地方感是人们对一个地方了解、熟悉而变成了有意义的感觉，是对一个空间的感情及记忆。这个空间可以是小小的家、社区，也可以是大的县市、区域、国家乃至整个世界。Deutsch、Yoon 和 Goulias（2013）从 6 个方面来理解地方感，分别是依附、依赖、认同、满意、氛围和社区。Tim（2006）等认为，地方感包括了人们对特定的地方经历表达出的依恋（attachment）与厌恶（detachment）等的综合情感反应。地方感、地方依恋与地方认同本是一组密切相关的概念，后者跟前者存在情感上的递进关系，但地方依恋和地方认同也形成了新的研究热点。

早期地方依恋的相关研究认为，地方依恋是在个体层面，个人对地方的一种忠诚（commitment to a place），包含社会参与（social involvement）和主观情感（subjective feelings）。社会参与存在组织联系（如学校、教堂组织等）、社区参与（如邻里关系、地方组织等）、与家人和朋友的关系（与地方相连）之中，指向积极的地方情感（如归属感等）（Walker & Ryan，2008）。心理学研究认为，地方依恋是个体与特定地点在情感上的联结。根据情感强度的差异，地方依恋又被划分为五个维度，分别是个体对地方的熟悉感（place familarity)、归属感(place belongingness)、认同感(place identity)、依赖感(place dependence)和根深蒂固感(place rootedness)(Hammitt & Stewart, 1996)。地方依恋意味着了个人与环境正向的情感联结，并愿意与该地方维持长久紧密的联系(苏扬期，王柏山，2005)。

地方认同是精神层面的依附，是个体对客观环境有意或无意的理解，并借由态度、信仰、偏好、感觉、价值观、目的意义和行为趋向的结合，达到对于该地方的情感依恋与归属感(Proshansky, Fabian& Kaminoff, 1983)。有学者则认为，地方认同是社会实践、话语和权力的表现形式(Passi, 2004)。地方认同也与段义孚的地方之爱相同，指人与地方的情感联系，即人群对栖息地的整体感知及情感依附(Cresswell, 2006)。在国内学者看来，地方认同来自于地方本身的特性(即地方性)及归属感，是生活在同一地方的人对该地方的心理认同(廖春花，杨坤武，2014)。在地方认同的形成机制上，赵红梅(2011)认为，地方以特殊的构造聚集了事物、思想和记忆：一方面，神话、历史(包括地方史、传说、故事、风土人情等)、语言、宗教、习俗等文化特征，赋地方以特殊性，在此基础上，人群构建对地方的情感与集体记忆；另一方面，景观以自然环境与人文环境的形式和人们的生活实践紧密相连，为人们提供庇护和资源，也承载人们的思想和记忆，因而饱含意义和价值。Breakwell 提出的认同过程理论则认为，地方认同的形成受自我尊重、自我功效、独特性及一致性的影响。地方认同是复杂的多维概念，包括将个人身份与物理环境联系起来，并由此进行自我界定的维度，如有意识和无意识的观点、信念、偏好、感觉、价值观和目标，以及行为倾向和技能。

可见，传统的地方认同一般针对当地生活的居民而言，更多指与地方长时段的联系而生成的情感。但在旅游活动中，人们对某一地产生旅游向往和动机的时候，已经有了想象中未经体验的地方认同。地方特殊性在学者研究中均被视作影响地方认同的重要方面，可见地方认同以地方性为基础。对地方性的良性感知有助于当地居民和旅游者生成地方认同，对地方的长远发展也十分有益。尤其是日益兴起的度假旅游，或旅游者在选择“第二居所”或旅居体验地时，地方认同将会是首要决定因素。

也有学者认为，全球化形成的流动世界背景之下，地方感是充满异元素的杂糅地方感(heterotopic sense of place)，无本土文化或经济一致性可言(Amin, 2004)。但在旅游这一特殊情境之下，积极的地方感是富有意义的。

旅游者在旅游动机生成之前，对地方的了解、认同和喜爱从而产生“他乡向往”，形成对区域的联想和想象，是旅游活动开展的先决条件。

地方依恋与地方认同都是积极的地方感。地方性又是地方依恋与地方认同生成过程中必不可少的基础，若地方无差异，就无地方性，地方认同也就失去了存在的根基和土壤。地方性的构成要素错综复杂，影响地方感形成的因素也非常复杂，既有客观的物质环境，也有主体获得地方信息，或在地方的经历及体验有关。人们身处不同的环境、不同的偏好、经验和需求往往会形成不同的目的地偏好。民族旅游村寨，一方面具有浓郁的民族性，另一方面往往在边缘之地更能符合都市人群传统与怀旧想象，更能吸引主流社会人群和城市人群。无论民族旅游村寨的宣传营销的特定人群和目标是谁，潜在旅游者预先摄入的民族旅游村寨信息及实地旅游体验中对地方性的感知都应积极向正向引导。

2.2.2 社区参与理论与利益相关者理论

社区参与理论与利益相关者理论是旅游规划中的传统方法。社区参与旨在赋予社区居民的参与权与管理权，以实现规划的科学性。后因其与社区的高度相关性，被引入旅游村寨研究之中，成为民族旅游村寨研究的重要视角和方法。

社区参与的定义在旅游学界无明确统一定论，概括起来基本有三层核心思想：社区参与旅游发展是一种规划的理念和方法；提倡居民与游客并重的主体地位，其目标之一是实现游客满意和社区发展；落脚点是实现社区居民获益和旅游的可持续发展。但社区参与在中国的实践过程中也存在一些问题和困境，Cevat Tosun（2006）就曾指出，发展中国家在参与式旅游发展方法上存在操作性、结构性、文化性三个层面的诸多制约因素。在参与方式、参与程度和参与效果等方面在不同的地区也存在较大的差异。基于此，许多学者也对社区参与旅游发展的对策进行了探讨，以左冰为代表的学者在社区参与的基础上提出了社区增权（community empowerment）的改进路径。不过，就民族旅游村寨而言，虽然矛盾和纠纷难以避免，但社区参与旅游发展相对比较容易实现。民族旅游村寨地方性的彰显离不开社区居民、开发者和管理者的积极贡献，需要引入社区参与。丰富的社区参与研究可为此提供较好的理论支持。黄华（2008）指出，少数民族村寨社区参与旅游开发可以通过直接参与和间接参与实现，几乎是全民性的。周杰（2013）等指出，乡土知识的运用与创新是少数民族村寨社区参与旅游发展的内容之一。民族文化根植于特定的地域和族群，社区居民拥有的地方性知识有助于他们将其更好地运用于旅游活动中，对保有社区的鲜明特色、维系社区旅游的持续发展意义重大。民族村寨在小范围就是民族社区，地方性的保持离不开民族社区内部成员的贡献和支持。如何走出原有的社区参与固有的困境，摆脱制约瓶颈，深化社区参与程度，灵活设置社区参与方式，让当地居民真正参与到地方性彰显的事业中来，是本研究的落脚点之一。

在提及社区参与理论的同时，不得不提到与之密切相关的利益相关者理论。社区参与实现利益创造，利益相关者要考虑利益分享。早期的利益相关者理论认为任何一个公司的发展都离不开各种利益相关者的合作和参与，如股东、债权人、雇员、消费者、供应商等。利益相关者是"受一件事的原因或者结果影响的任何人、集团或者组织"。利益相关者理论逐渐被引入各行业，也作为一种分析框架被引入旅游研究。《我们共同的未来》（1984年）指出，在旅游可持续发展的过程中有必要理解利益相关者，它让一部分人受益的同时，会影响到其他人的利益。因此，引入利益相关者理论是可持续发展过程中必不可少的要求之一。民族村寨旅游开发牵涉到众多利益相关者，如何在旅游发展过程中兼顾不同主体的利益和诉求，保持各方关系的和谐，以实现民族村寨旅游的良性发展，值得重视。概括起来，民族旅游村寨的利益相关者和利益诉求如表2–2所示。让地方性融入各利益相关者的利益诉求，有助于保证地方性彰显策略的合理性。

表2-2 民族旅游村寨利益相关者及利益诉求

利益相关者	利益诉求点	着力点
社区居民	经济：增加收入，生活富裕	发展旅游项目，注重盈利点设计
	环境：卫生条件改善、污染及影响可承受、交通便捷、生活设施齐全，治安良好，规范有序	改善环境卫生，降低污染，优化交通环境，增加生活服务设施
	文化：不与传统习俗相冲突、本土文化保护与传承	尊重当地地方性知识和传统文化，避免不良文化示范

续表

利益相关者	利益诉求点	着力点
旅游者	成本：价格合理	制定公道的价格管理机制
	环境：优美、自然、舒适、干净整洁	改善环境，降低污染，优化交通环境，增加生活服务设施
	体验：感受民族文化，体验地方特色	注重项目和产品的特色化、个性化，满足深度体验需求
投资者	利润：获得投资收益	提供有价值、受欢迎的旅游产品和服务
	社会：诚信、安全，投资稳定	营造良好的社会环境
	企业形象：良好口碑	以质取胜，形成好口碑好形象
政府	经济收入：增加政府税收	提高经济总量
	行政管理：各方服从管理，旅游形象良好，旅游纠纷少	制定有效的旅游管理和社会管理机制和渠道，及时解决旅游纠纷
	社会：和谐稳定，无恶劣事件	塑造良好的旅游形象

从表 2–2 可以看出，多方利益诉求有相同之处也有矛盾冲突，如对良好的自然、社会环境的诉求相同。社区居民关注家园建设，旅游者注重旅游体验；社区居民有现代化发展和经济发展的需求，部分旅游者或偏重“原乡”体验。地方性的彰显如何在调动利益相关者积极性的同时把握这些共同诉求与平衡各方矛盾，值得深思。

2.2.3 旅游感知理论

旅游感知一般包括目的地居民对旅游发展过程中方方面面的感知和旅游者对目的地旅游体验的二元主体双重感知。居民对旅游影响的感知、对某些特殊旅游产品的感知和态度及其影响因素等是国外居民旅游感知的主要内容（赵玉宗，2005）。其中社会和文化影响是旅游影响研究的重要方面，正向的社区基础设施和公共服务设施改善、社区传统文化复兴、负面的赌博、犯罪问题同时受到关注。环境影响感知相关的资源保护与破坏、社区生态系统的干扰与平衡、社区形象与环境污染等也受到重视。

然而，旅游者和社区居民二者在对地方所感知或喜好的内容和程度方面有所不同。Ryan（2002）研究发现，外来者比当地长时间居住的居民更加欣赏当地的农业景观。也有研究发现，人们对自然景观的偏好更多一些。比起现代农业景观，自然湖泊更受欢迎（Kaltenborn & Bjerke，2002）。黄颖华（2007）将旅游者感知价值划分为五个维度，分别是感知旅游质量、感知经济成本、情感价值、社会价值和感知非货币成本。其中，感知旅游质量被划分成基于旅游资源、旅游接待体系、旅游活动的感知三个维度，情感价值进一步被划分成新奇感与愉悦感两个维度。在居民旅游感知的分析上，主要有居民对旅游影响的感知和对某些特殊旅游产品的感知和态度。其中，居民对旅游影响的感知又进一步被细分为对经济影响、文化和社会影响、环境影响的感知，且正面和负面感知均存在。在居民对某些特殊旅游产品的感知和态度上，研究主要集中在居民对文化旅游、大型节事旅游、博彩旅游上。影响居民旅游感知的态度和因素有：旅游中心距居民家庭的距离、个人或社区经济对旅游的依赖程度、旅游目的地生命周期阶段、居民游憩参与、旅游控制、人口统计学特征、社区归属感与依附、社区关注等。张中华（2015）认为，空间环境地方性经过游客心理加工和经验耦合，在游客大脑图谱和心理意象中塑造了不同程度的“地方感”，游客地方感生成的前提是对地方性的识别和诊断。

在对地方性价值的感知上，旅游者和社区居民的感知是不同的。第一，社区居民和旅游者与地方的“交往”时日不同，在当地居民眼中地方熟悉而无味，在旅游者眼中则可能新奇而神秘。旅游者为之振奋的景观或事件，在社区居民眼中或只是日常生活中习以为常的一部分。第二，不同类型的旅游者对地方的感知也是不同的。一个练达的旅游者（或者经历颇丰的旅游者）对各地旅游景观类型、活动项目等均有所了解，对同类型或以往旅游体验中所感受过的旅游地相对而言较难产生同样的新鲜感，而在初见型旅游者眼中，则富有乐趣。又如，文化型旅游者可能对文化原真性要求较高，对商业化运作会较为挑剔，而观光旅游者则偏重追求愉悦体验，并不在意文化真实性或商业化。第三，社区居民对地方性的感知也不同。投资型、参与型社区居民更能意识到文化特色在客栈、餐厅中的重要意义，也更能意识到地方文化特色的重要性。位于民族村寨旅游核心区域的村民更能享受到旅游发展成果，在与旅游者频繁接触与交流中更容易实现文化自觉，从而意识到地方性的重要性；而对位于村寨边缘或者未能较好地参与到旅游开发中来的那部分社区居民而言，地方性的价值则不那么明显。在这样的地方空间分异之下，也决定了不同居民对地方性意义与价值认知的差异。

2.2.4 空间生产理论

在 Lefebvre 看来，（社会）空间是（社会化的）产物。孤立地看待空间，它就是一个空荡荡的抽象概念，如同能量和时间。社会空间包含两层关系：社会再生产的关系和生产的关系。在前资本主义社会，生物学的再生产和社会经济的再生产共同构成了社会再生产，也就是说，社会再生产永恒地代代相传地贯穿始终。在现代新资本主义出现之时，要重新考虑三个层面：一是生物学的再生产（家庭），二是劳动力的再生产（工作阶层），三是再生产的社会关系的再生产（Lefebvre，2001）。借助 Lefebvre 的观念，可以这样来理解地方性生产：一是地方性的自我再生。比如，新的时代造就的新的文化元素注入地方。二是相关主体对其进行的价值创造。比如，工匠、投资者以本土知识、本土文化为基础创造出新的地方文化，形成新的地方性。三是旅游情境下再造的地方性的再造。旅游在民族村寨形成了新的社会关系，如游客与商贩之间的经济往来、投资者与居民的租赁关系、客栈投资者们形成的社群关系等，这些新的经济形态或社会关系也会形成新的地方特质，地方性在不断地被重构。

在西方的城市空间更新进程中，社区开发公司组织模式（Community Development Corporations，CDCs）被认为是城市空间更新的一种方式。其特征是社区开发公司主要有由当地居民、小商业主和其他地方利益参与者所组成，其最主要职能是为中低收入社区的居民建造经济适用房和创造就业机会，以实现衰退社区的再生。资金来源部分由联邦政府和各种基金会提供，其他资源由地方自筹。CDCs 模式能激发和发挥当地居民能量与才智，运用社区的社会网络以合作、互助为基础，通过动员广泛的资本、技术和人力参与，实现社区的经济改善和物质条件的更新，以及社区社会资本的增进等多维目标（张京祥，陈浩，2012）。CDCs 模式融合了社区参与和政府外源性扶持，与中国目前的传统村落保护方式有一定的相通之处，即由政府统一提供一定的资金扶持，当地政府再为村落制订保护规划或社区发展计划。不同的是，西方政府目标是通过经济适用房和创造就业机会实现社区的再生，中国政府希望借此保留村落文化价值，同时实现村落的民生改善，以促进传统村落的保护与发展。在对传统村落的开发利用上，我国持保守态度，如住建部对传统村落提出了限制旅游商业化开发、避免博物馆式建设等要求。CDCs 模式为地方性的彰显提供了一定的思路借鉴，如对多方力量的使用、构建了合理的多维目标以实现社区发展。地方性彰显最终也是为保有社区持续长久的魅力，助推民族村寨旅游持续发展。

在空间生产理论之下，学者们地方性生产开展过讨论。魏雷、钱俊希（2015）等以泸沽湖为例，关注过旅游语境下的地方性生产。他们认为，泸沽湖的地方性是由媒介、游客的旅游实践、摩梭人的地方实践及大规模全球流动当中复杂的文化、价值、知识、资本等要素互动所共同表征、建构和重塑的过程。其中，媒介构建着旅游凝视，摩梭人提供了可供消费的地方性。曾军（2014）指出，地方性如何形成的研究不能局限于内容层面，还应将形式与生产机制等一起纳入研究视野。赵红梅（2013）指出，民族旅游可能引致两类旅游文化现象：民族文化的复兴、生产与再生产；面对面的文化传播所带来的文化传播效应。民族旅游这一形式在微观层面多数指向某个具体的民族村寨，民族文化的生产与再生产在某种程度上也意味着地方性的生产与再生产。

2.3 民族旅游村寨地方性研究的关键问题

讨论地方性，不可回避的是地方性与现代化、地方性与全球化及地方性的保护问题。从某种层面上讲，强调地方性的重要意义是对现代化与全球化进程中的反思。人们关注地方赋予当地人群的特殊意义，担忧地方在现代可复制的同质化潮流中泯没，因而强调地方特色。抵御全球化背景之下的地方文化复振、对传统文化的尊重与回溯、创意手法的运用也日益受到重视。民族村寨作为一种区别于城市和主流社会的传统社区及少数民族传统文化的呈现之地，其个性更突出，特色更鲜明，地方性也相应地更加明显。研究基于此背景，在旅游语境下讨论民族村寨的地方性，通过对以往相关研究的回顾可知，民族村寨的传统与现代、地方与全球、开发与保护这三组关系是本研究的关键问题所在。

民族村寨的开发与保护是以往民族旅游研究中的重点，也是研究民族旅游村寨最终的落脚点之一。民族村寨作为代表着传统的特殊地方，无从选择地被卷入现代化与全球化的洪流之中，也不可回避地要面对现代性与全球化的问题。民族村寨的开发与保护无论是从早期西部大开发背景下对少数民族村寨发展的关注，还是后期的旅游扶贫、古村落的保护与发展等视角来看，都是民族村寨研究的落脚点与终极意义所在。此外，虽然国内诸多关于地方性的研究具备多重视角，如自然地理学、文化地理学、经济地理学、旅游学等对地方性都有本学科独特的认知，然而具体到地方性的测度上，并无一个清晰的答案——我们如何来判断一个地方是否具有地方性，又如何对地方性做出一个合理的判断，地方的独特性又何在，这些思考都需要考虑以下几组辩证关系。

2.3.1 传统与现代

关于现代性（modernity）的理解尚无定论。一般认为，现代性与启蒙运动以后对神性的质疑和工业革命以来主张“科学与理性”相关，代表着与传统的决裂，是经由时间概念和历史范畴演变而来的视角和范式。旅游是现代场域中的一种怀旧形式。继现代性以后，又出现了后现代性（post modernity）这一概念。如果说现代性是对以往神权的一种质疑，后现代性则是对工业革命以来的所谓“科学”“标准”的一种反思。后现代的个鲜明特征是建立在打破传统基础之上的对个性的张扬。在建筑领域，有学者认为最初的地方性建筑是作为抵抗国际式建筑的角色而出现的，地方性也经历了从自发到自觉的过程。即最开始建筑与其所处地方的自然条件、经济形态、文化环境和社会结构具有天然的关联，形成了一种有机的天然关联，利用地方地形，采用地方材料，利用地方技术导致的差异性从而形成了地方特色，此谓“自发”的地方性。随着工业时代开启的现代化进程的推进与社会流动性的增强，以往封闭的状态被打破，空间营造也变得可标准化与趋同，建筑的地方性也开始被削减。建筑师开始关注地方特征并有意识地从中汲取营养来丰富现代建筑的内涵，此种对地方性的追求应是一种“自觉”状态。

“民族村寨”给了人无数怀旧的想象空间。在后现代旅游（postmodern tourism）体系中，他者的旅游（the other postmodern tourism）是其中一种类型，它以追求真实性为宗旨，指向具有前现代风格或特征的自然环境、荒原僻境、文化遗产、原始部落、乡村意象。民族村寨作为“他者的世界”，变得十分富有魅力。人们想象中的民族村寨总是与“原始”“纯朴”“风情多姿”相关，而实际上由于各民族村寨地理区位、经济条件及其他诸多不确定因素的影响，民族村寨千差万别。但无差别的是，民族旅游村寨也都在经受着不同程度的现代社会洗礼，尤其是在旅游际遇的频繁互动中。也因此，民族村寨的地方性总是交织着传统与现代气息，既保留了诸多传统和惯习，同时其社会文化生活又在现代社会中剧烈地被卷入和重构，这也对地方性的研究提出了考验：该如何审视地方的环境、意象与文化？虽然旅游场域中对地方特色的强调从未停歇，但纷繁庞大的现代经济、技术体系对民族村寨的影响也从未停止，无论是大众媒体、通信技术、建筑技术和材料，还是交通条件和方式的改变，又或是发展方式（旅游只是其一）的改变，都在影响着民族村寨的命运。后现代地理学代表者索贾认为，现成的地理学设置了舞台，历史的任性决定着动作，并规定故事情节。有限的民族村寨空间在不同历史背景下其角色和功能都在不断转化，地方性亦是如此。如何在现代的社会背景和旅游场景中对民族村寨的地方性进行把握，比较民族村寨以往的社会角色和功能也是民族旅游村寨地方性研究的重要议题。

2.3.2 地方与全球

全球化与现代化二者几乎相并行。现代技术的革新导致“时空压缩”（time-space compression）使得地方与全球相连，再无独立于全球之外的地方。随着国际游人的增多，世界自然遗产地石林五棵树村的村民的英文水平提高，老阿妈也能用简单的英语与外国游人讨价还价，同样的情况也出现在大理古城、蝴蝶泉景区等；随着智能互联科技的更新，村寨里的青少年和中年群体开始使用智能电话，实现了与外界的畅通互联；充满了流行元素的各类服饰在村寨青少年身上非常常见，即使在号称“最后一个原始部落”的翁丁也不例外。地方与全球是硬币的两个面，对立统一，不可分割。研究者们往往对地方的现代化、全球化忧心忡忡，担心地方因此丧失独特的地方魅力而沦为“寻常之地”。

地方性的问题，在某种程度上与地方文化密切相关。费孝通先生在谈及文化自觉的时候曾指出：文化自觉包含两个方面，一是如何重新认识传统，增强民族文化认同感；二是如何更新文化，从传统走向现代，将民族文化融入世界文化体系，并找到自己的位置和坐标。在这个过程中，要打破两个对立：传统与现代的对立，民族性和世界性的对立。文化也好，地方性也罢，各地的文化交流和相互影响从未停止，只是速率和规模有差异。在生存环境相对开放的少数民族地区，民族传统文化的断裂与消亡表现得更为典型和激烈，甚至已成为当前中国各少数民族普遍面临的文化危机。在我国进入现代社会以前，西南地区诸多少数民族村寨曾偏安一隅，创造了形态各异、风情迥异的民族文化。其实这些文化也有其独特的交融通道，如民族迁徙、茶马古道和丝绸之路等古道、商道的交流。中国进入现代社会后，西方文化和技术一起涌入，并不断向边缘地区逐渐传播。地方与地方之间因交通的改善、人员的流动、信息技术传播速率的增强使得文化交融不断强化。“全球”的概念庞大且虚无，是无数个“地方”构成了“全球”，“地方”也位于“全球”的某一点，无处逃遁这一上级空间。研究民族村寨地方性，全球化影响不可回避。

全球化与身份认同问题也是学界讨论的热点。有学者认为，地方性和区域意识的觉醒和崛起，是全球化的产物。简言之，全球化催生了文化多样性和异质性。民族旅游业的兴旺和外国游客的涌入，使得地缘意识或区域性、地方性进一步强化，进而使得族群或民族认同意识得到强化，同时催生文化资源竞争博弈、权利资本博弈、话语权利博弈等。在旅游体系中的文化展示，伴随着“文化的生产”与“文化的再生产”这一创造过程。与此同时，族群、地方社会的文化认同得到了强化。全球或外界涉入的村寨内居民的身份认同与文化认同、应对旅游文化展演而生成的地方性节庆活动、规章制度等，是民族村寨地方性研究值得关注的问题。

2.3.3 开发与保护

民族旅游地的生态环境、传统文化在民族旅游发展进程中的开发与保护问题一直备受关注。民族村寨所在地的生态环境既构成了独特的地方魅力和生态景观，也是民族村寨地方文化发轫的根基所在。民族文化有别于主流社会的文化形态，是民族旅游村寨吸引力的内核，据此衍生出的民族文化旅游产品和体验项目是村寨旅游规划和发展的关键。开发与保护是一组非常富有辩证意味的关系，是旅游进程中旅游影响正负双刃剑效应之下的、任何时候都需要兼顾平衡的问题。僵死的画地为牢式的不开发无法充分释放民族村寨的文化价值与经济价值，也无法促进民族旅游村寨的良性发展；过度的开发会导致传统文化的扭曲和变异，甚至会对小范围的生态环境带来恶劣的影响。

如何以地方性的保有和凸显为原则，以景观差异化、文化差异化为目标，在有限的民族村寨空间内科学合理的引领其民族文化旅游的发展，也是民族旅游村寨地方性研究的落脚点之一。这牵涉到景观设计、项目安排、节庆打造、社区居民地方归属感和认同感的培育、对外来旅游介入者的态度等。如何基于此以包容、开放的地方观实现更好地实现民族文化的保护与传承、民族村寨景观特色的保有与培育、民族村寨居民经济收入增加和社会福祉的提高也是需要重视的问题。

孙九霞等（2014）从“地方性知识”的理论视角，对梅里雪山脚下雨崩藏寨的传统文化传承和自然环境保护的关系进行了分析。研究认为，具有环境保护意识的地方性知识在制衡旅游发展中的环境消极影响方面发挥了一定作用，也并非“灵丹妙药”，在制衡某些经济利益推动的破坏生态环境的情形下，地方性惯习也具有一定的局限性。地方性知识的视角，或可为民族旅游村寨生态环境和传统文化的开发和保护提供一定的思路借鉴。

2.4 民族村寨旅游场域中的地方性凸显

讨论旅游场域中地方性的凸显，旨在突出地方性在旅游语境下的意义所在。旅游活动与地方性相互成就，旅游活动使地方性的价值得以凸显，是其展现魅力的重要舞台；地方性让旅游活动变得更加精彩与丰富，成就了旅行的意义。如果说地方性是地方自在的美，没有旅游就没有观众；反之，毫无特色可言的平庸之地，也会让旅行黯然失色。

2.4.1 地方性通过民族旅游村寨“舞台”充分展现地方魅力

旅游开发活动在某种程度上为地方提供了一个以旅游者为观众的天然舞

台。在这个具有开敞空间性质的舞台上，地方的万事万物都成为被凝视的对象，成为“旅游景观”。旅游景观是地方性的重要载体，地方性相关的自然人文要素基本可以被景观所涵盖。在旅游情境下，旅游者作为“观者”，一方面成为地方魅力的体验者和欣赏者——对地方的各类景观进行观赏，体验各类旅游活动；另一方面成为地方魅力的“督促者”——激发和促进地方不断探索创新，释放地方的文化魅力与艺术魅力，从而赢得更多的认可、实现更高的价值。地方性在旅游活动的持续开展中不断被搬上舞台，被展演、被创新以满足旅游者日益增长的求新求异需求。良好的互动模式能实现地方性和旅游在良性的互动中彼此成就、共同生长。民族旅游村寨这一舞台是旅游活动中最贴近原住民生活的空间，尽管村寨中存在被建构的“舞台的真实”来满足旅游者的好奇心，但民族旅游村寨是体验生活中的民族文化风情的绝佳场所。也因为民族旅游村寨相对较好的知名度，使其民族文化能够在旅游背景下被更好地挖掘和利用，地方性也因此得以更好地呈现。

2.4.2 地方性在民族村寨旅游体验中不可或缺

求新求异是人们旅游的起点动机之一。人们通常希望到异于惯常生活之地之外的地方开展旅游活动，体验异国或异域风情。在旅途中，旅游者也试图搜寻到一些差异化的符号或元素，来加深旅游体验，拼接起对所到之地的碎片化印象。这种符号或元素可以是物质性事物，如民居建筑、衣着服饰、餐饮、花草树木、鸟兽虫鱼等，也可以是文化性或者艺术性的事物，如当地的民歌、舞蹈、手工艺品等。透过对这些差异化符号的阅读、识别与记忆，记住旅游目的地，并在恰当的时候向身边的亲朋好友推荐。这一系列的心理体验过程有赖于鲜明的地方性支撑。如果城市、乡村或景区无差别，旅游者在旅行结束之后并不能记住当地特色和推荐之物，这样的旅行必然有所缺失。民族旅游村寨的相似性往往更易发生在同一地域空间之下的同一族群，也是主流社会乡村旅游试图回避的问题，也就有了“一村一品”“一村一特”的努力。在地域相近的民族地区中，各村寨的地方性依旧有意义。民族旅游村寨的地方性可能来源于当地特殊的景观、特殊的技艺或产业。不管是源自何种差异，塑造鲜明的地方性，突破民族村寨的同质化现象，给旅游者留下深刻印象，是民族旅游村寨旅游营销和管理实践中要重视的问题。

2.4.3 鲜明的地方性让民族村寨在旅游市场脱颖而出

地方知名度在很大程度上决定了人们是否会将其作为旅游地，但地方特色是否鲜明、是否容易被识别和记忆，则决定了旅游者对地方的“游后宣传”。旅游者也更容易记住特色鲜明的地方，尤其是独一无二或领袖型的称号更容易被记住。这也是为何云南石林、滇池、乐山大佛、南海观音、大理崇圣寺三塔等容易被记住的原因。当然不是每个地方都能有这么清晰且已易被识别的地方要素，尤其是空间范围相对较小的民族村寨。对于民族村寨，标签化这一方式更容易被识别。如沧源翁丁被称为“最后一个原始部落”、石林糯黑村被称为“石头寨”、香格里拉尼汝被称为“世界第一村”等，无论是否名副其实，但确实更容易让人记住。民族村寨无论大小，总要有一些容易让人记住的特色才更容易勾起旅游者的出游欲望，鲜明的地方性才可让民族村寨在众多的竞争者当中脱颖而出。旅游活动的审美属性也决定了地方美景、美食的重要性，符合民族村寨审美特质的要素，也是地方性的构成要素。

2.4.4 地方性凸显有助于民族村寨文化保护传承与当地旅游业长远发展

地方文化是地方性的重要呈现形式之一。地方性的凸显必然强调文化特色的保留与传承，这对民族村寨地方文化的延续大有裨益。又或者，地方传统文化的保护与传承本身也是对地方性的一种强化和保留。文化多样性、多元化与地方性的保留密不可分，只有千差万别的地方形态存在，文化多样性或生物多样性才有赖以生存的根基。若地方性被全球化和现代性所掩盖，为商业化和消费主义所垄断，地方成为无差异的地方和寻常之地，文化色彩也将会变得单一。凸显地方性的意义也在于保护好这些千差万别的文化色彩与形态，将各地的地方传统较好地保留下来，丰富人们的精神生活和满足探求世界的需要，也为文化艺术的创作提供丰富的灵感和素材。此外，从旅游生命周期的角度来看，迅速崛起的地方可能会在旅游者审美疲劳之后进入衰退期，但亦可在衰退期之后出现持续低迷或重振两种情况。除了配套服务设施的更新、新的景观营造外，是否能实现景区的成功转型也较为关键。在景区转型的过程中，也必将涉及地方性和地方形象的重塑。在保有地方传统的基础上，适宜地为地方注入新的生机与活力，补充营造恰如其分的新的地方性，实现地方的多元化发展与有机更新，也将有益于地方旅游的持续发展。

第3章

民族旅游村寨地方性的解构与重构

本章主要从民族旅游村寨地方性的属性、关联要素、识别要素、生成与重构的动力四个方面进行了剖析。民族旅游村寨有着生态性、乡村性、民族性、文化性、传统性的地方特质，民族旅游村寨的地方性又与民族文化、族群性、自然环境 、大众媒介、旅游活动等密切相关。其识别要素可以划分为显性要素 / 物质要素与隐性要素 / 非物质要素。从结构性视角和系统观视角来审视民族旅游村寨地方性的生成和重构，不同的划分方法会得出不同的动力机制。

3.1 民族旅游村寨的属性

进一步审视民族旅游村寨，从空间位置来看，民族村寨远离城市，在城乡二元体系中，隶属乡村范畴，具有乡村性的显著特色；从世居人群来看，在我国汉族与少数民族的划分体系中，民族村寨属于少数民族聚居地；从经济发展状况和产业结构来看，民族村寨属于经济欠发达地区，产业结构较为单一，往往以农业生产为主，在旅游发展起来之后，兼有农业生产与旅游服务相关产业要素出现；从文化角度来看，民族村寨虽然不可避免地受到现代文明冲击，但与其他可达性较强的地方比较起来，由于受外界直接影响较少，加上旅游发展需要文化体验，较好地保留了地方传统习俗，民族村寨更富有传统意蕴；从旅游活动类别来看，民族村寨旅游还隶属于生态旅游、乡村旅游、文化旅游与民族旅游。因此，概括起来，民族旅游村寨有生态性、乡村性、民族性、文化性、传统性等特质，这些特质因地而异，又共同作用形成地方性。

3.1.1 生态性

与民族文化旅游平行的另一条研究脉络是民族生态旅游。一般认为，民族生态旅游是“在民族旅游中进行生态旅游开发”，是对民族传统和乡土文化破坏性旅游开发的批判和修正，要求在民族旅游中保护民族原生态文化，同时兼顾自然生态资源的保护利用。并且，民族生态旅游包含两个层面：其一是具有民族旅游特性的社会文化生态，其二是生态学意义上的自然生态（石坚，2011）。曹兴平（2015）在分析民族旅游村寨的环境特征时，认为民族旅游村寨的自然景观与人文景观具有原生态特色，赖以生存的土地和自然资源被赋予了特殊的意义，人、土地、自然千百年来都处于相对和谐的状态。

民族旅游村寨作为民族旅游的重要实践场所，其特殊的自然地理环境孕育了天然的自然生态与文化生态，诸多民族文化也发轫于其世居的生态环境。云南南部湿热的热带地区少数民族房屋多以杆栏式建筑为主，傣家竹楼选材也源自当地方丰富的竹林资源，佤族也曾使用巨龙竹作为当地的建筑材料。一般而言，传统民居建筑对当地环境、气候等有适应性，这也是自然生态与文化生态双重身份的载体。民族村寨与所处的自然环境形成了天然和谐的画卷，也是理想的生活—生态格局。在旅游需求的3N[1]要素中，自然（Nature）要素也是一只重要的力量。民族村寨与城市的密集状态不同，属于较为自然的聚居地，生态属性也较强。基于社区的生态旅游（Community-Based Ecotourism，CBE）原本指“由当地社区所有和管理的生态旅游企业，进一步来说，是当地社区关心照顾他们的自然资源从而通过经营旅游企业来获取收入、改善社区成员的生活，包括了保育、商家企业和社区发展”（Sproule K. W.，Lindberg，Enriquez J.，et al.，1995）。从

1　3N指Nature、Nostalgia、Nirvana，代表着人们亲近自然、怀旧、寻求重生的三重需求。

基于社区的生态旅游在我国的实践情况来看，“生态社区”在某种程度上也指向具体的民族村寨。保守地说，大部分民族旅游村寨具有优美的生态环境，村寨与自然构成了和谐的“天人合一”般的画卷。再者，少数民族居民自身的传统里有着深刻的生态观念，敬天法祖，尊重自然。迪庆藏区的藏族人民与西双版纳的傣族人民都有着不乱砍伐神树这一信条，且食物、资源的获取也多来源于自然，助推了民族村寨的生态环境保护。

3.1.2 乡村性

从民族旅游村寨的所处的区位来看，一般位于城郊地带或偏远山区，因此民族村寨旅游也隶属于乡村旅游。乡村性也是民族村寨的核心吸引力之一。如同传统与现代，乡村性是伴随着城市扩张进程产生了城乡格局二元之分后出现的词汇，往往与自然、山水田园、农事相关。尤海涛、马波（2012）等认为，乡村性与其所决定的乡村意象共同构成了乡村旅游的核心吸引力。民族村寨的旅游核心是一种人地关系的和谐，农耕文化是当地文化生存的土壤，也是旅游发展的重要依托，因此需要把旅游业放在合适的地位，科学合理地调整产业结构，将旅游业作为农业的补充产业，保持社区的两栖身份，这是当地旅游可持续发展的重要保证（曹兴平，2015）。有西方学者认为，“乡村”与“遥远”（village and remote）是乡村性的两组重要的构成要素。但乡村性更是社会—文化建构的结果，与地方和时间相关，尤其是对特定的个体和社会群体而言（Smith & Phillips，2001）。乡村性是乡村旅游生产以及在调动旅游者积极性游览乡村旅游目的地过程中的核心理念。乡村空间有三重构成要素：乡村地方性（景观、自然环境）、乡村的表征（社会经济的、政治的、文化特征）及乡村居民的日常生活（Zhou L.，2014）。

在城市人群的想象中，民族旅游村寨位于遥远的他乡、居住地的自然环境优美，少数民族身着奇装异服，生活安逸而自在。可以说绝大多数的民族村寨具有乡村聚落特征，但并不是所有的乡村聚落都是民族旅游村寨。这也决定了民族旅游村寨的特殊性——其原住民的文化观念、日常生活会因为地域和人群的不同而呈现出较大差异。

3.1.3 民族性

民族性（也被称作族群性）是民族旅游村寨特有的本质属性之一，也是民族旅游村寨区别于其他村寨的典型特征，主要由其居住的少数民族群体而决定。民族旅游村寨的民族性体现在其居住的少数民族群体拥有独特的民居建筑、歌舞文化、服饰文化、节庆活动、民风民俗等方面。民族性甚至被视作民族旅游的核心吸引力所在，尤其是对探索型旅游者，异域风光与异族风情共同构成了一幅富有感召力的旅游地图景。以我国的少数民族大省——云南省为例，婀娜多姿的少数民族姑娘身着鲜艳的民族服装、唱着动听的民族歌曲、配以独特的民族乐器，以明媚的微笑迎接八方来客，沉浸在节日欢乐的气氛之中，是旅游宣传中常见的内容。

民族村寨的民族性还代表着一种“原生民族性”，即不是移动复制后的迷你景观或微缩景观制造出来的民族特征，而是少数民族真实的居住地，呈现了看得见、摸得着的真切生活场景。虽然民族地区旅游发展过程当中逐步出现除了舞台化、商业化运作，但进入民族村寨开展旅游活动仍旧是旅游者体验少数民族风情的最佳途径。

3.1.4 文化性

文化是一个与自然相对的概念。但凡被“人化”改造的事物，就已具有文化意味。甚至被人们的思想意识所确认的那部分自然事项，也已具有文化气息。如在少数民族人们心中划分的原始林、经济林、薪炭林、神湖、神山等，由于注入了人们的意识观念，已然不全是自然事项了。人们往往喜欢用民族文化来谈及民族村寨的文化相关事项。民族村寨文化的拥有主体、创造者、使用者皆是少数民族居民。他们以自然为基础和倚赖，从中获取生活所需的一切物资并对其进行改造，以满足衣食起居等需求。又从中获得灵感，创造了本民族甚至某区域特有的音乐、舞蹈、诗歌等文学艺术作品。随着四季交替，劳作间隙或祝福新生、或庆祝丰收、或缅怀纪念某位传说中的伟大族人而举行独有的民族节庆。这些在外来旅游者或外来人群视为“奇风异俗”的事项，深刻地吸引着他们。民族村寨的文化性，那些与民族文化相关的物质文化、制度文化、精神文化一起构成了民族村寨的魅力核心，也成为民族村寨地方性的核心内容。

3.1.5 传统性

民族村寨的“传统”是相较于现代而言的概念。与乡村性如出一辙，传统性也是现代主义产物。在现代社会人们似乎对老旧的、静态的、稳定的事物更为怀想，怀旧（nostalgia）往往暗含着对某时某地过去的时光、经历、事物、人物的怀想。怀旧也让个体可以在对过去的追思中获得情感满足。现代性以前所未有的方式，把我们抛离了所有类型的社会秩序的轨道，从而形成其生活形态。传统文明形态也许比前现代体系更富动力性，但在现代性的条件下，变迁的程度却更加神速，这一点在技术方面表现得最为明显。现代性躁动和多变的特征被解释为投资—利润—投资循环的后果（Giddens A.，1990）。马克思认为资本主义是现代经济的本性，并对其展开了激烈了批判，他认为资本主义的本性就是“使生产不断革命化”（Lawrence E. Cahoone，1988）。更确切地说，“生产的革命化”指的是生产力与生产方式的革新，意味着推翻旧事物而不断创造新产品与服务形式。实际上，现代社会革新并不局限于生产力与产品的革新，这种带着颠覆意味的革新使得人们更容易随意丢弃与摧毁一切老旧事物，从落伍的数码电子产品到古庙与房屋……然而，现代性也带有强烈的自反性，尤其是现代社会显现出来的种种社会问题促使人们对现代性本身也开始了质疑。

现代性在资本主义和工业制度的裹挟之下将全球各地方集结形成了相互依赖的网络，任何地方、任何个体都不再是一个孤立的点，更无法置身事外。伴随着现代性的流动性而来的躁动不安与急剧变化，有着相对静止、缓慢、熟悉等特征和意象的传统社会成为现代市民的一种渴求——在急剧变迁的时代，历史和过去恒常不变。民族村寨作为一种异于城市生活且自然缓慢生长的有机体，代表着传统的生活方式与居住空间，成为现代背景下城市人群安放怀旧、与过去联结的场所。民族村寨有着基于“熟人社会”的社会网络关系，且传统精英在民族村寨中有着特殊的影响力（曹兴平，2015）。在某种程度上，也是中华民族文化传统根基的一部分。特殊的地理区位、相对稳定的文化传统使得民族村寨虽然难以避免地经受了现代化的洗礼，但在变化速率上与城市相较而言也更加缓慢。无论民族村寨事实上是否已改变甚多，但在他者的想象中，仍然是富有他乡神秘气息、传统意蕴与民族风情的地方，这也是民族村寨的另一地方特质所在。

3.2 民族旅游村寨地方性的关联要素分析

3.2.1 民族文化与地方性

西方学者和国内学者都将民族文化视作民族旅游的核心吸引物。Valene Smith 将其表述为“土著居民的奇风异俗”，Brunner 称之为“明显的身份特性、独特文化和生活方式”，Cohen 称其为“自然生态和文化方面的独特性和差异性”。徐新建认为民族旅游的内容主要由民族文化为特色的观赏活动、商品及服务构成。光映炯认为对某一民族的独特文化或生活方式的参与观察和体验实现了旅游者的审美需求（刘晖，2006）。

地域文化是地方性的主要载体。文化有显性与隐性之分，显性如建筑文化、饮食文化、服饰文化、歌舞文化，隐性如语言文化、制度文化等。这些文化扎根于地方，具有浓厚的地方特色。民族旅游村寨的民族文化、民风民俗是吸引外来旅游者的核心要件，也是地方性的直接体现。然而民族文化并不等同于地方性，民族文化为特有的民族群体拥有，是族群文化，也是地方文化，它成就了地方性，但不等于地方性。地方区别于他地的特有属性和特质很多，不仅在文化层面。就民族旅游村寨而言，民族文化一定是地方性最核心最直观的表现形式。民族文化在某种程度上成就了地方性，成为地方的符号和象征，促成了地方性的生成，也让地方更富有魅力。

3.2.2 族群性与地方性

族群性（ethnicity）又被译作民族性。Gruburn（1976）和 van den Berge（1992）都曾指出，旅游业通过对消逝的或过去的文化艺术品和表演的宣传促销强化了本民族的族群认同。Adams（1992）也曾举例说明，尼泊尔的夏尔巴人发现他们成为西方徒步旅游者的兴趣点以后，使得该国的旅游业重点突出夏尔巴人的独特性，从而强化了夏尔巴人的族群认同。旅游还能够强化民族凝聚力。在 Jamison（1999）看来，独立后的肯尼亚的民族性由于其被他国统治的历史和整治资源及多党竞选的竞争而被高度政治化了，并且带来相应的种族冲突。可以看出，在旅游背景之下、在政治权力操控之下或经济利益诱导之下，族群性是可变的，这在文化人类学中也得到了印证：族群性是一种难以描摹的族群特性，它与文化差异密切相关，是社会互动的产物，是族群整体或个体成员的某种认同，具有可变性。在民族旅游中，文化差异是勾勒族群性的重要颜料，它可以被生产出来以标志族群边界，从而增强族群的可辨识性和提升旅游吸引力，无论其真实与否（赵红梅，2013）。

族群性和地方性的相似之处在于他们都是地方固有的属性，也都处在不断的变化之中。前者隶属于某一民族，后者则隶属于某一地方，这也决定了二者的分野：族群性为特有的民族所拥有，可以实现异地的相似性，如云南的回族和新疆的回族在宗教信仰、饮食禁忌上是相同的，但民居建筑则有明显的环境适应性变化。地方性为特定的地方所拥有，与自然环境、世居族群、特定历史等相关，包含的内容丰富且广泛，与民族性相关，但并不局限于民族性。地方语言系统作为族群性的一部分，也是地方性的典型代表，如云南人民语言体系中的“海”“池”“湖”都是湖泊的意思，但与一般意义上的所指不能画等号。气候条件所决定的饮食习惯，也是族群性和地方性的共同代表，这也是由地理空间分布及地形地貌的区位差异所决定的。区域内的某些景观可能会有异地相似性，但不可能相同，这也是接下来要讨论的另一个命题——自然环境与地方性的核心焦点。地方性涵盖的范围更广，它囊括了地方之内的自然因素和人文风情，几乎涵盖了人们生活的方方面面，山川河流、原野草木、屋舍乡音、烹饪食趣都是地方性的表征，而族群性则特指某一民族因其有别于其他民族的特殊的或固有的文化特征，包括借此建构的民族认同。

3.2.3 自然环境与地方性

关于自然环境与社会文化发展关系最早的讨论可追溯到“地理环境决定论”。地理环境决定论著名的倡导者有拉采尔、孟德斯鸠、斯大林等。地理环境决定论逐步受到质疑后，“或然论”盛行，更加注重人的主观能动性对自然的改造。“或然论”学派以法国地理学家白兰士、白吕纳为代表。这也导致了后期关于环境与文化谁占主导地位，以及究竟是环境决定了文化还是文化影响了环境的讨论一直争论不休。至今对地理环境决定论的态度也褒贬不一，有人认为“地理环境决定论”是优秀的文化遗产（宋正海，2006），也有人持批判态度（曹诗图，2001）。可以肯定的是，自然环境确实在很大程度上影响着人们的文化和生活。黄土高原特有的地质构造和气候条件造就了窑洞这一居住形式、南方湿热的气候条件造就了杆栏式建筑；北方人喜爱面食，南方人爱大米；海边以渔业为生的人们喜食海鲜，内陆地区的人们更习惯食用家禽家畜的肉食及腌制各种肉制品。自然地理环境影响人们生活方式的例子不胜枚举，但同时也可以看到，诸多文化形态和生活方式在物流发达、信息畅通的当代逐步突破地域限制而四处流通，身在大城市都能享受来自全球各地的美酒美食、时令鲜果；随着人口的流动，来自各地的特色菜肴可以在一个城市汇聚，人们总能找到自己想要的独特风味。除以上可移动的物件之外，仍有一些根植性很强的地方事项无法迁移，如与自然环境紧密相连的山川江河。虽然人类活动和技术改造在不断地改变着环境与建筑的形貌，但仍有一些要素可以固守在一方，这些要素也构成了地方性的根基。

有学者认为，区域性格来源于自然因子与人文因子，前者主要指自然条件、自然基础，包括地理位置、地形、气候、土壤、水文、矿藏、植物、动物等自然状况；人文因子则具体包括物质文化、制度文化和精神文化在内的整个社会文化系统，这些因子都在深刻地影响着区域性格。但不同尺度区域之间的交流又导致了区域性格的扬弃——吐故纳新，保留“好的”，摒弃“坏的”（戴骏骋、韦文英，2010）。对区域性格的此种解读与地方性的影响因素有一定的相通之处，地方性的形成也是自然因子与人文因子共同综合作用形成的结果。即使在流动性日益增强的现代社会，自然环境依旧在地方性的生成方面起着至关重要的作用。

虽然在地方性的形成过程中，自然、人文、社会等多方面因素均在起着作用，但自然环境的影响仍旧显而易见。建筑师、投资者们可以变换建筑风格、街道形貌，乃至小空间的生态环境，但“山还是那座山，河还是那条河”，蓝天白云、苍狗海鸥的景致不会变——因为气候不会变、自然意象不会变（除却极端天气、个别事件之外）。气候作为环境要素之一，会影响地方民众的饮食习惯与服饰习惯。如云南傣族人民居住地往往较为炎热，且竹林较多，因此杆栏式的竹楼是其传统建筑之一，女性身着筒裙，整个民族喜食酸辣、清淡饮食，与当地炎热的自然环境有密切关联。社区环境里特殊的空间和事物，也会成为少数民族信仰中的重要部分，在许多少数民族地区有着简单的自然崇拜。笔者认为，自然环境是地方性的根基，至少自然环境是客观的地方性根基（除却被个体或媒体主观构建出的地方性），人文活动如锦上添花，不同的群体在相似的空间内创造的文化形态不尽相同。但人群可流动，文化可传播，除城镇化进程对自然环境的利用改造及对大地耕作方式、种植作物、利用形式的改变之外，自然环境较难实现大的变化。

3.2.4 大众媒介与地方性

大众媒介对地方性的影响存在双向的复杂影响。一是大众媒介通过对地方的宣传，无形中塑造了“他者”眼中的地方性，属于媒体建构的地方性，反过来地方可能据此努力往描述的地方性方向努力；二是大众媒体作为海量信息的传播方式对地方的本土文化形成了巨大冲击，驱动地方形成了新的地方性，同时瓦解着一些地方传统。

传统大众媒介由电视广播、报纸杂志、地方的自媒体组成主导力量，构成了地方传播的主要内容和来源。尤其是报纸、杂志的作家和编辑等媒体人将他们眼中的地方形貌记录于笔下，又呈现在广大读者面前，让未曾亲自到达这些地方的读者或观众通过文本或电视剧来了解地方。新闻热点、重大事件也在干扰和影响着地方形象，另外不容忽视的是随着新的移动终端的快速崛起而催生的自媒体力量。公众号、微信用户对地方的各种“晒”及描述都成为“他乡形象”生成的依凭。片段式的符号攫取、复制、传播与宣传突出了某些地方性特征，同时也屏蔽了一些地方性要素。唐顺英、殷秀梅（2014）认为，游记再现了许多旅游地的地方性要素，属游客建构的地方性，能够影响他人对地方性的认知，正面的描述是当地宣传营销的重要手段，但负面的描述可为旅游地管理提出改进建议。马蜂窝、百度经验等网络媒体的个体经验确实能在很大程度上影响着人们对旅游目的地的地方认知。邵培仁（2010）持相似观点，他认为媒介可以通过对地方整体、特殊和具体价值的肯定建构地方性，但仅靠当地少数媒介难以形成影响，必须整合大量媒介共同发力才能使地方性得以凸显。媒介宣传的内容也确实更容易让旅游者产生相应的联想。如对翁丁“原始部落”的描述在在大量的宣传推广之下更多人联想到其“原始”的形象，也促使当地政府在考虑发展旅游之时采用“复茅”这一形式保留原有的建筑风貌。双廊是“小资天堂”、在双廊开客栈是“有情怀的梦想”、可在“洱海的怀抱中醒来”，诸如此类描述传递到旅游者眼前，为双廊的增加了许多新的地方想象，但传统的白族古渔村、白族建筑反而没得到应有的宣传。以“双廊”为主题进行搜索显示的是大量客栈信息，大量客栈在双廊的扎根也形成了一种特有的“客栈文化”——符合小资情调、能实现近海观海（洱海）的大量海景房及五花八门的奇特建筑与充满个性的客栈经营者的聚汇。

如今大众媒体已经不再局限于广播、电视、收音机等传统媒体。随着网络的不断升级与普及，网络似乎成为人们生活中的必不可少。伴随着移动终端的大量扩散，以往依靠电视广播的新闻已经被“掌上新闻”“指尖新闻”所替代。移动终端也从新媒体逐步走向了大众媒体。文化扩散亦随着大众媒体形式的升级而更加迅猛，偏远山区信息的传播与接收路径可以概括为口传心授→口传心授＋纸质媒介→口传心授＋纸质媒介＋电信手段（电视、电话、传真等）→口传心授＋纸质媒介＋电信手段（电视、电话、传真等）＋网络手段（网络、移动智能）。当接收信息的途径变得丰富而多样之时，人们的生活方式也在悄然改变。外界文化像潮水一般涌入，尤其是对信息海量接收的青少年、中年人群等影响深远。不仅改变着人们的生活方式，也改变着人们的生活态度，更对以往的传统价值观念、生活信仰等造成了巨大的挑战。地方性在这样的境况之下，如文化的涵化与变迁过程一般，发生改变几乎是肯定的。在全球化、经济一体化背景下开放的地方观更值得被提倡。世界的哪个角落都难逃现代全球化命运，但大众媒介在为本土文化注入新鲜血液的同时，也带来了一些糟粕和负面影响，如何在此背景下利用先进的文化因子来改良传统，实现对传统的坚守，应予以重视。

3.2.5 地方性与旅游活动

当民族村寨成为民族旅游村寨之时，旅游活动就已或多或少地介入了民族村寨。旅游活动对民族村寨地方性的凸显和重构意义都极为深远，主要表现为：旅游营销对地方性的塑造和宣传，旅游规划对地方性的挖掘、整理和利用，旅游开发对地方文化的保护和利用三个方面。

旅游营销必然要对地方进行大力宣传和推广，无形中凸显了地方的气质和个性，对地方性的构建和塑造有着积极的作用。多地的旅游标签式行为，如改名、设计宣传推广旅游形象口号等，都是在对区域的地方性进行塑造。宏观层面如“好客山东”（Friendly Shangdong）、“神奇泰国”（Amazing Thailand）、“非常新加坡”（Unusual Singapore）等所昭示的内涵要么充分体现了地方气质，要么赋予了地方新的意蕴。微观层面对地方的具体描述也能积极地建构地方性，如糯黑在宣传中被称为“石头寨”、双廊被誉为“小资天堂”、周城被誉为“扎染之乡”，也揭示了一些特殊的地方特质。

旅游规划过程中在地方地脉、文脉的挖掘和梳理、资源的分析和评价基础上遴选出具有开发潜力的资源和要素，进行项目产品设计，是对地方性强化和凸显的一种重要方式。本土化策略讲究因势利导、因地制宜，因此无论在景观设计还是在体验产品的设计上都备受青睐。好的旅游规划讲究接地气、有特色、符合时代潮流、满足市场需求，都离不开对本土地方性的把握和利用。

旅游开发对地方文化的保护和利用也在很大程度上对地方性的塑造和重构起到了积极作用。但需要注意的是，旅游开发中地方性的演变向度无法简单地进行好与坏的价值判断。一方面，诸多学者认为通过旅游开发重拾或重视了地方传统文化，即使不可避免地走上了舞台化、商品化道路，但地方文化的重要性得到了理解，价值也随之增加，也有了文化保护的意义。另一方面，旅游开发作为异地文化、人力资源（投资者）、信息流、资金流的输入过程，对民族旅游村寨带来了一定的冲击，原有的地方传统面临着被土崩瓦解的风险，同时新的地方气质也在不断形成。双廊由一个传统的白族渔村演变为客栈投资热门地，五花八门、风格迥异的客栈开始在双廊落地生根，而传统的白族民居在日渐消逝。但这也并不意味着双廊的地方性就此消失，而是双廊传统的地方性正在被新的地方性剧烈地重构着。

3.2.6 与地方性密切相关的其他因素

民族旅游村寨与地方性相关联的因素远不止以上五种因素。社会生产活动、经济活动、文化活动、经济关系、产业结构的变化，甚至一些偶然的际遇也会相应地引起地方性的变化。乡村地区由简单的粮食蔬果自给自足到发展经济作物，规模种植、引入新的生产技术都会相应地导致地方产业结构的变化，从而引起地方农业景观的变化并建构着新的地方性。黑井古镇历史上作为大理国盐的主产区之一，盐的开采活动也铸就了其“盐城”的美誉，并因此烙上了深刻的地方符号。电影、电视剧或热门的电视栏目摄制组往往会选取不同的外景场地，除专业的影视基地外，所到之处也必将对当地注入新的文化元素，如《爸爸去哪儿》曾带热云南文山普者黑、《花千骨》曾带热广西德天瀑布。在这样的案例中，文化创意活动为地方注入了新的价值和意义，也使其地方性发生了新的变化。新的生产关系和经济联系也会催生出新的地方特质。20 世纪 80 年代，西双版纳开始大规模种植橡胶，并形成了许多国有林场，橡胶在当地的种植、收割、销售形成了新的农业文化与生计文化，也为西双版纳除热带雨林之外的地方形象添上了浓墨重彩的一笔。一些民族村寨随着名气的不断攀升，旅游产业也成为其新的支柱产业，农业生产退居其次，形成了新的以旅游服务和接待服务为主的谋生方式，也引起了村寨地方性的转变。研究难以穷尽所有引起地方性变化的因素，但可以从以上各个方面来分析和理解民族旅游村寨地方性的生成和变化。

3.3 地方性的概念模型：地方树

3.3.1 地方性的构成要素

在关于地方性的构成要素上，朗超（2009）认为，地方性的构成要素包括：（1）自然地理特征。地方独特的自然地理特征是其他地区无法取代的，是地域的先天基础，包括这个地方的地质地貌、气候（气象、天象）、动植物、水体、区位等。（2）历史文化特征。地方具有一定知名度和影响力的历史遗迹、历史人物、历史事件和历史文化背景，是人类历史文化作用的产物，是地方性的显著要素。（3）民族民俗文化特征。包括各族人民在与自然的相处中形成了富有差异性的生活习俗、民族文化，这些都是引发旅游者产生旅游动机的因素，是巨大的旅游号召力。Shamsuddin 和

Ujang（2008）认为，物质要素、活动和形象同时形成了影响地方依恋和地方感的关键部分。他们认为活动的集中性和可见性使其成为影响最强大的部分，街道作为适应人类活动的特殊场所，其可及性、合法性、生机活力、多样性、机会、交易、舒适度和特色性是形成地方依恋的主要因素。

实际上，地方性几乎涵盖了关于地方的方方面面，包括了地方之内的一切事物。既有亘古不变的自然地理环境，也有不断传承流变的民俗文化。地方性的形成犹如大树年轮，不断通过覆盖与超越重获新生，而根基亦永久地根植于内心，不可磨灭。它既不是历史无迹可寻而刮图重写的羊皮纸，也不是可以按图索骥、记录清晰的年鉴。有时它以一种模糊了过去的方式全新呈现，有时又将过去强化或镌刻得更加清晰以示众人。在旅游场域中，尤为如此。我们可以看到不断被挖掘、被强化突出的历史遗存和现世创作设计的各种风情风貌，也能看到完全看似与地方过去毫无关联的新生景观。

3.3.2 地方性的概念模型

本研究采用“地方树”（Placeness Tree，PT）的图形样式（见图 3-1）来描绘地方性的根（从何而来）、干（如何关联）、叶（如何呈现）及阳光雨露（影响地方性的传播因素和创新因素），并以开放的地方观为基本理念，注重影响地方性的外在因素，形成较为系统的地方性概念模型，从而形成一个较为清晰而全面的基本认识。

（1）地方之根。为地方性的生成提供源动力的各要素，“地方树”借此汲取营养，决定着地方性最原始的形貌和来源。从空间、时间与文化的角度来看，主要由地方的地理环境、地方历史、地方传统三个维度构成。其中，地理环境又由自然环境与社会环境构成，自然环境包括气候、水文、地质、天象、生态等要素，社会环境包括文化、生活、治安等环境要素。地方历史主要是地方在时间维度所经历的过去。时间在地方有限的地理空间内书写着地方历史，形成了地方的记忆、性格与传统。一些历史事件对地方影响深远，并形成了地方之内民众的集体记忆。地方传统是在空间与实践的社会实践基础之上被民众所接纳、保留下的那部分事项，包括地方民俗、地方社会制度、地方性知识及经典古训等。

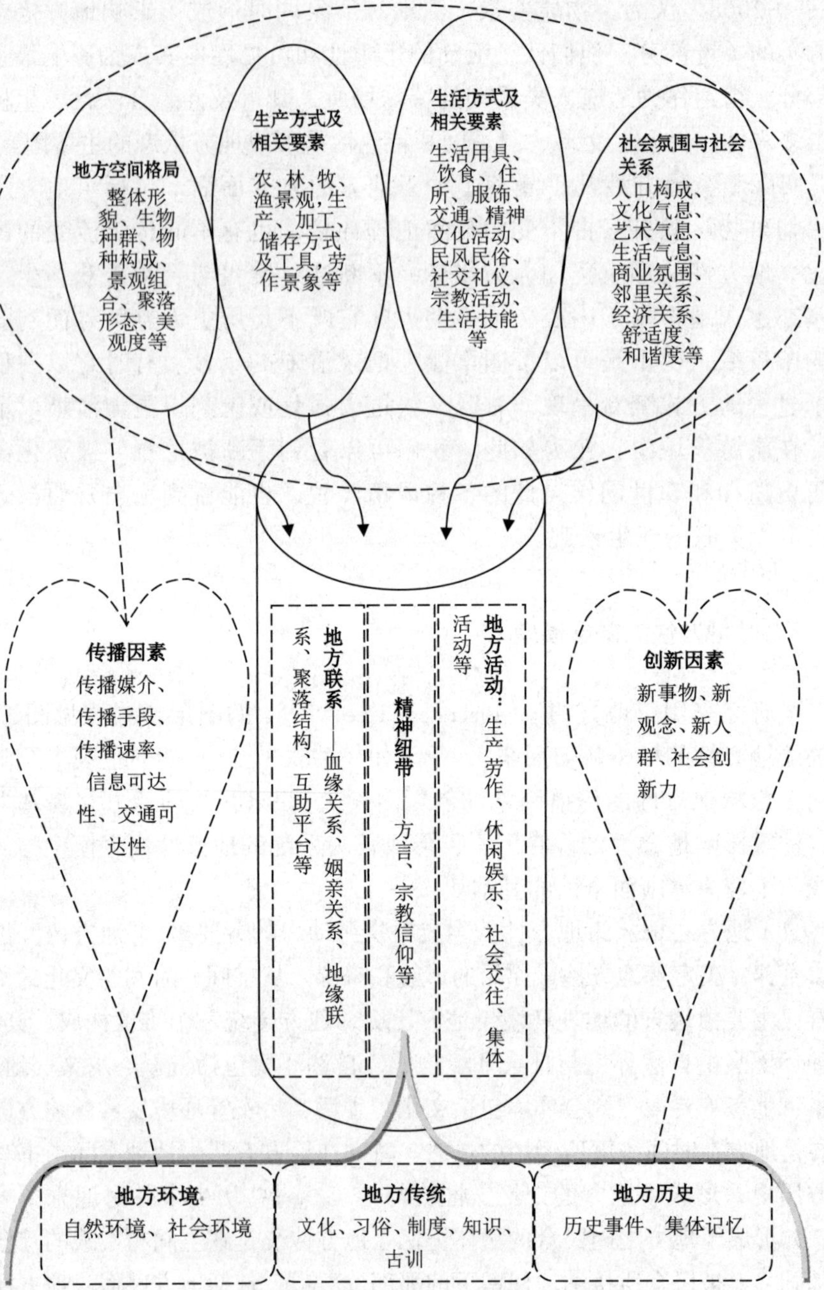

图 3-1　地方树：地方性的概念模型

（2）地方之干。指在地方之内起到纽带作用，并将地方各成员联系在一起的各要素，强化了地方性的生成，主要包括地方活动、地方联系与精神纽带三个方面。地方活动包括生产劳作、休闲娱乐、社会交往与集体活动，如春播秋收、插秧采茶、节庆集体联欢、婚丧嫁娶等事项。地方联系通过血缘关系、地缘联系、婚姻关系、聚落结构及互助平台等发生。如在部分地区同宗房屋相邻相连，如福建土楼的对外封闭、对内互通这种特殊的聚落结构也强化地方的内部联系。再者，地方邻里家庭之间的通婚、地缘上的互为邻里都能密切地方联系。一些社区和族群内部还自发组织了互助平台，地方居民能通过这些联系而更加紧密，地方性也因此得到强化。此外，以方言、宗教信仰等为载体的精神纽带对地方形成共同语言起到了莫大的作用。语言上的相通使大家备感亲切，也更易沟通。共同的宗教信仰使得大家在行为规范的自我约束上能保持较高的一致性，也更易形成地方气质。

（3）地方之叶。主要指地方性的呈现方式，也是隶属于地方的典型事项与特征。研究从生产与生活（工作与休闲）两种状态、空间的外在形式和内部关系将地方性的呈现方式划分为四个大类：生产方式及相关要素、生活方式及相关要素、居住地空间格局、社会氛围与社会关系。其中，生产方式及相关要素主要包括相关一系列景观、器具、现象及景象等。具体而言，农、林、牧、渔业四季更替及劳作形成的天然景观与人们影响后的景观，诸如麦田、稻田、山林、经济林、牧场、鱼塘、渔场等均属此类。而生产、加工、储存方式及工具则包括机械设备、畜力工具、晾晒架、劳动工具等，如水牛犁地、藏区的青稞架、石磨、农事生产的刀具等。劳作景象则指在劳动生产过程中人们与自然景致或大地共同形成的图景，如采茶、插秧、收割小麦等与地方十分融洽且天然和谐的景致。生活方式及相关要素主要指劳作之外的生活必需及休闲娱乐相关的事项。生活用具的材质、造型、功能，饮食方面的食材、烹饪方法方式、口味习惯，民居建筑的造型、材料、功能、外观形态，服饰的颜色、造型、搭配、穿着的习惯与习俗，交通方式，精神文化活动（如舞蹈、音乐、乐器、书法、雕刻等文化艺术），民风民俗，社交礼仪，宗教活动（如庙会、与宗教人物有关的节日）等，这些事项都是地方性特质的体现途径。地方的空间格局是指地方外在的整体形貌，包括绿色生态与居住空间构成的空间格局，也包含生物种群、物种构成、景观组合、聚落形态美观度等。地方特有的动植物等自然景观、人文景观、天象景观，聚落的空间特征等都隶属于空间格局的内容。社会氛围与社会关系代表着地方的内部关系。世居人口与外来人口的比例、文化艺术气息（如有无民间传统文化传承人、手工艺传承人）、是否有浓郁的生活气息、商业氛围如何、邻里关系（如姻亲、血缘、合作、冲突等），经济关系（如雇主与雇员、顾客与商人、出租方与租客）、舒适度、和谐度等也是地方性的特征，并且影响着地方性。

（4）影响因素。传播因素与创新因素分别代表着从外界吸取养分和内生创新力两种渠道，也是影响地方性的可变因素。其中，传播因素主要指信息、文化、物资的传播与流通，代表着外界对地方性的影响，包括传播媒介、传播速率、传播方式、信息可达性、交通可达性等。传播媒介的变化随着科技的进步在发生变化且变得非常不确定。网络时代一切变幻莫测，甚至无规律可循，陈旧事物很容易被新生事物占领或取代，传播媒介也是如此。创新因素是指对地方自主创新有益或相关的因素，包括不断进入地方的新观念、新事物、新人群等，他们共同推动了社会创新力的提高。其中，又以创意阶层为创意主体、地方新生事物和观念为基础，共同推动形成了社会创新力。以地方为依托创造的新事物如建筑景观、文艺作品、创意小店、创意工艺品等则属于创新因素的产物。

3.4 识别要素

地方性的识别要素是指经由那部分元素或符号，地方性得以辨认的内容。刘沛林（2010）等引入了“景观基因”理念，将中国的传统聚落景观进行了分区，并将心理要素、生态要素、美学要素、环境要素、文化要素、时序要素作为传统聚落景观基因的判别要素。与地方性的识别不同，景观分区、文化分区旨在通过相似性寻找一致性，地方性则更注重对区域差异的关注，即地方以何种方式或姿态脱颖而出？如若把大尺度的区域看成一幅拼图，小尺度的地方就是拼接起整幅拼图的小板块。地方性识别要素的意义在于：如何透过这些要素一目了然地识别这些板块。在前文“地方树”的概念模型中，识别要素更接近“地方之叶”，即人们一目了然地透过一些具象了解地方气息的那部分内容。“地方之茎”“地方之根”那部分也属于地方独一无二的事项，有助于他人更好地了解地方，也包含了地方性的一些具象。宣传性的媒介要素在地方性形成与感知过程中都功不可没，但其本身并不是地方识别要素，但由文学艺术家创造的文艺作品中的某个意象或符号，则可成为地方性识别要素。“地方树”的概念模型偏重地方性生成及影响因素整个系统机制逻辑，地方性的识别要素偏重地方性的显性要素，因此与“地方树”在内容上有重合之处，但也有差异。

民族旅游村寨因其特殊性，在地方性的识别上也应注重其特殊性。民族旅游村寨是微观层面兼具旅游休闲观光功能、生产、生活和居住功能的特殊地方，其地方性也有特殊之处。除之前阐述的自然生态环境、地方历史与地方文化的特殊性之外，民族旅游村寨地方性的乡村性与民族性也非常突出。地方性识别要素的划分依据是一个难题，容易造成疏漏。为保持研究的一致性和便于理解，本研究将选取地方树概念模型中的相关内容作为地方性的识别要素，将其分为物质要素与非物质要素两大类。这些要素本质上也是地方符号，通过这些要素地方形象得以确立，地方性也得到了传递和感知。

3.4.1 显性要素 / 物质要素

物质要素也可理解为显性要素，即可通过视觉、触觉、嗅觉、味觉直接感知的那部分要素，包括：民族村寨的环境要素；民族村寨的景观空间格局；民族村寨的生产方式及相关要素；民族村寨的生活方式及相关要素。

民族村寨的环境要素又包括自然环境要素与人文环境要素。自然环境要素包括民族村寨所在区域的气候、水文、地文、天象、动植物等要素，如村寨的山川河流、湖泊、古树名木、植被条件、珍稀动植物、气候舒适度、云雾、云霞景观都可以是地方名片，如翁丁在佤语里意为“云雾缭绕的地方”，如若机缘巧合，很多人也会对其云雾景观有深刻印象。又如大理双廊为洱海所环抱，洱海也是其独一无二的特有名片。石林糯黑彝族村寨，当地石头遍布的景象也会深刻地烙印在游客的脑海之中。大理周城背靠苍山，面朝洱海，让人印象深刻。对民族村寨而言，人文环境要素是与自然环境要素相对的那部分要素，主要指由少数民族族群在世居的有限空间内营造和创造出的那部分环境，如村寨社区的文化氛围、房屋建筑、道路及交通条件、投资条件、安全状况、现代化程度、社区居民的好客度、友善度、诚信度、包容度、学习能力等。

“景观”一词源于德文 landschaft，最初只是泛指一片或一块乡村土地的风景或景色，后来逐渐地具有地表可见景象的综合和某个限定性区域的双重含义（Naveh Z. &Liberman A. S.，1993）。建筑学科则将人为建筑与自然环境所构成的整体景象成为景观，并对此进行设计、建造和评价。景观成为描述自然、人文及其共同构成的整体景象的一个总称，主要突出的是一种综合的和直观的视觉感受（方海川，2002）。可以看出，“景观”与“环境”这一概念在某种程度上存在重合关系，环境中可视化部分我们亦可称之为景观。景观格局更强调景观的整体分布形态。如糯黑彝族村寨水塘居中、房屋四周环绕，依山而上；双廊大建旁村的街道呈“鱼骨”状分布；翁丁佤寨的聚落形态呈现出“房屋集中、密林环抱”的空间格局。景观空间格局能给人强烈的地方整体感知印象，许多景区景点往往选取较高地势设置观景台，旨在给旅游者“一览全貌”的机会，也可看出对景观空间格局的重视。民族旅游村寨景观格局之下的整体形貌也会因时而变，这种变化往往来自两股力量：一股变迁的力量为四时四季的自然变化。晨钟暮鼓、朝露晚霞，都会有不一样的景致和体验。春季百花齐放、生机盎然形成了“踏春”这一习俗，多地的桃花、梨花、油菜花各美其美；夏天青葱翠绿，果实成熟；秋天田野一派收获的景致；冬季或冬雪或萧瑟，都会给村寨带来不一样的景观形貌。另一股变迁的力量主要在于人为因素积极推动而引致的变化。如糯黑在云南大学专家学者的帮助下成立了村庄博物馆，当地村民和政府一同努力新建了广场、道路等；双廊在诸多本土和外地投资者联合催生的临海个性化、多样化的客栈景观，在很大程度上改变了双廊的整体形貌。

民族村寨的生产方式及相关要素主要包括民族村寨生产活动及方式相关的一系列景观、器具、现象及景象等。少数民族受当地地域条件影响，形成了自己特有的生存方式。如翁丁佤寨、糯黑彝族村寨在生产方式上主要以农耕为主，双廊因临近洱海，则是以渔猎和农耕为主。不同的生产方式又有着一系列相关的用具、劳作方式、播种、收割、晾晒及储存方式、器具、工艺。这些可视化的生产相关要素构成了“劳作文化”的主要内容。如在翁丁佤寨可见茶林、竹林、梯田梯地，在糯黑彝族村寨也有梯地，但主要以烟草种植、果树栽种为主，烤烟房基本也户户都有。

民族村寨的生活方式及相关因素涵盖面较广，涵盖了生活器具、民族服饰、民族饮食、民族建筑、民族特色交通、民俗文化等。需要指出的是，在这项分类之下较为关注生活方式相关的物质要素。宗教信仰、语言等也是生活中必不可少的组成部分，研究将其放置在隐性要素下进行讨论。

不同民族的生活器具跟当地可取用的物质条件有关。如在翁丁，竹编的桌子、背篓、垃圾桶、栅栏及棕壳编的斗笠等十分常见。周城扎染的服饰、布包、桌布、小孩背巾也非常常见。民族服饰也各有特点，与其所处的地理环境、气候条件影响，也跟其劳作方式有关。传统的民族服装在颜色、开口方式、配饰、穿着习惯上都有很大的不同。

民族饮食相对而言是一种地方性非常强烈的事物。在食材、烹饪方式、装盘方式、口味上都有很大的不同。食材又与各地的气候条件和地理环境有关，烹饪方式与当地的气候条件也有关系。如云南西北部的丽江、迪庆，纳西族和藏族人民较擅长腌制肉食、傣族人民则较擅长腌制竹笋与水果。在乳制品方面，香格里拉藏族人民擅长提炼酥油和奶渣，大理白族人民喜好烤食或油炸乳扇。又因位于洱海旁，白族人民也擅长做鱼，如海稍鱼、木瓜鱼、冻鱼等各类型的鱼。傣族人民因所在地气候炎热，喜食酸辣，当地的西番莲也是一种热带亚热带独有的调味品，他地较难种植。

民族建筑的特征也较为明显。在所有地方性显性要素中，建筑是非常珍贵和富有多重寓意的“作品”。它凝聚了地理条件赋予的建筑材料、少数民族人民的智慧与艺术，也再现和汇聚着地方历史积淀和文化交汇过程。建筑是最醒目的物质文化内容和景观，从使用价值角度可以分为生产性建筑、生活性建筑、商业建筑等，按照建筑的用途，又可分为宗教建筑、政府建筑、工商业建筑、公共建筑、纪念性建筑、装饰性建筑、住宅建筑等（周尚意，2004）。如果说建筑是凝固的音乐，云南民族建筑就是一部丰富华美、多彩凝固的交响乐章（段炳昌，2000）。云南各民族民居建筑有架空干栏式建筑、“一颗印”民居、“三坊一照壁”、平顶碉楼式建筑、土掌房平楼、木楞房—井干式木结构建筑。其中，架空干栏式建筑以傈僳族的“千脚落地屋”、傣家竹楼、壮族的“吊脚楼”、佤族具有弧形屋面的干栏住屋为代表，有较好的防潮功能；“一颗印”属汉式四合院体系，以滇中汉族、部分彝族的“一颗印”民居为代表，便于通风和阻挡高原强光直射；“三坊一照壁”的样式以大理白族民居为代表，平面布局独特，内部生活空间富于“隐”“静”特色，房屋结构牢固、装饰精美；平顶碉楼式建筑以藏族民居为代表，具有浓厚的宗教意味，用色以红、白为主，“错一层”的建筑方式也较为常见；土掌房平楼则主要在云南中部和东南部的彝族和部分哈尼族、傣族聚居区分布，有就地取材、隔热避暑之功效；木楞房—井干式木结构建筑主要以普米族、纳西族和部分怒族、藏族居住的高海拔寒冷地区盛产木材的地区为代表（段禀昌，赵云芳，董秀团，2000）。其实，少数民族的民居建筑除受民族传统影响外，地理条件、文化涵化因素影响也较大，但无论如何，建筑实为人文景观中最直观、最显性的要素。在选择的两个案例点当中，糯黑彝族村寨以石屋、石板路、石圈等“石头寨”而自成一体；双廊大建旁村则兼有传统的白族民居“三坊一照壁”和融入了现代小资气息的“客栈”。在滇西北地区，骑马既是一项满足外地游客的观光游览体验项目，也承担着偏远地区物资运输、输送徒步旅游者的功能。当地居民组织的“牵马”服务在许多山地观光探险中起着重要作用，这种交通方式也是一种富有地方特色的景观和要素之一，可构成旅游者对地方生成记忆的重要内容。

显性要素中的民俗文化要素包含了岁时节庆活动、宗教活动、民族舞蹈、婚丧嫁娶相关习俗中的有形要素。节庆活动中的装饰品及仪式、民族文化的歌舞表演、宗教祭祀的器物及神圣仪式等，增加了民族村寨的生活气息和神秘气息，并且形成了旅游体验中的一些“兴奋点”，让旅游者更容易识别与记住地方。如傣族的“泼水节”、藏族的“端午赛马节”、白族的“三月街”、临沧近年来策划的“摸你黑”节庆等成为地方形象的代言符号与标识之一。

3.4.2 隐性要素 / 非物质要素

非物质要素主要指与地方性相关的那部分无形的要素。它们不像显性要素那么直观和可视化，往往隐藏于地方内部，并且铸就了地方气质，又不易被察觉。主要包括：民族村寨的历史与传统要素；民族村寨的内在联系与精神纽带要素；民族气质、工艺、技艺要素。

地方历史主要是地方在时间维度所经历的过去。时间在民族村寨有限的地理空间内书写着村寨历史，形成了村寨独有的记忆、性格与传统。一些历史事件对村寨影响深远，并形成了社区居民的集体记忆。地方传统是在空间与时间的社会实践基础之上被民众所接纳、保留下的那部分事项。在民族村寨的特定空间内，它包括村寨文化、民族习俗、社会制度、地方性知识及经典古训等。历史与传统对地方空间的影响隶属于历史地理学、时间地理学的范畴。历史地理学家认为，日常生活轨迹的个人活动对这些社区结构特征有着塑造与再塑造的关系。以农业项目为组织与实施之差别为基础的地方过程，在其他的文化与社会形式中，也会烙上明显的地理印记。诸如时装、发型与须型、餐饮、手工制品、教堂与钟声习俗、迷信与信仰等（贝克，2003）。“文化史层学说”也能佐证这一观点。任何地方都是在时间与空间的共同作用下形成的，时间在地方特定的空间内留下印记，并影响着传统，民族村寨也不例外。因为时间的“单向度”关系，无法实现时间的逆转，致使“过去”变得难以捉摸，当下的人们更多只能通过口头讲述、文字记录等对过去寻踪觅影。民族村寨的历史与传统中影响地方性的显著要素有村寨重大的历史事件和人物，尤其是历史上的名人。历史事件中遗留下的地方历史遗迹或可成为显性的景观，也深刻地塑造着地方气质。如 1934 年发生的“班洪事件”就给佤族人民留下了忠诚、英勇善战的印象。佛教在云南的传入，对云南的藏族、白族、傣族等诸多少数民族的生活习俗、生活信仰形成了深刻的影响，并且深刻地体现在民居建筑的内部空间陈设、装饰及宗教建筑上。在这样的案例中，“过去”的影响持续不断，但“过去”除了为专业研究人士或行业相关者所熟知外，多数情况下外来人群甚至本土居民并不知晓。“传统”意味着过去的长时段累积。传统对民族村寨的影响也是多重要素长期影响的结果，一些民族的传统制度、民族节庆、日常习俗和仪式至今仍然影响深远。如彝族传统的“家支制度”、迪庆藏区旅游开发中的“轮班制”、佤族的“叫魂”习俗和“摸你黑”狂欢节、白族的本主节和三月街、双廊的“开海节”、彝族的火把节、傣族的泼水节等各种纷繁多样的传统节庆和新创的节庆活动，都在不断地被引入旅游体验项目中，塑造地方形象的同时塑造了地方性。

民族村寨的内在联系与精神纽带要素是指将民族村寨联系在一起的关系网络以及方言土语、宗教信仰等。紧密的宗族关系让民族村寨的空间联系更加紧密，民居建筑在空间分布上也较为集中，在对外处理集体事件之时的向心力也会更强。民族村寨的社会氛围与社会关系也在很大程度上影响着民族村寨的旅游环境，安全友好的社会环境能让旅游者更从容自在地去感受和体验地方生活。方言土语是一项有趣且富有专属性的识别要素，在城市地区同乡亦能通过“乡音”进行辨认，也构成了民族村寨特殊的表达方式，对旅游者而言，也是一种别具特色的听觉体验和感知民族村寨社会文化的特殊媒介。少数民族的宗教信仰隶属于精神文化范畴，具有“非可视化”属性，但其衍生物却将其显性化了，如南传上座部佛教的佛寺、佛塔形象，佛教对“圣树”“圣花”的一些规定等。此处将其视作“非物质要素”，更多是将其放置在精神层面来对待，本研究认为宗教信仰在很大程度上影响了人们的价值观、世界观和处事方式，这样特殊的待人接物之道也让地方变得富有别样的魅力。泰国被称为“微笑的国度”，热情好客和优质的服务给旅游者留下了深刻的印象，与其全民信佛的信仰也不无关系。

3.5 地方性生成与重构的动力解析

在现代性的条件下，场所完全被远离他们的社会影响所穿透并据其构建而成。建构场所的不单是在场发生的东西，场所的“可见形式”掩藏着那些远距关系，而正是这些关系决定着场所的性质。现代组织能够以传统社会中人们无法想象的方式把地方性与全球性的因素连接起来，而且通过两者的经常性连接，直接影响着千百万人的生活（Giddens，2011）。在国内的译著中，地方与场所经常被换用，此处的场所也可作地方理解。在现代社会，无论在怎样的空间状态之下，地方已难逃全球化与现代化这一大的趋势，民族村寨也不例外。既然地方无法摆脱这一现实状况，地方性也不可避免地要受到来自外界乃至全球各种纷繁复杂的因素影响，甚至位于“生成—重构—再重构—……”这一永无止境的循环往复模式之中。具体而言，又究竟是怎样的一种机制在影响着地方性的生成与重构？这也提醒广大的研究者理解、研究地方性的生成与重构，应树立开放的地方观。在索贾（2007）看来，“我们目前卷入了一个持续不断且细致深入的社会重构过程”。重构意味着先土崩瓦解之后又重新建设、解构而又试图重构的一种相继性的契合。重构过程也并不是一种机械的抑或自动的过程，其潜在的各种结果和可能性也不是预先决定的。重构过程产生于并回应于事先存在的各种社会条件和实践的严重震荡；被视为控制塑造物质生活的各种力量而进行的竞争性斗争。不同的历史背景、自然环境、文化生态、区位条件等诸多因素决定了民族村寨的地方差异性。然而在地方性生成的过程当中，即使是传统农耕时代，地方之间交流伴随着民族迁徙、古道通道建设、民族文化族际之间的传播与扩散也从未停歇。地方性的生长也得益于有益的族际互动和外界交流。只是在充满现代性的社会背景之下，除却回应全球化、一体化、同质化现象的区域主义之外，地方性的保持更接近应对地方变化的不确定性带来的隐忧和同质化现象可能会抹杀旅游行业发展所需要的差异性。在民族旅游村寨这一特殊的空间之内，旅游成为其重要的社会实践；"严重震荡"则表现为同质化建设、虚假的文化事件及不可控的景观变化等；"竞争性斗争"则充斥着各利益主体的资本、话语与权力的交锋。本节的任务在于通过不同的视角来解读地方性生成与重构的机制。

Appadurai（2012）指出，地方性是关系化、语境化的，不是无方向的或空间的。它具有复杂的现象学性质，由社群直接相处的感受、互动科技、语境相关性之间的一系列联结所构成，这一现象学性质表现在特定的能动性、社会性和再现性上。他进一步指出，地方性作为一种维度或价值，在邻里（neighborhood）中能够以各种方式实现，此处的"邻里"，指的是在特定处境中的社群；它们可能存在于空间中，也可能是虚拟的，并且具有社会再生产的潜能。在民族旅游村寨中，地方性除了原有的"生活情境"之外，在很大程度上亦属于"旅游情境"之下的内容。而阿帕杜莱对地方性存在的"邻里"这一地方性所属范围的限定，也非常适用于民族村寨。研究也试图找出村寨居民的何种内部感受、哪些具体门类的现代科技，以及在找寻自然生态、人文怀旧、民族文化相关的民族旅游语境下是如何对地方性发生作用的。

民族旅游这一情境导致民族村寨这一地方空间的分异和让渡，也加速了民族村寨的社会化和现代化进程。村寨居民的生产生活空间、劳作场所和公共空间转变为旅游者的旅游空间和观赏舞台，也成为投资者的商业空间、村寨居民的民俗演绎的表演空间。同时，民族村寨的社会关系也在发生着变化。原本居民之间长时共处的"熟人社会"伴随着投资者和旅游者的大量进入，社区居民与陌生人之间的际遇也逐步增多，有的在长时间的交往之下由陌生变得熟悉，也有许多一面之缘的短暂际遇，民族村寨逐步成为"半熟悉社会"或往来频繁的"陌生社会"。原本村寨内部简单的亲属关系、邻里关系卷入了旅游开发的商业利益，利益竞争、投资合作、雇用与被雇用、消费与服务等新的社会关系，转变着民族村寨传统的社会组织结构。这也意味着，民族旅游村寨的社会联结方式发生了改变。为适应旅游发展的需要，原本日常生活只有劳作与休闲的村寨居民，在此基础上增加了文化展演、节庆活动、提供食宿餐饮等服务，日常生活结构状态发生了改变，村寨空间内的人口密度与公共空间的利用形式也发生了变化，随着旅游者的到来，村寨公共空间成为旅游者和当地居民共同的休闲游憩空间，生产生活的相关活动都成了旅游者的审美对象，同时需要考虑旅游景观美学需要。这些变化，都在消解并且重构着民族村寨的地方性。除却旅游化的影响之外，全球化、工业化、信息化及现代化都在深刻地影响着民族村寨，研究试图从不同的视角进行解读，解析地方性是如何生成、又是如何发生变化的。

3.5.1 结构主义视角：结构性动力与非结构性动力

结构分析法首先在语言学领域运用。人类学家所说的社会结构一般指社会关系或某一群社会关系，指社会文化现象内部或他们之间的联系。列维—斯特劳斯的结构主义研究强调形式而不是内容，着重研究现象之间的关系而不是现象本身的性质（黄淑娉，龚佩华，2004）。唐顺英、周尚意（2015）等认为，在地方性形成的过程中，存在着结构性动力与非结构性动力。非结构性动力以个体能动性为代表，如孔子创立的儒学为曲阜赢得了大量的国家发展资金，地方文化的形成和传承主要依靠民众等。结构性动力如历朝历代重视文化空间的建设并推动了儒学的传播属于结构性力量。沿用此种分类方法将民族旅游村寨的地方性生成动因分为两大类：结构性动力与非结构性动力。其中，结构性动力包含宏观的国家政策、制度安排、工业化、信息化、现代化、全球化与旅游化浪潮，非结构性动力主要指带有“偶发事件”性质的个体能动性，如民族社区精英、本土投资者、外来投资者、民间组织机构等。其实，任何一种二元对立的分类方式内部必然存在某种关联，但为了更清晰地阐释民族旅游村寨地方性的生成过程，有必要采取这样的分类方式。在结构性动力与非结构性动力作用下的民族旅游村寨地方性的生成机制如图 3–2 所示。

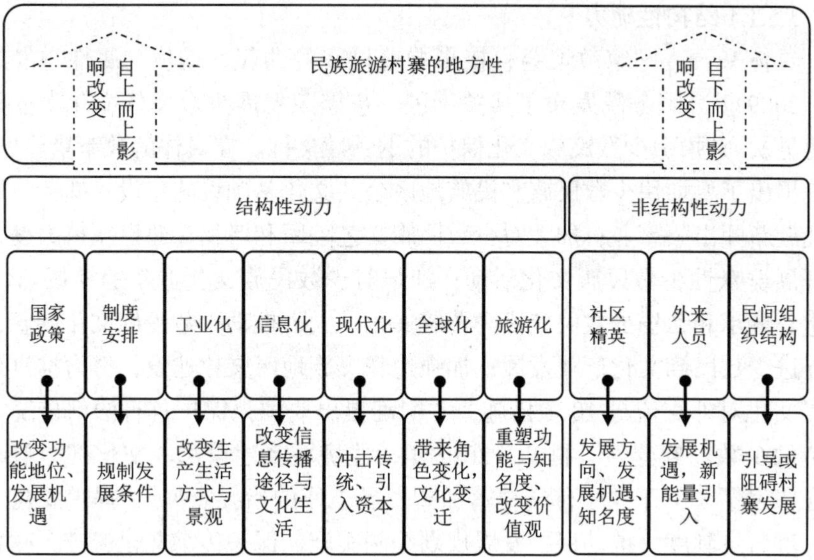

图 3-2　民族旅游村寨地方性的生成机制

从结构主义视角来看，民族旅游村寨地方性受到了来自结构性与非结构性两股力量的影响。其中，结构性动力分别受到国家政策、制度安排、社会环境及工业化、信息化、现代化、全球化、旅游化“五化”的影响，非结构性动力主要受到社区精英、外来人员及其他民间组织机构如 NGO 等的影响。结构性动力对民族旅游村寨的影响往往是自上而下的，来自政府的政策、制度在很大程度上主导或引导着民族村寨的发展走向，而大的社会环境和时空环境更是让民族村寨被卷入时间的洪流之中。工业化、信息化、全球化和旅游化从物资生产方式、信息沟通与传播方式、交通运输、商品供应、价值再造等方面剧烈地重构着民族村寨。在这样的场域中，民族村寨更多是受到来自外界的动因而被动地、卷入式地改变着。非结构性力量更多来自个体，民族村寨社区精英包含了经济精英、文化精英及地位上备受尊崇的权威精神领袖，这些社区精英作为社区的内部成员，往往能积极地投身于村寨发展之中，设身处地地为村寨发展考虑，能起到良性的示范作用。外来人员包含了外来投资者、深切的地方依恋者和非政府组织等，他们在深入村寨、了解村寨的前提下决定扎根村寨，为村寨的发展带来了新的理念、技术、资金等，也为村寨发展带来了自下而上的发展动力。

3.5.1.1 结构性动力

具体来看，国家政策会直接影响着村寨的功能、地位、属性与发展机遇。2009 年，国务院发布了《关于进一步繁荣发展少数民族文化事业的若干意见》，是指引少数民族文化保护的纲领性文件。在具体的政策措施方面，明确提出了要加快少数民族和民族地区公共文化基础设施建设；繁荣发展少数民族新闻出版事业；加大对少数民族文艺院团和博物馆建设扶持力度；大力开展群众性少数民族文化活动；加强对少数民族文化遗产的挖掘和保护；尊重、继承和弘扬少数民族优秀传统文化；大力推动少数民族文化创新；积极促进少数民族文化产业发展；加强边疆民族地区文化建设；努力推进少数民族文化对外交流等 10 项措施，并明确提出要加强保护具有浓郁传统文化特色的少数民族建筑、村寨。2012 年，住房城乡建设部、文化部、财政部联合印发了《关于加强传统村落保护发展工作的指导意见》，提出要建立传统村落名录制度、推动保护发展规划编制实施、保护传承文化遗产、改善村落生产生活条件等。后续还公布了一系列的中国传统村落名单，并印发《传统村落保护发展规划编制基本要求（试行）》，力求对传统村落保护与发展提出明确要求和指导。虽然保护对象为中国传统村落，但民族村寨也隶属传统村落，并且具有浓厚的乡村性，因此对民族村寨建设仍然有重要影响。国家民委印发的《少数民族特色村寨保护发展规划纲要（2011—2015）》中指出，“少数民族特色村寨在产业结构、民居式样、村寨风貌以及风俗习惯等方面都集中体现了少数民族经济社会发展特点和文化特色，集中反映了少数民族聚落在不同时期、不同地域、不同文化类型中形成和演变的历史过程，相对完整地保留了各少数民族的文化基因，凝聚了各少数民族文化的历史结晶，体现了中华文明多样性，是传承民族文化的有效载体，是少数民族和民族地区加快发展的重要资源”，并提出了改善村寨生产生活条件、大力发展特色产业、重点推进民居保护与建设、加强民族文化保护与传承等重要举措。这些举措与民族村寨的生产生活休戚相关，且建议推进民居保护建设、保护与传承民族文化，充分考虑了民族村寨的地方特色，对地方性彰显是一种有益的尝试。2014 年，国家民委在全国遴选了 340 个民族村寨命名首批“中国少数民族特色村寨”并予以挂牌，让大众目光聚焦在这些村寨，对少数民族特色村寨保护与发展工作起到重要的示范推动作用，也为这些村寨赢来了新一轮的发展机遇。民族村寨的地方性在此背景下也会更加被重视。其他诸如

“全国特色景观名镇名村”“全国休闲农业与乡村旅游示范县、示范点”“旅游特色村”、A级景区等的评选活动，既能为村寨所在区域或村寨本身赢得发展资金与机遇，也能提高知名度。原国家旅游局提出的全域旅游、旅游扶贫等发展理念，为村寨的发展提供了新机遇。国家在财政支持方面，也给予了少数民族地区相应的支持。进入21世纪后，我国政府除设立“少数民族发展资金”外，在图书馆和博物馆建设、重点文物古迹保护、非物质文化遗产保护、少数民族语言文字新闻出版和广播电影电视、少数民族文学艺术创作、少数民族各类文化人才培养等方面，都将资金重点向民族地区倾斜。国家还在北京、新疆、西藏、内蒙古、云南、延边建立了民族文字出版基地，重点支持少数民族文字出版事业。另外，国家还将在整合若干项专项资金的基础上专门设立“少数民族文化事业发展补助资金”，用以支持民族地区文化事业的发展。

制度安排也在影响着民族村寨发展进程中的诸多方面。许多旅游地在发展过程中出现了各式各样的问题，政府作为“看得见的手”发挥着宏观调控作用，除了中央政府和地方政府的政策性引导支持外，法律法规、专项办法与规定等都在通过制度来创设或改善旅游发展环境。2013年10月1日施行的《中华人民共和国旅游法》，涉及了旅游者、旅游规划和促进、旅游经营、旅游服务合同、旅游安全、旅游监督管理、旅游纠纷处理、法律责任等方方面面，从宏观层面对旅游发展及旅游活动过程中的诸多环节都做了权责划分，必将影响到每个旅游目的地的发展与建设，包括民族旅游村寨。不少地方政府及部门也能更好地针对本土旅游的实际情况制定相应的地方法律法规及实施办法来引导与促进旅游业的发展，无形中也对民族村寨的建设起到了积极作用。如2016年制定的《丽江市旅游管理办法》明确指出，人民政府及其有关部门应当结合实际，加强民族特色旅游村寨建设，积极推进乡村旅游发展，并对民族特色旅游村寨建设给予政策和资金扶持。鼓励扶持开发具有观赏性、艺术性、实用性和民族特色、地方特点的旅游商品，促进旅游购物业发展。

此外，专门针对少数民族传统文化的地方法规也不少。2000年5月26日，为加强对民族民间传统文化的保护，继承、弘扬优秀的民族文化传统，依据宪法和有关法律法规，结合云南省实际情况，云南省第九届人民代表大会常务委员会第十六次会议通过并公布了《云南省民族民间传统文化保护条例》。2008年，为加强对民族传统建筑的保护，继承和弘扬民族传统建筑文化，西双版纳傣族自治州人民代表大会公布了《云南省西双版纳傣族自治州民族传统建筑保护条例》。自1988年《云南省大理白族自治州洱海保护管理条例》经云南省大理白族自治州第七届人民代表大会第七次会议通过以后，截至2014年，反复修订了三次，在起到保护洱海生态环境作用的同时，也为营造当地良好的旅游发展环境做出了贡献。双廊作为洱海边的白族渔村之一，因紧邻洱海，尽收苍山洱海湖光山色之美也获得了绝佳的旅游发展优势。

工业化、信息化、现代化、全球化是一组相伴而生的关系。现代科技推动了工业化、信息化的高速发展，同时加速了全球一体化进程，也将分散在各地的民族村寨一起连接进了全球网络与现代社会。其看似与民族村寨相隔甚远，然而在充满流动性的现代社会中，这些来自现代世界的各种力量无一不对民族村寨起着巨大的影响。

民族村寨看似远离工业化，位于山清水秀的环境之中。然而，其居民可能外出务工服务于现代制造业或地方工业；各类生活用品、器具和陈设已经是工厂标准化流水线上的产品流通至村寨；即使富有地方特色的建筑材料的生产，也离不开现代工业技术的加工与改造。同时，工业化也直接导致了民族村寨生产生活方式的改变和景观的变化。以往农耕方式在不断引入工业生产流水线上的现代机械设备，动力来源由人力、畜力、水能转变为电力、机械动能。在生活物资上，以往男耕女织、春播秋收的方式也逐渐远去，即使在乡村，大量的现代工业流水线产品如服装、电器、交通工具等也随处可见。此外，工业流水线上的钢筋水泥也成为现代交通道路建设的主要材料，交通条件的改善密切了村寨与城市的联系，也加速了村寨现代化的进程。工业化在促进乡村便利化的同时，直接改变了乡村生产方式，并带来了一系列的景观变化。村寨的民居建筑无论是外观直接可见的材料还是内部陈设，都有着明显的现代工业印记。

信息化直接带来了村寨信息传播途径与文化生活改变。程郁儒（2012）关注过民族文化传媒化的问题。他认为，大众传播过程对民族文化产品在意识形态、权力关系、技术构成、符号创制、文化主体权力权益实现、产业链、文化消费心理等方面都有着规定性的作用。大众传播把遥远的世界带到了少数民族眼前，也将民族文化呈现于公共的场域。传播不仅仅是信息的交流，在交流中也必然会有接纳、融合、排斥、冲突。传播使得民族文化被放置在了多种不同的价值体系面前，因此也使民族文化在新的价值判断中被赋予了新的意义和成长空间。传播将民族文化纳入了大众传媒场域，这个场域本身就是多种权力博弈和争夺的时空。传媒场域本身就是文化存在与再生之场域，所以传媒化是民族文化在现当代的一种新的生存方式。日益兴起的民族文化旅游将大量旅游者带入村寨，旅游者与媒体对村寨的拍摄、宣传无一不影响着民族村寨。大众传媒和新的通信技术带来的变革使其对民族文化影响的强度超过了以往任何一个时代。民族文化作为民族村寨地方性的重要内容之一，地方性也不可避免地受到了来自信息化社会的种种影响。高速发展的信息化进程，资讯的获得和人与人之间的沟通越来越容易，不仅拉近了人与人的距离，还拉近了人与他乡、与世界的距离——任何一地的旅游信息（完全未开发的除外），通过搜索软件均可获得海量图文信息。民族村寨通过大众媒介接收着彼时彼地自身世界之外的信息，大众媒介又将民族村寨的形象与动态不断复制加工成各种意象和符号输送至异地各类人群，“他者”通过文字、图片、视频、多媒体互动信息、电视娱乐节目、综艺节目、宣传栏目等了解民族村寨，村寨的地方性得以被建构。随着科技的革新，人们的信息接收方式与沟通方式也在逐步变化，尤其在当代，新的掌上移动智能终端在宣传信息的时效性上远优于传统媒介，甚至出现了掌上媒体领跑传统媒体的趋势。与传统信息沟通方式相比，现当代的信息的沟通与传播更具瞬时性、交互性、共时性的特点。地方形象处在“主客共进、多维建构”的状态之中，即地方形象不再是地方刻意宣传的结果，而经由许多非官方的民间互动而得以生成建构。人们对一地的了解不再局限于官方形象宣传片，而更多从各类游记、朋友圈友人互动、可信赖的官方公众号形成地方认知。旅游经营者如旅行社、客栈掌柜也可利用微信平台或借力其他相关公众号自发形成生动的自媒体积极宣传，民族村寨的地方性某种程度上不再是一种自在的属性，而是多维因素共同建构的结果。信息化加速了地方性的生成和再造。乡村地区以往的文化生活多数与地方传统相关，且更有赖于地方主体主观能动性的发挥，更依赖村民自身的自主创新、创意等，如各类手工编织、雕刻、祈福祭祀、口传心授的技艺、公共集会等。信息化伴随着诸多电子媒介的进入，电视、网络、手机成了年轻一代的“百宝箱”，文化生活内容的来源构成中，流行音乐、电视剧、电影、广播电台、网络媒介等将现成的制作好的作品和栏目推送到受众眼前，更大程度上属于作为观者的“被动式参与”，与传统社会中人与人之间面对面的交流互动相去甚远。在这样的情况下，民族村寨的地方性更像无数纵横网络交错中的节点，与外界信息密切交织、相互影响，无法独立生长。

在现代性的条件下，时间—空间伸延的程度比即使是最发达的农业文明也要高很多。地点逐渐变得捉摸不定，即场所被远离它们的社会影响所穿透并据其建构而成。现代组织能够以传统社会中人们无法想象的方式把地方性和全球性因素连接起来，而且通过两者的经常性连接，直接影响着千百万人的生活（吉登斯，2011）。现代化是一个时间维度上的相对概念，与现代性密切相关，与传统相对。现代化意味着对陈旧事物的扬弃和便捷生活的追求。现代化也是一个逐步推进的过程，对传统意蕴深厚的民族村寨而言，现代化意味着便捷的生活追求，如钢筋水泥建造的房屋比以往的茅屋、木屋、竹屋更加牢固；水泥大道、柏油路等交通方式的改善缩短了城乡往来的时间成本，让出行更加便捷；各类电器设备让生活更加简单。现代化本身无可厚非，让世界各个角落的地方和人群均能享有现代科技进步带来的福祉，符合人类共同发展的要求。然而，在旅游场域中自然、怀旧、新奇、差异更受青睐，民族村寨保有其富有民族性、特色性等地方特质更容易被旅游者认可。然而许多乡村地区乃至民族村寨在追求现代化这一进程中往往无法较好地甄别何取何舍，甚至出现盲目的非理性建设情况，民族村寨中的诸多事物除却“自然淘汰”及基于满足怀旧采取的修复式或复原式建设之外，很多地区建设过程当中的“建设性破坏”对于传统的侵袭往往是不可逆的。如民族传统民居样式的转变，几乎是被原材料供应商推动，虽然也有许多仿古式建材，或遴选了部分与本民族相关的典型符号作为表征，但“仿古”毕竟为形式上的仿效，文化内涵无从延续。又或者，有的新建物有很强的随意性，但一旦成为建筑拔地而起之后，又因为建设成本高不容易拆除，双廊五花八门的客栈即是如此，因建筑风格杂乱无章又未能体现白族传统而饱受诟病，但在先前的自主开发没有较好的监管的情况下，再统一管理就变得很艰难。换言之，民族村寨的地方性在现代社会情境下无法阻止其内在的自然变化，但以民居建筑为主的形貌特征与当地环境所形成的意象是其传统文化的主要具象，若一并被破坏也将失去地方传统的承载之物，地方历史与传统更将无处可寻。虽然地方性并不是一成不变，而是一直都处在不断变化之中，但在现代社会，地方性以更快的速率、更超乎以往的形式在不断地被重塑。翁丁佤寨的茅草屋顶也曾面临消失的危险，当地政府的“复茅计划”和补助才保留下了今日翁丁的形貌。许多少数民族服装在当地也是在重大节庆或者“被要求”穿着，也代表着社会和族群自身对地方传统所做的种种努力。此外，现代化还意味着为外界资本、人力资源进入村寨提供便捷。随着民族村寨知名度的提高和发展旅游带来的新商机不断涌现，会对资本形成新的引力点，资本增值的内在需求会促使具有战略眼光的投资者对村寨进行投资和旅游开发，伴随着新一轮的旅游开发，村寨的公共基础设施如道路、环境卫生、居住条件会随之改善。如果将国家政策、制度安排看作国家行政权力的介入、调控和干预，外界资本、新的投资者、地方爱好者的介入则意味着资本、权力和话语权对民族村寨方方面面的影响和重塑。现代背景下，民族村寨的地方性不断在上述的交叉干预中形成与改变。

全球化可以被定义为：世界范围内的社会关系的强化，这种关系以这样一种方式将彼此相距遥远的地域连接起来，即此地所发生的事件可能是由遥远的异地事件而引起，反之亦然（吉登斯，2011）。全球化对世界各角落形成了方方面面的影响。它既对村寨的地方传统造成了冲击，带来了急剧的文化变迁，同时也使得村寨形成了新的发展诉求并发生了显著的角色变化。全球化最直观的方式莫过于国际知名品牌可以通过连锁店、品牌旗舰店、经销商、建立分厂等方式在全球范围内出售产品和服务，麦当劳可以开到知名旅游区、可乐成为青少年的饮品、民族旅游村寨的标牌和地图有中英文双语甚至更多的语言标识、村寨居民身着印有英文字母或著名球星和影星的 T 恤衫、青少年正努力学习着英文……这既是自由经济背景下资本流动的结果，也是市场化背景下劳动分工、资源整合、资本运作的结果。同时，全球化还意味着丈量距离方式的改变。交通时间缩短扩大了人类活动的半径，远在异国他乡的人们可以进入他国，实现国际旅游或洲际旅游。全球化还需要国际公认的语言和法则，一旦民族村寨打开了国际旅游市场，“与国际接轨”“国际化”“标准化”必然成为发展方向之一，这使得民族村寨的地方性也具有强烈的适应国际化的需要。

旅游化是民族旅游村寨地方性不能回避的重要影响因素之一。在前面的讨论中，“有旅游活动开展”是对民族旅游村寨的要求之一。其实，按照旅游资源的广义理解，旅游资源分为现实的旅游资源和潜在的旅游资源，不少民族村寨已经有一定的知名度和客源市场，可视作已成现实的旅游资源；绝大部分民族村寨是潜在的旅游资源，在将来或可成为知名的旅游目的地。旅游化究竟对民族村寨的地方性起到了怎样的影响？实际上，旅游对民族村寨的影响因各地的实践情况不同、发展阶段不同呈现出了较大的差异性。可以肯定的是，旅游活动使得民族旅游村寨发生了从外在形貌到精神文化世界“由表及里”的改变。它重塑了村寨的功能，提升了村寨的知名度，并且改变了村寨居民的价值观。旅游活动的开展必然要求民族村寨有与之匹配的接待服务设施，如干净整洁的生活环境、住宿、餐饮等接待服务、便捷的行车道路等，让民族村寨原有的生活空间转化为了旅游审美空间和可供投资的商业空间。在发展旅游过程中的积极宣传又大大提高了村寨原有的知名度，当然，部分地区相应的“烦恼”也随着名气的攀升而来，如交通拥堵、原住民生活空间受到挤压、文化迷失等。而通过与外界的族际互动（少数民族与主流民族）、人际交往及商业化往来，社区居民的价值观、生活观念也在逐步改变。本研究的两个案例点糯黑彝族村寨、双廊大建旁村在旅游的影响之下既呈现出了一些共同的变化，如定期举行的节庆活动、较为便利的道路设施等，但在村寨社区的人口构成、建筑风格、商业内容上又表现出了较大的差异。

3.5.1.2 **非结构性动力**

民族旅游村寨地方性生成的非结构性动力主要受到了来自社区精英、外来人员这些个体及民间组织机构如非政府组织、地方民间组织的影响。其中，社区精英包含了政治精英、经济精英与传统精英（吴其付，2007）。非结构性动力是一种“自下而上”的动力源，更多是由村寨内部自主发起或在村寨进行的一种“在地性”建设。值得注意的是，个体的力量有着很强的差异性，社区精英型的人物可能对整个村寨的发展起着关键性的作用，类似于以往传统社会“乡绅”的功能。但同时，也容易出现个别人士掌握着话语权与决定权的局面，致使其他村寨居民无法较好地参与到整个村寨的建设中来。另外，个体背景、知识经验的差异性也会在影响民族村寨的发展方向上呈现出多元化的特点。小小的民族村寨受到世界关注后，会对村寨形成“千人千面”的看法，各类群体与组织机构也会从各自的宗旨和意愿出发，为村寨的建设提供援助或建言献策，干扰民族旅游村寨地方性的因素也会变得更加复杂。

社区精英指的是那些在某方面拥有比一般成员更多的优势资源，并利用资源取得了成功，为社区做出了贡献，从而使他们具有了某种权威，能够对其他成员乃至社区结构产生影响的社区成员（项辉，周俊麟，2001）。社区精英在旅游发展中的角色也日益被重视，李芳（2015）认为，在民族村寨旅游开发背景下，越来越多的社区居民参与到旅游开发中，有的成长为旅游精英，成为民族社区旅游发展中重要的内生力量和创意资本。曹兴平（2015）则认为，村寨中的精英作为民族村寨的"守门人"和舆论导向者，对社区居民的态度、意愿和行为有重要影响。社区精英的能力、个人魅力、意识和个人行为成为影响整个项目在社区获得成效的重要因素。在民族村寨旅游发展的过程当中，社区精英在综合运用个人知识、经验的同时整合所在地的各类资源与资本，调动更多人员参与社区建设的同时，既是自我能力培养与增强的过程，同时也是从村寨内部自主影响地方性生成的过程。有学者将在旅游发展过程中贡献突出的这部分社区精英称之为"旅游精英"（吴其付，2007；李芳，2015）。社区精英更为了解自身所处的民族村寨，同时与村寨内部成员有着较为熟悉与密切的联系，无论从血缘还是地缘上来讲都是村寨中重要的"我者"。社区精英往往拥有更高的威望、某种特殊的社会职能、较强的沟通协调能力，在民族村寨的各项事务中都扮演着重要的角色，甚至起着关键性的作用，这就决定了社区精英能在村寨的发展方向起到一定的引导作用，并能积极地争取或创造有利于村寨的发展机遇。有的社区精英在成为名人之后，也无形中起到了一定的宣传作用，如"某某故里""某某住宅"类似的宣传营销。杨丽萍的月亮宫、太阳宫及赵青的青庐等名人效应对双廊的推动和影响非常突出。无论是社区精英助推下的村寨开发活动还是社区精英本身，都在不断地影响着民族旅游村寨地方性的生成与重构。

民族村寨无论是自身特有的"魅力"还是旅游开发背景之下的潜力都吸引了不少外来人员。这些外来人员与民族村寨的际遇或长或短，短期接触所留下的美好意象在旅游者心中成为一种特殊的记忆。旅游者可能是媒体人，也可能是普通游客，但在他们对村寨的"追忆"（如专栏报道、游记、朋友圈图文等形式）中，民族旅游村寨实质上被注入了新的意义与内涵。而与民族村寨的长期接触，更会在前者地方认同的基础上产生地方依恋或地方依赖，他们选择通过投资建设、租用民宅、创作等方式在获取经济收益的同时留在村寨，发现并宣传民族村寨，为村寨的建设做出贡献，久而久之，也形成了村寨内部的一支特殊力量，在影响民族村寨、为民族村寨带来资金与人力资本的同时，为民族村寨创造和赢得了新的发展机遇，同时建构着村寨的地方性。贵州六枝的梭嘎生态博物馆的建立与国际著名的生态博物馆学家杰斯特龙关系密切，虽然在整个过程中，我国学者、地方政府和当地寨民也都有积极参与，但作为外来专家的杰斯特龙，对项目的积极推动起到了关键作用（刘晖，2006）。同时，进入村寨的外来人员构成也较为复杂，对民族村寨的期望与态度也不尽相同。除上述积极建设者外，也有不少外来人员是看重村寨旅游发展的商机而来，资本的逐利性使得外界人士与资金流入村寨，但由于出发点与立场的不同，村寨也成为关于资源、话语、权力、利益的博弈场所。民族村寨的地方性在这样复杂的人员构成和多方利益角逐与博弈的环境中形成并有了相应的显性特征。如在风格迥异的双廊建筑中，大量的外来资本与人员、本村寨精英、政府规制一道影响着双廊的发展。在多元主体的影响之下，双廊的发展方向也多了一些不由自主和不确定性，所带来的影响既有积极意义，如增加当地居民收入、提高了双廊知名度等；也可能是非理性的，如杂乱的风格、商业氛围渐浓的各种娱乐场所在日渐增多，对洱海的污染也更加不可控。而造成上述影响的行为主体，可能是外来人员，也可能是内部人员杂乱无章的建设。糯黑彝族村寨在进入昆明高校艺术学者的视野后，外来的师生对糯黑的影响也较大，通过与当地居民的交流和作品创作，一些本地居民在自家客栈的装饰中采用了艺术家们的作品，增加了不少艺术气息；同时，在昆高校也选择一些客栈作为教育实训基地，为学生创作写生提供场所。糯黑艺术化的地方气质，不少得益于此。

民间组织结构包含国内外非政府组织、地方基层组织等。在社区参与过程中非政府组织的力量受到了学者的重视。孙九霞（2009）曾将非政府组织（NGO）、非营利组织（NPO）、行业协会、志愿者团体、学者阶层、新闻媒体等组织和群体代表的第三方力量作为社区参与旅游发展的重要力量，这些组织和群体以“民间性、自主性、自愿性、公益性”为特征。民间组织机构政治属性较弱，立场较为自主和中立，基本有本组织特殊的宗旨和精神，接受国家相关部门如民政部的监督和管理，民间组织机构也因此能在一定程度上助力民族村寨的发展。由于其非官方性质，研究将其放置在非结构性动力之中。

3.5.2 系统观视角：内生动力与外生动力

系统观视角下的内生动力与外生动力（见图 3–3）划分与结构视角下的

动力因素划分在内容上有部分重叠之处，如外生动力中依然包括结构性动力下的全球化、现代化等因素的影响；内生动力中对地方性知识的运用、组织与创新能力主体也包括非结构性动力下的社区精英，但二者也不尽相同。在系统观视角下做过详述的因素与系统观视角下的因素有重叠的部分不再详述，研究主要试图提供两种不同的分析视角。

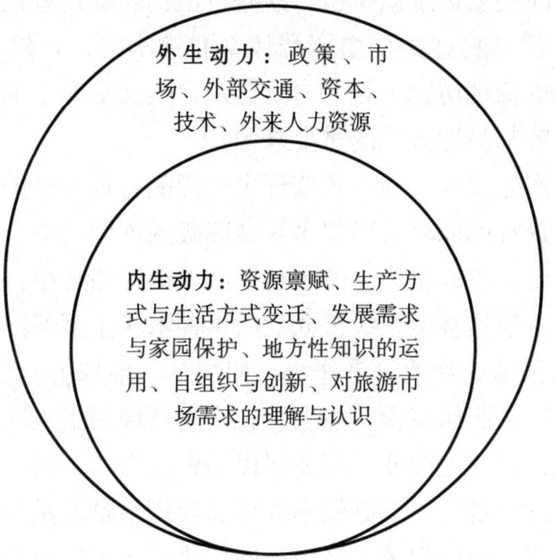

图 3-3　影响民族旅游村寨地方性的内生动力与外生动力

3.5.2.1 **内生动力**

“内生”意味着依托本土资源、通过自我主导实现自我发展。内生式发展理论的特点包括 4 个方面:（1）地区内的居民要以本地的技术、产业、文化为基础，以地区内的市场为主要对象，开展学习、计划、经营活动。（2）以环境保护为前提，追求包括生活适意、福利、文化及居民人权的综合目标。（3）产业发展不限于某一种相关产业，跨越复杂产业领域，建立一种在各个阶段都能使附加价值回归本地的地区产业关联。（4）建立居民参与制度，自治体要体现居民的意志，并拥有为了实现该计划而管制资本与土地利用的自治权（宫本宪一，2004）。从以上四个特点可以看出，内生发展模式本身带有浓厚的地方色彩，以本土资源禀赋为依托，以增加社区居民福祉为目标，构建本土产业链条。概括起来，民族旅游村寨地方性生成的内生动力来源有以下几个方面：资源禀赋；生产方式与生活方式变迁；发展需求与家园保护；

地方性知识的运用；自组织与创新。

民族旅游村寨的资源禀赋是发展旅游的先决条件，也是旅游情境中地方性的重要依凭。村寨资源禀赋的价值转化就是在旅游发展背景之下实现增值的过程。民族村寨自在的生态环境、人文风情一旦进入旅游者视野之后，就具备了观赏价值、审美价值与体验价值，在进行项目策划与安排之后引入了商机及客流量，间接创造了新价值，这些价值创新的过程往往伴随着地方性的挖掘与演化。民族村寨的旅游资源体系非常丰富，自然资源中的生态环境、山川河流、珍稀动植物、特色自然景观，人文资源中的历史遗迹、特色建筑、民族文化等都是地方性的重要来源。

民族村寨生产方式与生活方式变迁也在影响着地方性的生成。新的生产方式在改变地方景观的同时会引起多米诺牌般的连锁反应，最典型的就是土地利用形式的改变：以农耕为主的乡村社区人员开始外出打工之后，耕地不再耕种转而栽树；自然林生长缓慢砍伐后再种植速生型经济林树；耕地不再种植粮食蔬菜而种植成片的经济作物（如烟草、果林）；土地被开发商承包作商业开发之用，社区居民由“主人”转变为“雇用工人”……生产方式引起了地景的变化，同时也改变了当地居民的生活方式，自给自足的生活方式逐渐转变为部分自给自足、部分依赖外界商业供给是大量乡村生活的现实状况。生产方式的变化也引起了经济生活的变化，原本以农业生产、集市贸易来交换物资的民族村寨在旅游和现代化情境下逐步演变为农业生产与旅游接待、村寨内与旅游者实现在地化贸易，甚至外销、出口等。民族旅游村寨这些状况变化，从根本上重塑了民族村寨的地方性。

民族村寨居民发展需求与家园保护诉求也影响着地方性。一方面村寨居民的发展诉求较偏向增加收入、改善居住环境等，另一方面在谋求发展过程中也可能带来地方性的变迁，如自发地改变土地利用方式、谋生方式等。在谋求发展的过程中，村寨居民会试图通过一些方式来改变地方状况，如依托当地资源开办各类厂矿、种植经济作物、寻求与外界合作、发展旅游等，在增加经济收入、汇聚人气并带来商机的同时，也在引致着地方性变异。另外，基于地方认同的家园保护诉求也在起着作用。在民族村寨，民族习俗、原始的宗教信仰对自然大多充满敬畏，山林、草木、水土与其生活息息相关，也是其珍视的对象。在很大程度上，宗教信仰、对村寨的心理认同和依恋尤其是“家园感”从精神层面维持着民族村寨的地方传统，并在某些临界上试图管控着地方的变化。云南抚仙湖旁的地产建设项目曾招到周边居民的联合抵制，双廊的无序变化也让当地社区精英组织了“双廊公益论坛”，以商讨双廊的发展出路。

地方性知识与本土知识、土著知识关联密切。Ellen &Harris 和 Louist Grenier 都认为本土知识具有地方性。Ellen 和 Harris（1996）认为，本土知识通过不断重复而习得，是一种心照不宣的、口传的、处于动态变化中的经验知识。Louist Grenier（1998）认为，特定的地理区域内依靠土地生存的本土人群围绕其特殊的生存条件发展起来的独特的、传统的、地方性的知识就是本土知识。本土知识具有地域性特征，本土知识是特定地理区域内原住民处理人与自然关系、创造生存手段、获取生存条件的知识。本土知识根植于原住民社区的社会理想和实践、制度、关系、习惯和器物文化之中，是传统文化的重要组成部分。本土知识特别与农业生产、人类健康、生物多样性保护、自然资源管理及教育和知识创新密切相关，是贫困人群和非主流文化社区的主要财产（张永宏，2009）。土著知识指的是土著部落、人种与土著种族拥有的以传统方式获得的知识，包括各种科学、农业、技术、医药、有关生物多样性和生态等一切关乎生产与生活的知识（明庆忠，熊剑峰，陈颖，等，2012）。本土知识具有浓厚的地方性，为地方特定人群所拥有，是在特定的地理环境中发展起来的非官方、非主流知识体系。少数民族村寨属于非主流文化社区，本土知识在村寨内部的生产生活中被不断实践着，运用在风俗习惯、医药卫生、文化艺术、服饰、居家陈设等方方面面。地方性知识的运用和呈现可凸显地方特色，让他者直接感受到地方的特殊性和魅力所在，也是非常直接的地方性培育方式。

村寨居民的自组织与创新能力是重要的地方性内生动因。其中自组织能力包括村寨居民的观察、理解、分析、管理、调控能力，与村民的文化教育背景、所处的社会氛围和社会条件关系密切，也牵涉到村民是否能清晰认识、理解村寨的现实状况并做出相应的管理策略和调控手段。在我国东部沿海地区，不少社区精英中有着良好经济基础、教育背景及沟通能力的人士率先带动了地方的发展并对地方产生了莫大的影响。村寨中居民的素质和行动力也能在较大程度上影响着村寨的发展。此外，社区居民的创新能力对地方性的影响尤为重要。创新对于文化的传承和延续至关重要，无论是物质文化的延续还是精神文化的传承，都需要从载体（形）到精神（韵）的支撑和旺盛的生命力。生命力的保有既需要实用主义的切实功能效用（如经济效益、商业价值）等，也需要发自内心的接纳、认可与珍惜。这取决于文化以何种姿态被呈现和使用。如何将传统文化释放出强大的生命力满足当代生活生产及发展所需，如何挖掘其深层次的艺术观赏价值、文化遗产价值、养心保健价值、精神财富等，创新扮演着关键作用。而本土的匠人、非物质文化传承人等能正确认知本土文化价值的社区精英，则应是民族旅游村寨文化创新的主体。

村寨居民对旅游市场需求的理解与认识也对村寨形貌的塑造起着重要作用。在民族旅游场域中，旅游需求类似于“买方”，民族村寨类似“卖方”，民族村寨的本土建设者试图打造出令旅游者满意的景观、服务与产品，这些内容也是民族村寨地方性中的构成要素。因而，本土建设者们如何理解旅游者的需求和动机，也将决定村寨的建设方向。虽然一般来说，地方政府会指导或规范民族村寨的旅游开发行为，但在市场诱导的非理性冲动之下，村寨居民也容易一哄而上来发展旅游，也易因此导致地方不可控局面。在双廊，大量的本地居民在大量旅游者到来之后意识到了重要的商机，对自家进行家庭旅馆和客栈式的改造，但由于经验和资金的缺乏，在品位和形貌上往往落后于外地投资者。杂乱无章的建设也曾给双廊留下了“大工地”的不良印象。在糯黑彝族村寨，居民和游客似乎都普遍认可“石头城”这一新形象，在房屋建设的材料选择上也较为统一，外墙均以石材为主，村庄的整体景观意象就更为协调。村寨居民如何理解旅游需求，基本可从其村寨的功能架构中理解一二。

3.5.2.2 **外生动力**

经济地理学认为，土地、原材料、能源、资本、劳动力、技术与知识、自然环境、市场环境、产业环境、政策环境及交通对经济活动的区位有影响（李小建，李国平，曾刚，1999）。据此分析影响民族旅游村寨地方性生成的外生动力因素，其政策环境、市场导向、外部交通、资本、技术、外来人力资源（如专家、人才、投资者等）是影响民族旅游村寨地方性的主要外生动力因素。

良好的旅游政策环境有利于促进民族村寨旅游发展，国家和地方政府往往通过规划、地方法律法规、引导性政策、基础设施建设、财政补贴等方式积极扶持和鼓励民族旅游村寨建设。国家和政府相继出台了诸多关于旅游行业发展，以及民族地区旅游发展、扶贫、传统文化保护事业的多项政策，积极鼓励保护传统民族村寨的景观风貌与传统文化。

市场需求能在很大程度上影响民族村寨的开发定位与方向。无论是民族村寨旅游规划中的项目、产品或旅游线路设计，还是具体的建筑建设项目，市场需求是其必然考虑的因素之一。但市场需求极其多元和复杂，大多数旅游者的需求往往会决定民族村寨的发展走向。双廊旅游观光、休闲度假需求均较为旺盛，也因此催生了大量的自行车租车行、客栈、书吧、咖啡吧、KTV 之类的休闲娱乐设施。多数现代休闲娱乐设施均是在旅游发展之后逐步新建起来的，这为双廊的地方性注入了新内容。糯黑相对要简单许多，糯黑在经营的客栈有 6 家，除篝火晚会和重大节庆之外，游客的游览更多属于自主性的走马观花式游览。除写生学生外，仅有少量旅游者会选择留下住宿。在没有大量旅游者长时段介入的情况下，糯黑的形貌相对而言也保留的更具民族传统特色。糯黑除了“石头寨”这一标签之外，还是许多高校艺术师生的写生基地，因此在接待服务设施上会兼顾这群特殊身份游客的需求，如考虑景观效果呈现之下的景观设计与营造，也会给糯黑带来不一样的文艺氛围。此外，糯黑距离石林景区较近，大量的演出的需要也使其村寨传统歌舞表演的生命力经久不衰，这为糯黑传统地方性的传承带来了力量。

外部交通是民族村寨发展的先决条件之一，良好的外部交通条件能带来便捷的物流与客流，为地方带来诸多方便的生活物资，促进地方商品经济发展。同时密切地方与外界联系，更好地促进地方资源和产品的销售和流通，并转化为地方财富。但便捷的交通在带来这些外界事物的同时，也在加速地方性的变迁速率。在没有过度的外界干扰情况下，地方性以一种趋于自然平衡的状态缓慢地进行着“自演化”。相比传统而言，当外部交通大量地输送着物流、客流并裹挟着媒体海量的信息流进入村寨之后，既会对传统的生产生活方式造成影响，也会对当地的社会构成与社会风气带来影响，也因此加速着民族村寨的地方性变迁。

资本对民族村寨地方性的影响主要表现在资本影响着地方发展的必要条件——融资条件和金融支持。资本的强流动性是地方发展的重要先决条件。投资者、地方的资金条件、信用条件、技术条件等往往决定了地方建设的持续性。对民族村寨而言，雄厚的资金支持对长远合理的旅游规划和项目建设有着重要的战略意义，能够保证村寨建设的长期性、持续性并最终形成有效的形象“反转”，以及旅游产品质量和服务水平的根本性提升。资本可通过交换方式转化为民族村寨旅游发展所需要的一切要素，并为村寨的旅游发展提供支持。可以说，外来资本对民族村寨地方性的影响至关重要，但资本的投入和使用往往也由外来投资者和政府所决定。此外，政府的财税政策也会影响民族村寨的发展。

作为外部因素的技术主要指不包含本土地方性知识的那部分为外界所共同享有的现代科技、建筑、交通、环保、能源等有关方面可在民族旅游村寨应用的新兴技术，这决定了民族村寨以何种姿态呈现于世人。现代科技中的通信技术、摄影技术、信息传输与交互、生态建筑、绿色建筑、绿色交通、循环经济或生态农业、立体农业、新能源的使用等，都可与村寨建设发生关联并为其所用。一是村寨的发展需要现代科技的支撑作为后盾；二是现代科技有力地推动民族村寨提供更便捷的服务及更有效地与外界沟通，从而实现更有利的发展。

外来人力资源对民族村寨地方性的影响主要指外来人才对民族旅游村寨的影响。作为民族村寨外部进入的主要开发建设者，其资本实力、人脉、视野、对民族村寨旅游的发展定位、预期及控制都深刻地影响着地方。外来人力资源可以是非政府组织成员，可以是有情怀的文艺青年或小资群体、外来建筑设计专家、客栈老板及雇员，甚至是高度认可民族村寨的扎根型旅游者、旅游学者、专家等，民族村寨的地方性在这些具体人员的努力与建设中被不断地建构。

第4章

主客视角下的民族旅游村寨地方性感知

主体性是讨论地方性感知不可回避的论题之一。伴随着地理学的人本主义转向，文化地理学研究最终也应回归到对人本主义的关怀上才算是实现其使命。主体与主体性是文化地理学的核心（凯·安德森，莫纳·多莫什，等，2009），主体性与身份认同被视作同一概念，身份认同与地方认同有着千丝万缕的联系，身份认同往往在地方范围内完成，即个体通过对地方性的识别寻找安身立命之所或借此慰藉心灵的归属地。本研究也试图通过对民族旅游村寨地方性客观属性的分析及其被不同主体——“我者”与“他者”为代表的本土居民与旅游者的主观感知差异的解读，来探寻更好的凸显地方性的途径与方式。

4.1 地方性感知维度、指标体系及其重要程度判定

4.1.1 旅游“主客”感知与地方感感知维度

“我者”与“他者”、“自观”与“他观”是人类学较为常见和重要的区分。文化地理学也认为，来源于地方内部的本土居民与作为局外人的外部人群对地方的感知和认识皆是不同的。Relph（1976）也曾对局内人（insider）和局外人（outsider）做了区分，他将内部性（insideness）定义为对地方的归属感，是个体认同与地方的纽带，外部性（outsideness）是指

对地方的疏离感。这样的视角差异导致了人们对地方感知的差异——不同群体对地方的情感、发展诉求也呈现出差别。在某些古村落出现了要传统还是要现代、要古朴还是要发展的一些争议。缺乏文化自觉的支持，本土居民往往很难感知所在地文化传统和文化特色的重要性，现代化发展、便利化生活的实际需求往往是其关心的主要内容。而一些具备“他者”视角的文化精英反而更易发现其价值，并提出了一些艺术化改造、创意休闲设计、乡村旅游等开发思路。又或者，外来投资者看重当下村寨的旅游商机，地方居民则关注其长远发展。因而在开发过程中村民与开发者往往存在思路差异。安徽黟县的“碧山计划”便呈现出这样一种多元的利益诉求冲突：发起者旨在通过艺术乡建的形式振兴乡村传统文化，旅游者渴望体验一种原汁原味的徽派文化，而村民则最关心通过分流西递宏村旅游客流带来切实的旅游收益。于此，本研究也试图厘清本土居民与旅游者眼中地方性感知的异同，从而为寻找一种旅游情境下地方性彰显有益的平衡做准备，既充分顾及当地居民对地方的情感，也关心旅游者对地方的期待与想象。

已有部分学者尝试过当地居民与旅游者“主客”关系感知差异进行过研究。廖春花（2015）以潮州古城区为例，就城市历史街区居民与游客地方性感知的差异进行过研究。研究结果显示，在对潮州人特点认知、代表性潮州人的认知及潮州文化特色、特色建筑、民间艺术、特色传统工艺、地方元素、特色景点、旅游业发展现状和存在问题的认知上既有一致性，又存在差异。也据此可反映出城市历史街区地方性感知的一些方面。黄燕玲、刘星（2014）等认为，“主客”感知视角下，旅游者对旅游发展带来的正面影响感知较为一致，但在社会文化环境、旅游负面环境的影响感知差异较大。

吴钘（2013）就武汉市黄陂区居民与旅游者的遥距感知水平、地方独特性、地方原真性与情感依恋程度方面的地方感进行了对比研究。其中，地方独特性、地方原真性与地方性有非常强的关联，为地方性感知维度的构建提供了思路。在地方感的构成维度上，Steele（1981）将其分为两类：认知和理解维度（cognitive and perceptual factors）、物质特征（physical characteristics）。认知要素指人们从地方理解到的意义；物质要素如尺寸、规模、构成要素、多样性、质地、装饰物、颜色、气味、噪声、温度等都会影响地方感，而认同、历史、趣味、神秘的、愉悦的、精彩的、安全、活力和记忆也影响着人们与地方的联系。

Jorgensen（2001）的看法与 Canter 较为一致，认为创造地方的维度包括情感维度——意义（meaning）、行为维度——功能（function）及认知维度——形式（form）。人们对地方的情感如对地方信仰塑造着认知维度，同时他们在地方的功能也是地方行为维度的标志之一。对地方要素的创造应包括功能、价值与意义的塑造。

Hashemnezhad（2013）等将地方依恋的情感因素（affective factor）归纳为物质因素、社会因素、文化因素、个人因素、记忆与经历、地方满意、互动与活动特征、时间因素 8 个方面（见表 4–1）。

表 4-1　影响地方依恋的因素

因素	作用机制
物质因素	地方的物质与社会特征在地方依恋形成中起着同等作用，包括地方背景与基础、设施和服务、在乡村环境中的地方地位、与环境的关系及其他特征
社会因素	物质地方与个人满意的积极关系与社会沟通相关，在与地方的社会体验与互动当中，为个体提供了意义。地方依恋也基于人们的参与、社会网络参与与文化交流。在与地方的积极互动和社会融入中，地方依恋逐渐形成
文化因素	群体、家庭和社会成员及相似的文化在地方依恋中是相同的，地方依恋与这些活动相关
个人因素	地方反映出基于不同性别、社会阶层、人种、民族及文化的不同群体之间的文化认同、差异和竞争。同时暗示着个体在消费动机中的政治倾向、权利、兴趣、社会系统及共同利益
记忆与经历	地方依恋往往发生在与地方的长时段的、有力的体验后，地方因此变得富有意义。人们记得的关于人们和地方的记忆往往是与地方的情感联系。个体与地方的关系是一个交互过程而非简单的因果关系。地方依恋可能对孩子形成永久性的影响，因为与孩提时代的生活质量密切相关
地方满意	地方依恋与地方期望、以往的经历和认知过程及地方满意都取决于认知。影响地方满意的因素有设施、地方适应性、环境可持续性、可视化的地方特征和管理、地方经济价值、居住者形象、地方社会环境、建筑和城市规划特征、社会沟通及背景特征等
互动与活动特征	人与地方的、人与人之间的活动和互动在地方依恋的形成中具有重要作用

续表

因素	作用机制
时间因素	在地方的长时段居住会增加地方依恋，时间因素被视作在孩童和个体地方依恋中的决定性特征之一，在依恋的形成与程度中受到重视

注：Hashemnezhad H，Heidari A，Hoseini P M. Sense of Place and Place Attachment[J]. International Journal of Architecture & Urban Development，2013：5–12，有改动。

综合来看，地方感包括情感维度、功能维度与认知维度。地方感更侧重人们主观视角对客观地方的认知，地方性更偏向于地方与诸多事项相连的客观的特殊性。

4.1.2 地方性指标体系的构建

4.1.2.1 构建原则

地方性的构成要素非常复杂：既有物质层面的具象，又有精神层面的联系纽带；既有地方历史的烙印，又有现代社会的影响；既是地方内部自我生长的结果，又受到了外界的各类影响；既与整体形象相关，又可能是非常微小的显著特征让地方个性鲜明，脱颖而出。因此，本研究在综合相关研究的基础上，主要依据自然 / 人文、生活 / 生产、物质 / 精神、内部 / 外部、有形 / 无形的二元法则，对地方性的构成要素进行划分。但地方性是一个非常复杂的系统，包含的内容和所指非常丰富，简单的罗列实难囊括全面。地方性又总与一些具体事项相关，透过这些具象到地方的特色与气质才得以被感知。因此，本研究试图通过找出这些“具象”，并对其重要程度进行一个基本判定，从而更清晰地认知地方性。

4.1.2.2 构建依据与构成内容

为保证研究的一致性，地方性指标体系构建主要以前文“地方树”概念模型为依据，并剔除了一些重复内容，将地方性构成的一级指标体系划分为地方环境、地方历史、地方传统、地方活动、地方联系、精神纽带、生产方式、生活方式、空间格局、社会氛围 10 个方面，各自包括了一些二级指标体系，具体如表 4–2 所示。在此基础上采用德尔菲法，请专家打分对地方性各指标的重要性程度进行了判定。

表 4-2　地方性的指标体系构建

一级指标	二级指标
地方环境	自然环境、社会环境
地方历史	历史事件、集体记忆
地方传统	文化、习俗、规制、知识、古训
地方活动	生产劳作、休闲娱乐、社会交往、集体活动
地方联系	血缘关系、婚姻关系、地缘联系、居住联系
精神纽带	方言俚语、纪念性建筑、公共约束、宗教信仰
生产方式	农林牧渔景观、相关方式及工具、劳作景象
生活方式	生活用具、饮食、住所、服饰、特色交通、精神文化活动、民风民俗、社交礼仪、宗教活动、生活技能
空间格局	整体形貌、物种构成、景观组合、民居形态
社会氛围	人口构成、文化气息、艺术气息、生活气息、商业氛围、邻里关系、经济关系

4.1.2.3 地方性各指标的重要性判定

本研究采用德尔菲法对地方性指标体系各要素的重要性进行判定。根据指标体系，设计了关于地方性指标体系的专家调查问卷，将各级指标分为不重要（0 分）、一般重要（1~2 分）、很重要、（3~6 分）、非常重要（7~9 分）、极其重要（10 分）五个梯度，请各位专家根据各自理解对各指标重要性打分。最低分为 0 分，最高分为 10 分。2016 年 7 月，向文化地理学、民族学、旅游学等研究领域曾做过地方性研究的专家学者发出问卷 34 份，收回 17 份。对数据采用 Excel 求和、平均分及排序的方式进行处理，从而得出各指标相比较的重要性程度（注：在考虑指标平均分所在层次时，一般采用四舍五入法，如 6.1~6.49 分被划分在“很重要”层次，6.5~6.99 则被划分在“非常重要”层次，7~9 分指标被列入“非常重要”层次、5~6 分指标被列入“很重要”层次，平均分在 5 分以下的指标不再列入重要层次）。在一级指标重要性方面，按专家打分的重要性排序结果如表 4–3 所示。

表 4-3　地方性一级指标的重要性排序

指标名称	平均分	总分（满分170分）	排名	重要层次
C1地方传统	8.18	139	1	非常重要
B1地方历史	7.82	133	2	非常重要
A1地方环境	7.47	127	3	非常重要
F1精神纽带	7.12	121	4	非常重要
H1生活方式	6.76	115	5	非常重要
J1空间格局	6.47	110	6	很重要
K1社会氛围	6.29	107	7	很重要
E1地方联系	5.71	97	8	很重要
D1地方活动	5.65	96	9	很重要
G1生产方式	5.00	85	10	很重要

由表 4–3 可知，按重要性程度排列，位于“非常重要”层次的指标依次是地方传统、地方历史、地方环境、精神纽带、生活方式。位于“很重要”层次之列的指标分别是空间格局、社会氛围、地方联系、地方活动与生产方式。“非常重要”与“很重要”层次共各占 50%。就平均分来看，所有的一级指标没有出现不重要或一般重要的指标，一级指标在某种程度上的确属于地方性的重要内容。在二级指标部分，根据指标平均分将得分在 5 分以上（相对较为重要）的指标列为地方性关键词，为民族村寨地方性感知的问卷设置和后期地方性彰显策略的提出做准备。

（1）地方传统。地方传统在地方性的 10 个一级指标的重要性程度排名第一。在地方传统部分，各二级指标按专家打分的重要性排序结果如表 4–4 所示。按重要程度排序，位于“非常重要”之列的分别是文化与习俗；位于“很重要”之列的是知识（地方性知识）与规制；古训则位于“一般”行列。由此可以看出，文化与习俗在地方传统中的统领地位。

表 4-4　地方传统二级指标重要性排序

指标名称	总分（满分170分）	平均分	排名	重要层次
C11文化	137	8.06	1	非常重要
C12习俗	125	7.35	2	非常重要
C14知识	103	6.06	3	很重要
C13规制	88	5.18	4	很重要
C15古训	68	4.00	5	一般

（2）地方历史。地方历史在地方性的 10 个一级指标中的重要性程度排名第二。按专家打分的重要性排序，集体记忆排在历史事件之前，人们能“记住”的实实在在的地方记忆似乎比单个的历史事件更容易作用于地方性的识别。从平均分情况来看，集体记忆属于“非常重要”序列，历史事件则属于“很重要”序列（见表 4–5）。

表 4-5　地方历史二级指标重要性排序

指标名称	总分（满分170分）	平均分	排名	重要层次
B12集体记忆	138	8.12	1	非常重要
B11历史事件	108	6.35	2	很重要

（3）地方环境。地方环境在地方性的 10 个一级指标体系中的重要性程度排名第三。自然环境与社会环境单体重要性均位于“非常重要”之列。其中自然环境在地方性中的重要性略高于社会环境，但二者相差不大。自然环境的强大的稳定性和“根植性”或更强于变异中的社会环境对地方性的影响（见表 4–6）。

表 4-6 地方环境二级指标重要性排序

指标名称	总分（满分170分）	平均分	排名	重要层次
A11自然环境	134	7.88	1	非常重要
A12社会环境	126	7.41	2	非常重要

（4）精神纽带。精神纽带在地方性的 10 个一级指标中重要性程度排名第四。在二级指标体系中，宗教信仰与纪念性建筑两个二级指标的平均分均位于“非常重要”之列，其中宗教信仰位于第一，其次是纪念性建筑；方言俚语与公共约束位于“很重要”序列，其重要性略低于前两者。纪念性建筑与地方历史中的“集体记忆”密切相关，在重要程度上，二者也颇为接近。其次是方言俚语与公共约束，二者专家打分的平均分差异不太大（见表 4–7）。

表 4-7 精神纽带二级指标重要性排序

指标名称	总分（满分170分）	平均分	排名	重要层次
F14宗教信仰	136	8.00	1	非常重要
F12纪念性建筑	116	6.82	2	非常重要
F11方言俚语	110	6.47	3	很重要
F13公共约束	108	6.35	4	很重要

（5）生活方式。生活方式在地方性的 10 个一级指标中的重要性排名第五，基本处于居中水平。其中，位于“非常重要”行列的二级指标按平均分高低排序依次是民风民俗、宗教活动与住所。宗教活动与地方联系中的宗教信仰联系密切相关，皆位于非常重要行列。民风民俗与住所如民居建筑形态，是地方性当中比较容易被感知的部分。位于“很重要”行列的有饮食、精神文化活动、服饰、社交礼仪、生活用具。特色交通与生活技能位于“一般”层次（见表 4–8）。

表 4-8　生活方式二级指标重要性排序

指标名称	总分（满分170分）	平均分	排名	重要层次
H17民风民俗	125	7.35	1	非常重要
H19宗教活动	122	7.18	2	非常重要
H13住所	120	7.06	3	非常重要
H12饮食	109	6.41	4	很重要
H16精神文化活动	107	6.29	5	很重要
H14服饰	104	6.12	6	很重要
H18社交礼仪	100	5.88	7	很重要
H11生活用具	87	5.12	8	很重要
H15特色交通	80	4.71	9	一般
H20生活技能	71	4.18	10	一般

（6）空间格局。空间格局在地方性的 10 个一级指标中的重要性排名第六。其中，位于“非常重要”行列的二级指标按平均分高低排序依次是民居形态与景观组合；位于“很重要”行列的二级指标有整体形貌；物种构成的重要性程度位于“一般”行列（见表 4–9）。

表 4-9　空间格局二级指标重要性排序

指标名称	总分（满分170分）	平均分	排名	重要性排序
J14民居形态	124	7.29	1	非常重要
J13景观组合	117	6.88	2	非常重要
J11整体形貌	101	5.94	3	很重要
J12物种构成	74	4.35	4	一般

（7）社会氛围。社会氛围在地方性的10个一级指标中的重要性排名第七。无位于“非常重要”行列的二级指标；位于“很重要”行列的二级指标依次是生活气息、文化气息、艺术气息。现代经济关系与商业氛围在地方性构成当中的重要性则相对薄弱，邻里关系、人口构成、经济关系、商业氛围的重要性均只在“一般”行列（见表4–10）。

表4-10 社会氛围二级指标重要性排序

指标名称	总分（满分170分）	平均分	排名	重要性排序
K14生活气息	110	6.47	1	很重要
K12文化气息	108	6.35	2	很重要
K13艺术气息	102	6.00	3	很重要
K16邻里关系	79	4.65	4	一般
K11人口构成	68	4.00	5	一般
K17经济关系	68	4.00	5	一般
K15商业氛围	66	3.88	6	一般

（8）地方联系。地方联系在地方性的10个一级指标中的重要性排名第八。地方联系的所有二级指标中无一位于“非常重要”行列；位于“很重要”行列的二级指标依次是血缘关系、地缘联系、居住联系；婚姻关系的重要性位于“一般”层次（见表4–11）。

表4-11 地方联系二级指标重要性排序

指标名称	总分（满分170分）	平均分	排名	重要性排序
E11血缘关系	105	6.18	1	很重要
E13地缘联系	97	5.71	2	很重要
E14居住联系	89	5.24	3	很重要
E12婚姻关系	78	4.59	4	一般

（9）地方活动。地方活动在地方性的 10 个一级指标中的重要性排名第九。其中，位于“非常重要”行列的二级指标有集体活动、社会交往；生产劳作是地方联系中唯一位于“很重要”行列的；休闲娱乐的重要性位于“一般”层次（见表 4–12）。

表 4-12　地方活动二级指标重要性排序

指标名称	总分（满分170分）	平均分	排名	重要性排序
D14集体活动	128	7.53	1	非常重要
D13社会交往	114	6.71	2	非常重要
D11生产劳作	89	5.24	3	很重要
D12休闲娱乐	81	4.76	4	一般

（10）生产方式。生产方式在地方性的 10 个一级指标中的重要性排名第十。其中，三个二级指标中无一位于“非常重要”行列；农林牧渔景观位于“很重要”行列；劳作景象与相关生产方式及工具的重要性位于“一般”层次（见表 4–13）。

表 4-13　生产方式二级指标重要性排序

指标名称	总分（满分170分）	平均分	排名	重要性排序
G11农林牧渔景观	101	5.94	1	很重要
G13劳作景象	78	4.59	2	一般
G12相关方式及工具	75	4.41	3	一般

在对所有二级指标的总体分析上，剔除掉平均分在 5 分以下的二级指标（古训、休闲娱乐、婚姻关系、生产方式的相关方式及工具、劳作景象、特色交通、生活技能、物种构成、人口构成、商业氛围、邻里关系、经济关系），其他二级指标重要性如图 4–1 所示。

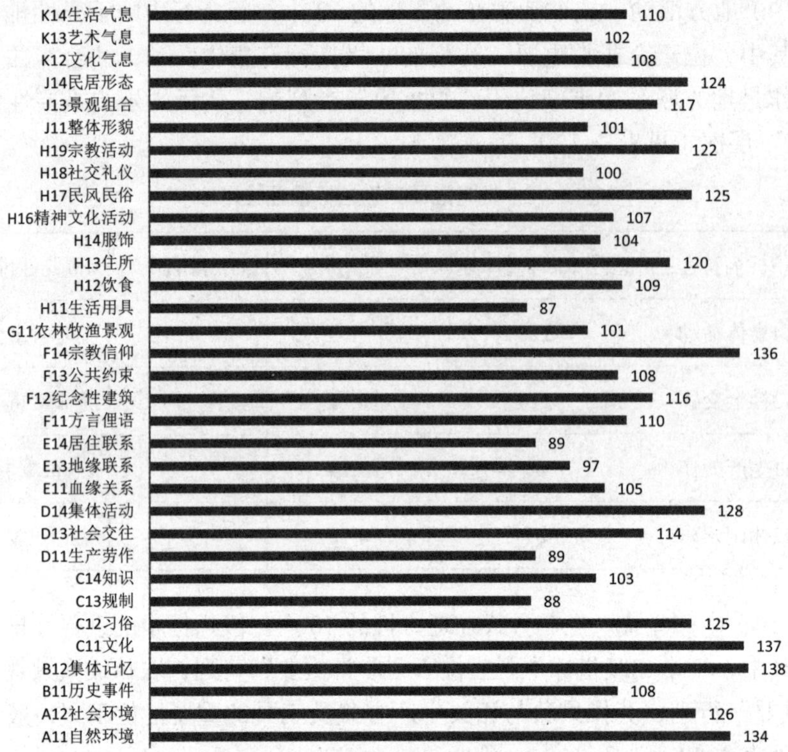

图 4-1　地方性二级指标重要性排序

从上述二级指标的总分得分情况来看（满分 170 分），介于 120~140 分（平均分在 7 分以上）的指标平均属于“非常重要”层次，从高到低依次是集体记忆、文化、宗教信仰、自然环境、集体活动、社会环境、习俗、民风民俗、民居形态、宗教活动、住所，这也应该是地方性彰显中最需要关注的内容；总分得分在 85~119 分（平均分 5~7 分）的二级指标从高到低依次是景观组合、纪念性建筑、社会交往、生活气息与方言俚语（并列）、饮食、历史事件、公共约束与文化气息（并列）、精神文化活动、血缘关系、知识、艺术气息、农林牧渔景观与整体形貌、社交礼仪、地缘联系、生产劳作与居住联系（并列）、规制、生活用具，是相对而言也应该关注的要素。

需要注意的是，以上指标体系中剔除掉的要素不代表完全不重要。例如，在物种构成方面，虽然专家打分平均分显示结果为“一般”或“不重要”，但可能某种稀有物种成为地方的代名词甚至地方符号，如云南的滇金丝猴、澳大利亚的袋鼠等。有的地方特殊的生活技能如捕鱼、狩猎、编制方式、雕刻方式等也非常奇特，也形成了鲜明的地方特色。但在整个地方性彰显体系中，专家一致认为相对重要的因素，有其合理性。

在以上要素当中，有的要素是可以改变的，如集体活动、社会环境、民居形态、宗教活动、住所等；有的是无法改变的，如业已形成的集体记忆、自然环境等。地方性的彰显，更多是要让不可改变的因素更深入人心、让可改变的因素富有特色并在旅游体验者心中形成正面形象。整个彰显框架应包含对地方性的塑造、宣传和体验三个环节。

4.2 "我者"视角下的地方性感知

"我者视角"的地方性感知在某种程度上接近"文化自省"的过程，涉及社区居民的地方文化自觉。然而，作为内在的"我者"，世居地作为熟悉惯常的环境，地方性从始至终融入其日常生活，若不具备较强的内省力，地方性非常不易被察觉。又或者，地方作为"家园"，在地方居民长期的生活经验、深入了解与丰富的经历之下，地方性可以为带有强烈情感色彩的本土居民感受。在旅游场域下，地方因受到外来者的高度关注或具有较好的资源禀赋和旅游发展优势，会促使一些当地居民重新审视自我家园，在这新一轮的"再识"过程中，地方特色或可被察觉、挖掘和凸显。社区居民因此对"地方性"有了全新的认知。旅游地对外界强有力的吸引力往往可促使社区居民对地方从"文化自觉"走向"文化自信"，但也可能伴随着对地方的"误读"，这在"他者"视角下可更明显。

社区居民的旅游感知研究较多集中在旅游影响感知及态度研究（赵玉宗，李东和，2005；张文，何桂培，2008；孙新，赵振斌，2009；杜宗斌，苏勤，2011；薛宝琪，刘长运，等，2011；贾衍菊，王德刚，2015）。民族村寨社区居民旅游感知研究包括旅游影响感知与态度研究（陈燕，2012；黄燕玲，刘星，等，2014；吴沛丽，杨洋，等，2015）、旅游增权感知研究（陈志永，王化伟，等，2010；陈志永，杨桂华，等，2011）等。孙新、赵振斌、邓李娜（2009）认为，旅游对少数民族传统建筑样式有很大影响，对民族语言、民族服饰等影响并不十分显著。薛宝琪、刘长运、范红艳（2011）及陈志永、王化伟、李乐京（2010）认为，不同人口统计学特征的居民群体对潜在旅游影响、旅游增权感知也存在差异，在民族旅游地旅游发展的不同时段当地居民对积极和消极的旅游影响感知与态度不尽相同（陈燕，2012），如初期积极影响感知较为明显，随着时间推移，社区居民对消极影响的感知逐步上升（贾衍菊，王德刚，2015；吴沛丽，杨洋，蔡溢，2015）。此外，旅游发展空间不平衡导致的社区参与旅游发展机会差异对社区增权感知存在影响，且符合地域衰减规律（陈志永，杨桂华，陈继军，等，2011）。

民族村寨本土居民地方性感知与旅游影响感知的核心内容虽有不同，但在影响因素上有一定相通之处，如人口统计学特征、旅游产业的参与程度等，不仅对旅游影响感知起到了影响，也影响着本土居民对地方性感知。本土居民是民族旅游村寨的主体，对民族村寨这一地方最为熟悉，作为地方内部人士（insider）对其所持有的地方文化、地方环境、地方特色感知因人而异。这种固有的内在差异性在旅游开发活动中值得关注。概括起来，影响本土居民对地方性感知的要素主要有：人口统计学特征、旅游业发展所处阶段、与旅游业的密切程度、教育培训、媒体、社会阅历等。需要注意的是，不同的案例点地方性感知影响因素也不尽相同，此处仅总结一般性的影响因素。

4.2.1 本土居民人口统计学特征会引起地方性感知差异

本土居民性别、年龄、受教育程度、家庭结构、经济状况等均可能成为影响他们对家园的地方性认知。就一般推定而言，女性细腻的视角在地方性感知上或可比男性更为敏感。年老者对家园的地方依恋更为强烈，或更为了解地方历史和景观变化，对地方性认识可能更加深刻；中青年群体发展的“外向型”倾向相对更为明显，加之生活经验与社会阅历较为丰富，对地方性或更能具备客观视角。受教育程度较低的本土居民对地方性感知能力可能较弱，受教育程度更高的社区精英或可更易发现民族旅游村寨中更有价值的成分。家庭结构中的成员构成也会影响地方性的感知，如有良好教育背景或对地方知识了解更加充分的家庭成员会对整个家庭的地方性感知起到积极作用。

4.2.2 民族村寨旅游发展阶段差异会引起本土居民地方性感知差异

不同的旅游发展阶段不仅让社区居民对旅游影响感知产生了差异，同样让其对地方性感知也呈现出差异。在旅游发展初期，对大多数村寨居民而言，村寨的文化、饮食、民居、景观等仅为“自然之物”或“自有之物”，全无村寨地方特色概念。在外来旅游者逐步增加、国家或地方政策的积极扶持之下，村寨旅游逐步发展起来之后，会促使本土居民重新审视家园的价值与意义，对地方性的再认识也会随之提升。此外，诸多针对外来旅游者的宣传文本与素材及形象塑造的相关举措，也会无意间让本土居民成为受众，加深其对地方特色的认识。在一些热点旅游地，地方政府“人人都是形象大使，全民共促旅游发展”宣传的氛围之下，地方性也更容易被地方居民所感知。但同时，地方旅游发展过热的地方，随着外来者投资的增加，也可能会导致当地居民对地方的认知模糊及家园感意识的淡薄。

4.2.3 民族村寨本土居民与旅游密切程度会引起地方性感知差异

社区居民与旅游产业的关联程度、所从事的旅游行业、与旅游者接触的机会等也会影响当地居民对地方性的认知。本土居民与民族村寨旅游的密切程度与其对地方性的感知正相关，一般来说，联系越密切的居民对地方特色的感知越强烈，更容易知晓外来旅游者的兴趣点和对地方的理解和认识，从而有助于其更好地认识地方。社区居民若是村寨核心旅游服务者，如导游、饭店经营者或从事交通运输服务，会对村寨有更加清晰的认知和理解。此外，旅游业涵盖的要素较为广泛，如果社区居民从事的是传统的食、住、行、游、购、娱六要素中某一行业，一定会对其相关行业有更加深刻的理解，如提供餐饮服务的本土居民更清楚本土饮食特色，提供购物服务的社区居民会更加知晓本土的旅游纪念品或土特产等。而没有从事旅游接待活动的那部分居民，可能更加了解当地的民俗风情和生活中的文化，但难以接触外界对地方的认知信息，也较难对本村寨的地方性有系统全面的认知。

4.2.4 教育培训程度对本土居民地方性感知有影响

教育培训对民族村寨本土居民地方性感知的影响主要体现在专业的旅游培训可以让本土居民更好地认识地方、了解地方。如村寨导游词或专门针对村寨的书籍或文本资料会对村寨有较为细致的描述，也更便于本土居民认识村寨的地方特色。导览线路将村寨空间串联起来并进行不同的区域划分，在为旅游者提供方便的同时，也有助于地方居民理解地方性。此外，专业化的旅游相关培训会将民族村寨相关的历史文化书籍、历史事件、名人逸事等内容用通俗化的语言组织起来并传递给旅游服务者，对接受教育培训者更全面和深层次地理解地方性有积极作用。

4.2.5 媒体宣传对本土居民地方性感知存在影响

现代媒体渗透进入边远地区、边缘人群的生活之后，媒体对大众信息获取、事物认知的方式产生了巨大影响。当今社会从“阅文时代”走向了“读图时代”，人类传播的技术大致经历了口传媒介文化阶段、印刷媒介文化阶段、电子媒介文化阶段，或称为“口传文化”“读写文化”和“电子文化”（周宪，2008）。印刷媒介文化与电子媒介文化都是在大众媒介兴起之后成为可能。民族文化在新时代背景下也经历着传媒化过程。在成为大众传播内容和大众传播产品的过程中，也受到了来自意识形态、主流文化、话语权力、资本因素、商业文化等因素的影响（程郁儒，2012）。当下的民族村寨，可谓三种文化并存：既有代表传统的口传文化，也有大众媒介宣传之下的读写文化与电子文化。民族村寨的传统文化早已成为媒体宣传的读写文化与电子文化的宣传素材。这些被加工过或变异了的文字、图像等文化表征反过来又通过大众媒介传导给当地社区居民，深刻地影响着他们对家园的再认知，民族村寨作为家园的特色、价值、新功能和有趣之处被“他者”挖掘出来，反过来又可能主导当地居民对地方性的认知。

此外，本土居民的社会阅历、生活经验也会影响其对地方性的认知。丰富的社会阅历和生活经验有助于本土居民对家园地方性的客观认知，清醒的“文化自觉”而非“文化自大”。此外，找出旅游开发背景之下当地居民最珍视的地方特质及在地方性彰显过程中充分理解与尊重地方民众需求也十分必要。

4.3 “他者”视角下的地方性感知

严格意义来讲，民族旅游村寨“他者”的构成较之“我者”——本土居民更为复杂，他们具有旅游者、外来投资者、媒体人、专家、潜在旅游者等多重身份。但本研究的“他者”主要选取旅游者为主要研究对象。“他者”视角下地方性感知也存在人口统计学特征、居住地地方文化、教育背景、专业领域、生活经验等导致的差别，关注“他者”对地方性感知的一些共性能够更好地理解地方在外来者眼中的形貌，从而对民族村寨的地方性形成综合认知。

旅游者是“他者”中的典型群体，在以往的旅游者感知研究方面，黄颖华（2007）等将旅游者感知价值分为五个维度，分别是感知旅游质量、感知经济成本、情感价值、经济价值、感知非货币成本。也有学者关注过游客对古镇景观基因的感知，分析结果显示部分景观感知水平较高，部分相对较低（李敏，谢莲，等，2015）。旅游者的基本特征（年龄、常住地、家庭结构）、旅游特征（过夜情况、旅游次数、旅游方式、旅游目的、了解渠道）及旅游者感知内容（交通、旅游目的、消费情况、旅游活动、旅游感受）是旅游感知的研究对象，旅游者的性别、年龄、学历、职业等人口统计学特征导致的差异也较为明显（刘莉，陆林，2006）。“他者”视角下的地方性感知要注意以下几个方面的差异：人口统计学特征、旅游者偏好、游览活动的阶段性、地方建构与宣传等。

4.3.1 旅游者人口统计学特征引起地方性感知差异

与“我者”人口统计学特征导致的地方性感知差异类似，旅游者和外来投资者的性别、年龄、教育背景、工作经历、社会阅历、旅游经历等都会影响其对地方性的感知能力。主要体现在对地方性感知的侧重点、敏感度、关注焦点等方面不同。另外，“他者”不同的教育背景或专业知识的积累也会使其在认识地方性上呈现出较大差异，专家学者所在的领域不同往往会使其关注的焦点不同：建筑学家可能看重村寨的民居建筑、历史学者注重地方历史、人类学者和文化地理学者关注村寨的文化变迁、自然地理学者重视村寨的生态环境……有的重视某个单体因素，有的能较为系统、全面地看待。社会阅历更丰富的旅游者对旅游目的地特色的感知也会更加挑剔，若旅游地陷入旅游者眼中的“雷同地”，对地方特色的评价就会大打折扣。

4.3.2 旅游者的个体偏好会引起地方性感知差异

旅游的个体偏好会引起旅游者对地方某些要素感知的强弱。如喜好美食的旅游者会率先记住村寨特色美食、自然旅游者则会关注自然景观、人文旅游者会注重地方历史与传统、文艺青年式的投资者会看重地方的生活气息与氛围、服务型企业投资者会关注村寨区位优势、生产型企业会关注村寨资源禀赋。旅游者、外地投资者本身的偏好会直接导致对地方性的某些元素重视或无视，从而影响对地方性的整体感知。对地方性的整体把握也有利于“他者”更好地理解地方和促进地方的良性持续发展。

4.3.3 旅游者地方性感知的阶段性

一般来说，旅游者对地方性感知与旅游形象感知类似，大致可分为三个阶段：暂且称之为前感知阶段、在场感知阶段与后体验阶段。旅游者在旅游活动开展以前，对地方性感知几乎完全依赖媒介与亲朋好友的口头描述，媒介可以是传统媒介，如一本书、一首歌、一部电影电视剧等对地方的引入，也可以是新兴媒介，如微信公众号、朋友圈朋友旅途过程中发的照片与描述等。前感知阶段，旅游者对地方性的感知更多是基于媒介宣传的自我想象，属于一种对被建构的地方性感知。在场感知为旅游者实际到达地方之后的实际感受。有的旅游者会试图按图索骥地寻找“前感知”阶段的地方特色，如按某户外网站博主规划的行程安排旅游活动，或寻找其中点名提到的店家、必到之地等。实际的旅游活动既是一种对前感知阶段地方性的实践与求证，也充满了新的不确定体验因素，如体验与他人描述的不一致、评价存在差异等。在此基础上，会形成新的在场地方性体验，进入后体验阶段，主要表现为在旅途结束后对地方回忆过程中形成的综合性认识。

4.3.4 旅游者地方性感知内容与地方建构和宣传密切相关

另外，“他者”对地方性的感知以地方的建构和宣传为基础的。建构力量可能源自地方主动宣传、其他媒体刻画、人际互动等。大多数地方形象是被刻意“塑造”或被“推送”的，如宣传广告、申报材料、植入性广告等。少数具有自在性和中立立场的文艺作品（如静态的文学作品如散文、诗歌、小说、游记等，动态的民歌音乐、电影、电视剧、歌舞剧等）也会中立地在塑造地方形象的同时塑造地方性。有学者关注过游记对旅游地地方性的影响，认为知名游记是旅游地营销的重要手段，旅游地相关部门应该认识到游记在旅游地营销中的重要作用，用游记来激发游客的旅游动机。同时，也应重视游记中再现的具有负面感知的地方要素，并在旅游地管理中加以重视。而游记中再现偏少的地方要素，则应是今后旅游地旅游开发与文化建设的重点（唐顺英，殷秀梅，2014）。作为他者的旅游者、投资人、专家等认识地方更多是从这些素材当中获取地方信息，以此形成对地方的认识。也因此，“他者”想象的地方性与实际的地方性可能会存在一定差异。地方性在宣传的时候也要注意与实际情况结合，避免为博眼球对地方的“标签化”行动。

第5章 民族旅游村寨地方性的彰显

地方性作为社会生活的一种特质或区分符号，在现代社会中陷入了困境。地方性本质上就是一种脆弱的社会成就，即使在最亲密、空间上最受局限的地理上被隔离的情境中，地方性也得小心翼翼地维持，以避免古怪状况的出现（Appadurai，2012）。同时，地方性是转瞬即逝的，除非我们规律地付出努力来生产和维持其物质性存在。地方性的维持也离不开地方化的特殊时空和懂得如何生产地方性的地方主体之间的持续互动（Appadurai，2012）。少数民族的地方性在全球化、现代化、信息化是一种边缘的脆弱存在，一旦消逝便难以逆转，不仅在旅游背景之下有其固有的意义与价值，对全球多元文化生长的文化生态也起着基础的维持作用。本章拟以地方性彰显的价值与方式为基础，对民族旅游村寨地方性彰显的框架体系、一般模式与路径进行探讨，以为后文各案例点的彰显方案打下基础。

5.1 地方性彰显的价值

5.1.1 有助于突出地方个性，为保留多元价值提供基础

在全球化进程中，“地方”处于一个边缘状态，这种状态往往使得“地方”的声音被巨大的潮流所湮没。“地方性”是保留、保存和保持多元价值不可或缺的土壤（彭兆荣，2004）。在当代城市规划的文献中，在城市

特征、灵魂、个性化和独特性消失的背景之下，城市认同（urban identity）受到了高度重视。Mashour（2015）在其研究中指出，阿拉伯城市在不同的物质、文化和整治压力下缺乏特色，非常有必要突出其认同，不仅要从形式和形象入手，还要建立起一种城市和公民之间的相互依赖感。地方性彰显，通过一定的物质与非物质形式有助于形成鲜明的地方特色、突出地方个性，为文化体系的多元化发展提供基础。每种地方文化、生计方式和发展模式，都有可能为整个社会的发展提供有益借鉴。地方性的彰显，也因此具有为社会多元化发展提供基础的意义。

5.1.2 对地方性知识、技艺的运用有助于地方文化复兴

地方性的彰显离不开对地方自然遗产、文化遗产、非物质文化遗产的保护性利用与展示。除运用现代科技手段、生态策略及方法之外，本土的地方性知识、技艺在这样的背景之下有复兴的土壤，反过来又充实了地方文化。地方性彰显下的文化复兴的前提是对其意义与价值有充分深刻的认识。地方性知识是一种本土的知识体系、是土著民族的社会活动、是民族文化传承的过程。本土传统所体现的多样性、地方性精神，可以避免科学知识对自然和社会环境进行的“标准化”所带来的破坏，本土科学注重人与自然合一的精神正是它富有顽强生命力的源泉（蒙本曼，2016）。地方性知识与技艺是地方之内的民众在社会生活实践中探索总结出的重要地方经验，广泛运用于生产、生活等方方面面，涵盖了饮食起居、简便医疗、生活习俗、艺术创作等方面。地方性彰显的一个重要方面在于突出地方的特殊性，地方性知识与技艺成为重要的素材。而对地方性知识与技艺的运用，又能推动地方文化的复兴，二者互动共生。

5.1.3 强化旅游形象和地方特色使地方更易为旅游者感知

地方性与地方感二者在某种程度上可以相互转化。当地方的地方性被潜在旅游者或实际旅游者感知到，就成为旅游者的地方感。地方性的彰显旨在形成鲜明的地方性，这对地方旅游形象的构建和地方特色的突出有重要意义。在地方旅游形象或信息的传播过程中，富有特色的地方性会更容

易被宣传、识别和记忆，更易在旅游者头脑中留下鲜明而深刻的“非他地莫属”的地方形象认知。此外，地方性的彰显必然需要一整套的物质与非物质要素的突出展示与布置，如当地建筑风格元素的现代化设计，对本土素材、技法、工匠人才的运用，对本土自然环境的天然依托所形成的自然人文巧妙结合也是地方性彰显的重要内容。这些典型景观、文化现象、本土元素都形成了地方性宣传中的标识与符号，可以使旅游者产生直接联想。

5.1.4 对传统的重视有助于强化本土居民地方认同

地方性是地方内部民众借以识别的地方特色，若被积极地感知可形成地方认同和地方依恋。当地方性消极地被感知和体验时，地方感也可能是一种负面情绪。社区依恋与地方感相关，隶属于地方自然区域的自然资源及对这些资源的利用，有助于人们扎根于地方（Zwick R. R.，Solan D.，2002）。经由长时段的地方居住、社会交往和愉悦的地方体验，地方性较易被积极地感知，地方认同和地方依恋便会产生。反之，在新奥尔良的旅游发展过程中，旅游和商品化为地方认同带来了困境。新奥尔良旅游的扩张主要受社会经济的改变影响，在促进城市迸发生机与活力来吸引投资和成为旅游目的地的同时，也带来了城市文化和空间的改变，越来越多的居住和商业空间成为旅游消费和景观内容，城市塑造了精心安排的旅游形象，地方变成了商品。地方认同在这样剧烈的旅游发展背景下，在当地居民心中，地方认同和依恋被弱化了。地方性的彰显，通过对地方传统的重视和地方符号的挖掘、整理与凸显，也更易让当地居民安放地方集体记忆，保留正向的地方感。严格意义上的地方性彰显，从文化角度上是对本土传统的尊重与再现，抑或在本土传统文化的基础上进行的一些符合发展趋势或跨领域的改造。地方性对传统的尊重与回溯将有助于勾起地方居民的集体记忆，强化地方依恋，并将自我内化为地方建设力量，或树立旅游主人翁意识，积极支持与响应旅游发展。

5.2 地方性彰显的方式

国外对地方感的构建与地方制造（place-making）的研究颇丰，许多地区重视地方感的培育。国内也有少数规划领域、建筑领域学者的研究涉及了地方性的凸显。地方感、地方制造虽与地方性的彰显有所区别，但其方法与策略可为地方性彰显提供较好的经验借鉴。

5.2.1 地方感的塑造

在墨尔本 21 世纪规划（*Planning Melbourne for the 21 Century*）的技术报告中，地方感被视作一种城市设计的战略原则。地方感与景观特征、城市和社区特征、活动中心、交通通道和新的社区发展相关。地方感的战略内涵包括回应、展示、表达和凸显地方的（自然）景观特色、文化遗产和珍贵的现存的建筑形式与背景；回应或表达社区居民的价值观、需求和愿望；帮助地方更清晰易读（legible）；为个体和社区的表达和认同提供机会。地方感构建也是心理健康领域关注的内容。个体对地方的心理依赖基于三个方面的提升：安全、自由和认同，这也是人们“生活意义”之所在。地方是人们的意义中心，它集合了物质、社会、情感和精神的方方面面，意义来自于人际互动、时间和地方（Rd F. J.，1998）。也有观点认为，归属感既不依赖于文化联系的抽象概念，也不仅仅是一种心理反应，而是有赖于特定的实践活动和物质依赖（Raffaetà & Duff，2013）。在对美国小西贡地方感创造的研究当中，他们认为地方感的创造与建筑、社会生活、宗教信仰以及仪式化的事件有关。建筑具有象征意义，人群、人群的关系网络及人际互动、商店、宗教节庆及假期能强化公众凝聚力和族群认同，以建筑为背景同时强化了社区感。通过民族建筑、象征性沟通及地方意义构建等形式，一种异地新的相似空间被创造出来，通过独特的建筑、文化、商品和服务向非越南籍人士传递着越南社区的存在，同时对越南人提供了熟悉感，并保持着移民后的地方认同（Mazumadar，2000）。有创意或富有灵感的建筑设计、自然崇高的元素或特征、有纪念意义的事件对个体或群体有意义，就成为特定的地方精神的支撑要素。建筑师、规划师和设计师可以在特定的环境中通过有意识地设计演绎来培育和提高“神圣化元素”，真诚与尊重能影响和提升人们从日常向神圣经验的转化（Bott，Michael&Crosbie，2015）。建设“社区信息系统”（Community Information System，CIS）也被视作一种行之有效的方法来发现和保持社区特性，从而实现地方感的构建。“地方感的构建可以帮助公民、公共官员来识别和记录他们所珍视的那些可以定义社区的地方和文化特质”（The Land Information Access Association，1994）。

概括起来，民族旅游村寨地方感塑造可基于以下内容开展：（1）地方景观的塑造。包括对村寨自然景观、文化遗产、特色建筑的展示与凸显。景观是最直观的视觉体验和感知载体，积极的地方感往往基于对美好事物的依恋，美景美物是必不可少的内容。村寨景观的塑造涉及规划设计、景观设计、建筑设计、创意等方面的内容。（2）村寨生活场景与生活氛围营造。生活方式和社会氛围能营造一种地方状态及基调，景观是“硬性条件”，生活氛围属于“柔性内容”，它能形成地方不同的状态和气质，或安宁闲适、或时尚现代。个体是地方生活的主体，地方生活场景与生活氛围营造应是一项全民参与活动，家庭、休闲场所、娱乐消遣方式、游乐项目都是地方生活内容的重要组成部分。（3）村寨人际互动空间的建设。主要涉及公共活动空间、休闲娱乐空间及设施、滨水休闲长廊、茶馆等。每个地方的互动方式不同，如四川有在茶馆品茶、听相声等习惯，后逐渐演变为能满足中青年及商务人士洽谈、交往需求的茶楼，茶馆在多地仍为老年人所喜爱。深层次积极的地方感与一定时段的人际交往分不开。个体在空间交往中形成的亲缘、人脉、朋友圈，人际互动空间为地方之内的人们提供交往沟通、密切交流、培养感情的机会与场所，也与地方生活氛围密切相关。同时，人际活动空间也为地方节庆、生活休闲、运动康体或其他集体活动提供了场所便利。（4）村寨集体活动或特殊事件的安排。一些地方节庆的复苏、重大赛事或宗教节庆会增强地方凝聚力，在仪式塑造的过程中强化地方感。传统节庆的复苏作为一种旅游宣传营销方式，不仅吸引了来自本土的居民，也吸引了来自五湖四海的旅游者。更容易在受众心中形成一种“联想”，如提到火把节想到彝族、三月街想到白族、三朵节想到纳西族、赛马节想到蒙古族。地方之内的民众与旅游者一道参与其中，实现地方的“集体体验”及当地居民本地生活与旅游者异地生活的融合。（5）村寨地方意义的引入与解读。发现民族村寨景观背后的故事或“神圣化”意义。当冰冷的建筑景观与某位名人、某个故事，抑或自己的亲人、朋友、回忆相联系之后，地方就变得充满意义与趣味，这也是名人故居、文化遗产、家乡故土的魅力所在。

5.2.2 地方精神与地方形象塑造

大众媒体对地方精神与地方形象塑造的重要性受到了重视。城市精神是城市文化的内核，是城市发展的内在精神动力。传媒是文化产业的核心，在城市精神的建构中，发挥着非常重要的作用。作为“资源”的传媒是塑造城市精神的主力，作为“中介”的传媒是城市精神的传播者和推广者，作为“舆论利器”的传媒影响城市精神的走向及进程，并提出了整合本土媒体资源、改革主流媒体的发展媒体策略；强化特色文化挖掘，传承中求创新的创新及个性化策略；用有形与无形的城市标识产生“聚焦效应”的品牌策略（刘华欣，2014）。地方景观是地方性的重要载体。地方媒体能够通过强化地标性景观的文化内涵、唤醒怀旧的城市集体记忆、发挥公众舆论对景观变迁的影响力、对城市景观进行塑造和想象，建立起自我、集体与城市景观之间的联系，强化城市的记忆功能，建构城市精神家园（邓庄，2013）。在地方旅游形象的塑造过程中，大众媒体以其自身传播范围广、生动形象等特点成为地方旅游形象塑造的重要载体。大众媒体对于地方旅游形象塑造起到了传播方向从单向到互动、传播次数从一次到多次、传播形式从单一到多元的影响（亓元，2015）。在对大众媒体细分化地方形象的研究中，有学者注意到了民间传统类电视节目对地方独特形象的塑造。王晓宇（2013）认为，中央电视台农业频道的“乡土”栏目通过自然呈现、深入挖掘和再生表现等策略使各地极具特色的传统民间文化得以传播和文化本身的丰富性得以呈现，是塑造地方独特形象的典型代表。

从目前的研究情况来看，地方精神与地方形象的塑造更多指向媒介作用。大众媒体决定着地方形象的感知方式与传播形式，传播媒介在新的时代背景下也发生了深刻的变化：从传统纸质媒介到今天的即时性、互动性的网络媒体及移动智能终端，传统的广告式地方形象推广与营销效果已发生了巨大了改变。传统媒介在塑造地方形象之时依旧起着重要作用，如以文艺作品为代表的小说、诗歌、歌曲、电影等，其地方特质深深地交织在情境化的文本之下，地方性被深刻地镌刻和书写。又如，电视媒体和收音栏目等也在不断地制作新的生活类、人文类电视节目，对特定的受众也起着重要的影响和作用。如《舌尖上的中国》《爸爸去哪儿》，旅游卫视的诸多栏目等也会在无形中塑造地方形象。同时，在新媒体背景下，口碑效应被无限放大，地方形象塑造绝非仅凭传统的城市广告和杂志广告软文就足够，信息技术带来的移动智能终端成就了诸多自媒体传播平台，如微信公众号，具有中立立场的非官方媒体影响甚为强大。如微信朋友圈内某亲友到某地旅游，其即时性拍摄的照片和感言往往更具可信度，更能影响身边的朋友对地方的认知和态度。媒介是地方性彰显过程中不容忽视的关键因素，同时需要注意的是，媒介也是一把典型的“双刃剑”，任何正面或负面的消息或事项一旦成为媒体热点，都会迅速吸引大量眼球，在短期内形成“聚焦效应”，这对地方形象的影响，往往会超出地方的掌控。

5.2.3 地方性的塑造

地方性塑造过程中结构性动力下的社会背景来自资本主义制度环境，财富、权力（Harvey，2009），政治、文化、意识形态（Massey，1993；Massey，2010）等均参与其中；非结构性动力则来自不同主体的人性力量（霍洛韦，赖斯，瓦伦丁，2008）、日常生活及社会实践（Cresswell，2004）。在对曲阜的案例分析中，非结构性形成的动力吸引了结构性要素，反过来结构性动力强化了非结构性动力形成的地方性。非结构性动力的主体主要来自曲阜本地，如孔子、孔家及当地居民，他们对当地的民俗等地方性要素产生影响。结构性动力主要来自当地之外的上层群体，他们对地方塑造的目的主要是国家的政治及意识形态建设的需要，形成了当地的实体要素及其总体的文化定位（唐顺英，周尚意，等，2015）。其提示为：在地方性塑造的过程中，非结构性动力来源的当地民众及结构性动力来源的政府官方应通力合作，不应忽视任何一方的功能与作用。地方民众可在生活方式、社会氛围、邻里关系、景观营造等诸多可感知的方面进行努力，政府则可以从宏观角度来把控地方的整体建设风格与发展方向，二者的有机结合对地方性彰显意义重大。

地方性塑造易受到偏好导向控制，政府意志与企业精神往往也会影响地方性的生产与塑造。地方感是一种主体对客体的社会赋予，因此地方性的塑造应与地方感在互动中进行。即地方感导源于地方性，同时地方感的产生在一定程度上又在塑造地方性。地方性塑造应考虑导向问题，要考虑市场导向与专家导向之间的平衡（宦震丹，2014）。地方性彰显应要考虑作为客观的地方性和被理解的地方性。客观的地方性是地方存在的特有属性，被理解的地方性是个体的主观感知，也就是“地方感”。因此，地方性彰显在本质上应包含地方性客观属性的突出与维护，以及努力将地方性作为一种可被识别或理解的信息传导至地方之内的各主体。地方性又受诸多因素影响，如何在多方利益诉求的基础上实现地方性的彰显至关重要。

建筑规划领域对地方性塑造的代表性观点有：遗址公园可通过公园形态、建筑、旅游产品、雕塑小品、园林、绿化等形式创造公园地方性。古镇地方意象强化的规划设计策略可以从古镇文化、民居建筑、古镇绿化、公共空间、民俗风情几个方面入手（张中华，2014），主要指向对地方文化的挖掘与展示及具有本土特色的建筑规划设计。陈晓扬（2007）等针对地方性建筑中适宜技术提出了环境策略、经济策略及文化策略。其中，环境策略包括建筑技术从对立回归融合、保护场地、利用地形、利用地方材料、采用节能技术、结合地方气候等；经济策略包括以适宜技术的经济—环境观为理念主导，提高经济效益、促进建筑技术创新、采用建筑的低技策略等；文化策略包括技术调适——实现技术与地方文化的融合、文化调适——创新地方风格。民族旅游村寨的地方性彰显需要来自建筑学、生态学等领域技术层面的支撑，同时，选取本土素材、运用本土低技策略、结合地方环境特征、气候条件等本土化策略也十分重要。

此外，唐文跃（2013）将地方营造的途径总结为旅游地规划、旅游地管理和地方感知识教育三个方面。其中，旅游地规划方面要正确处理场所地方性保护与旅游资源开发的矛盾、建立基于地方营造的规划方法与程序，创造具有丰富内涵的场所，策划或保持民俗文化节庆活动等。节庆活动也是“地方制造”（place-making）的战略之一。通过举办大型赛事、节庆活动或借鉴复制他地成功的事件活动或者设计新的概念，可实现吸引人们前来旅游观光或投资消费。

5.3 民族旅游村寨地方性彰显的框架体系

彭兆荣（2004）认为，在旅游实践中，“地方”是一个名副其实的关系构造：它既是一种具体的、有形的“物化构造”，包括旅游目的地那些将游客与东道主联系在一起的各种物质的、可计量的存在；也是一种抽象的、无形的“意化构造”，诸如文化交流、社会意识、族群认同、社会关系、权力话语、文化霸权等。它们都在“地方”这一舞台上展示和展演。

旅游空间是地方性彰显的特殊场域。Goffman（2008）在《日常生活的自我呈现》一书中将社会比作大舞台，并划分为前台和后台区域。“前台”是人们按照自己的角色设定进行表演的舞台，主与客或顾客与服务人员在这里进行互动。“后台”是人们进行表演之前准备及在表演后休息的地方，是不能被外人看到的封闭空间。此外，舞台上有三个关键性角色：表演者、观众和局外人。对民族村寨而言，旅游为地方性展示提供了“舞台”，通过眼光和镜头下的“凝视”，村寨居民成了“表演者”、游客为了“舞台”下的观众。作为旅游地的民族村寨，都在精心导演与策划着舞台展演的内容与形式，以期待更多观众能前来观赏村寨“演出”并为其买单。但民族村寨与真正意义上的舞台有所区别，民族村寨“台前”“幕后”的边界十分模糊。无论情愿不情愿，民族村寨的自然景观、生产活动、日常生活、节庆活动、宗教信仰及相关要素全部进入了旅游者视野，也有学者将其视作旅游凝视或旅游活动中的伦理问题进行了讨论。从空间区隔来说，个体会有公众空间与私密空间之分，即个体在陌生人面前往往会有部分隐私不愿意暴露于公众眼光之下，民族村寨之内的居民亦是如此。因此，在地方性彰显的过程中，觉察当地居民内心的边界并保护好那部分“隐私”也非常重要。孙九霞、王学基（2015）认为，在海南三亚槟榔谷原生态黎苗文化旅游区的研究案例中，“旅游域”（tourist sphere）的多元舞台化建构过程中，景区开发者、景区讲解员、居民、游客等多种力量进行互动。为了迎合游客的需求，越来越多的民族旅游地居民，以保护文化为名把他们的文化“真实性”搬上舞台，以“舞台展演”方式为游客提供旅游体验。旅游地就出现了与居民实际的日常生活相隔绝的“舞台化”场域。在民族旅游村寨中，旅游者的旅游空间与居民的生活空间实际上很难分离。除个别社区居民家中的私人空间（如卧室等），旅游者几乎可以在村寨这样一个微观空间内自由行走。有的地方也逐步开辟出民居博物馆、家访等旅游观光与体验形式，满足旅游者猎奇心理。既是民族旅游村寨民族文化特色的展现方式，也是地方性凸显的方式。由此引发对另一个问题的思考：对民族村寨之内的居民而言，何种地方性展示是可以接纳的，又有何种地方性展示会导致反感、不被允许或成为禁忌。

民族旅游村寨地方性彰显的框架体系涉及三个方面：本体的地方性塑造、媒介对地方性的宣传及旅游者对地方性的感知。

5.3.1 本体的地方性塑造

5.3.1.1 地方性内容解读

在地方性塑造环节，不得不回顾前文所总结的地方性重要相关要素。其中，根据德尔菲法汇总专家意见，地方性的一级指标和二级指标重要性排序如图 5–1 和图 5–2 所示。

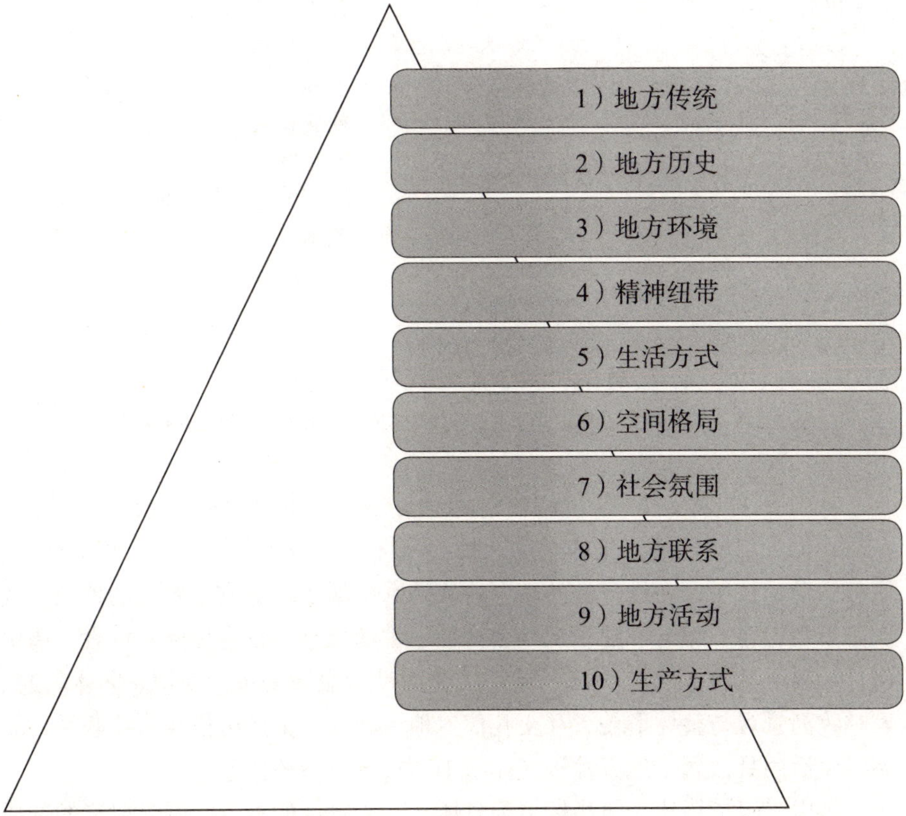

图 5-1　地方性一级指标重要性排序

非常重要

- 集体记忆
- 文化
- 宗教信仰
- 自然环境
- 集体活动
- 社会环境
- 习俗
- 民风民俗
- 民居形态
- 宗教活动
- 住所

很重要

- 景观组合
- 纪念性建筑
- 社会交往
- 生活气息与方言俚语（并列）
- 饮食
- 历史事件
- 公共约束与文化气息（并列）
- 精神文化活动
- 血缘关系
- 知识
- 艺术气息
- 农林牧渔景观与整体形貌
- 社交礼仪
- 地缘联系
- 生产劳作与居住联系（并列）
- 规制
- 生活用具

图 5-2　地方性二级指标重要性排序

注：从上往下重要性依次递减，“非常重要”梯队总体得分比“很重要”梯队更高。

从图 5-1、图 5-2 可以看出，二级指标最需要重视的是集体记忆、文化、宗教信仰、自然环境、集体活动、社会环境、习俗、民风民俗、民居形态、宗教活动、住所，在地方性的整个构成体系中居于“非常重要”的地位；其次是景观组合、纪念性建筑、社会交往、生活气息、方言俚语、饮食、历史事件、公共约束、文化气息、精神文化活动、血缘关系、知识、艺术气息、农林牧渔景观与整体形貌、社交礼仪、地缘联系、生产劳作与居住联系、规制、生活用具，属于地方性构成体系中“很重要”的要素。

考虑二级指标比一级指标更为具体，在一般性的地方性彰显要素的选择中，选择了放置在民族村寨的微观环境来看，各要素对应的彰显方式如表 5-1 所示。

表 5-1　民族旅游村寨地方性彰显要素与方式

一般性彰显要素	民族旅游村寨层面的彰显要素	彰显方式
集体记忆	民族旅游村寨的共同记忆	对历史文本记录的复现
文化	民族旅游村寨的生活文化、生计文化等	“在地化”的真实呈现
宗教信仰	民族旅游村寨的宗教信仰及相关内容	通过物质与非物质形式呈现
自然环境	民族旅游村寨的生态环境	重视景观效果和观景平台以及体验平台的构建
集体活动	民族旅游村寨的节庆、赛事、可参与体验式活动等	推广宣传或设计适宜本地的节庆活动
社会环境	民族旅游村寨的公共空间、文化空间	通过规划引导、设计舒适的社会氛围与气息
习俗	民族旅游村寨传统婚丧嫁娶、岁时节庆等	将习俗融入村寨日常生活，让“他者”知晓意义
民居形态	民族旅游村寨的整体形貌、空间样式等	优化设计整体格局，优选角度凸显整体美感
宗教活动	民族旅游村寨的宗教节庆活动以及其他仪式	在不影响民众情绪的范围内重塑相关宗教活动
住所	民族旅游村寨的民居建筑及其内部装饰、陈设	从内而外的实现民居特色化展现

注：在上述列表中，因“民风民俗”与“习俗”存在重复之嫌，故去掉“民风民俗”，民风民俗仅位于习俗之后。

（1）集体记忆。集体记忆是社会学研究的一个重要理论。功能主义和建构主义是集体记忆研究的两个主要视角（李兴军，2009）。集体记忆（collective memory）又称群体记忆，由法国社会学家哈布瓦赫在《记忆的社会性结构》一文中首次提出，将其定义为“一个特定社会群体之成员共享往事的过程和结果，保证集体记忆传承的条件是社会交往及群体意识需要提取该记忆的延续性”（供里斯·哈布瓦赫，2002）。共同回忆创造了一种凝聚感，形成“集体意识”能为共同体找到一种方式描述他们自己的事实。集体记忆代表着地方之内一种无形的兼具私性和大众性的特殊记忆。当地民众或多或少与集体记忆有着深层次关联，如同时代的共时性记忆或祖辈口传的地方历史故事，隶属于某一地方和族群，成为有界限的“共有之物”。有学者以20世纪50年代的少数民族文学文化民族主义话语为例，对集体记忆、文化符号、民族形象进行过研究。认为国家对各民族民间文学及文化资源经历了搜集和整理、整合与重构的过程。文化共同体的民族集体记忆中的祖先、神话、历史是一种隐性的符号系统，而语言、习俗、风物、艺术这些可以通过视听感知和辨别的元素则是文化共同体的显性文化符号系统。以语言为核心的习俗及祖地的环境、风物、建筑、雕塑、服饰、音乐、文学等一致性的显性元素所构成的文化符号系统，同样生成了民族的认同标准和民族意识。不同民族作家，在不违背政治意识形态规约的前提下，对本民族文化的立体展示建构了具有不同文化传统、特质的各民族形象，这些不同民族的形象通过电影、小说、诗歌、戏剧等多种方式，在新中国不同民族中的跨民族和跨文化传播，对本民族文化起到了保护作用，并促进了各民族文化的对话和交流，展示了中国文化的多元格局（李晓峰，2013）。集体记忆的通俗化复现、构建与推广无论是族群内部民众认识自己的民族，还是“他者”了解地方，都是一种非常深刻而有益的方式。集体记忆的复现往往与文学作品、电视电影、节庆活动等密切相关，在与集体记忆的呈现事物的深刻交互中，地方形象得以塑造、地方特质得以突出、地方性得以彰显。在民族旅游村寨内，集体记忆可以是与村寨历史相关的重要历史事件，可以是当地神话传说或文学作品里的形象描绘（尽管只是一种想象的记忆），也可以是民族村寨传统的节庆、节日由来。总之，集体记忆来源于历史，根植于现代生活，对民族村寨地方之内的民众都起着重要影响。

（2）文化。文化是一个非常综合而复杂的系统，涉及民族旅游村寨居民除自然条件之外的方方面面，如衣食住行、生产、生计、生活等。文化资源是民族旅游村寨最丰富也是最难把握的内容。随着文化呈现方式和手段的日益丰富，旅游开发过程中直接的文化宣传（如标牌、历史简介、导游词等）、演艺活动（迎宾仪式、歌舞表演、实景演出等）或游走于村寨内欣赏当地民居建筑也是一种文化体验。民族旅游村寨可开发利用的文化元素非常丰富，通过文化与创意的联结、与现代技术的融合、与其他资源的整合可更好地实现呈现效果。

（3）宗教信仰。民族旅游村寨的宗教信仰从范畴来说也隶属于村寨宗教文化方面的内容。但因宗教信仰神秘而特殊的地位，研究专门将其作为地方性的重要构成要素之一单独列出。宗教信仰对地方的影响隐性且持久。一般而言，民族旅游村寨的宗教信仰无法为外来“他者”所感知，但在村寨内部居民心目中却有着特殊地位。宗教信仰能在民族村寨的建筑特色（如装饰物、建筑风格、建筑格局）、特殊景观（如图腾物、行为约束、矛盾处理方式、公共活动）、行为准则等方面起到重要影响。

（4）自然环境。自然环境是民族村寨中比较不易改变的内容，也会随着建筑施工、生产方式（如耕作方式、作物选择、土地用途）的改变而改变。在民族村寨地方性的彰显中，对自然环境应坚持“保护第一”的原则，以在自然环境生态保护的前提下实现对村寨生态美景的最佳呈现。同时，自然环境也是民族旅游村寨富有鲜明地方特色和深刻的地方烙印的重要因素。自然景观构成、田野景观、珍稀动植物、因气候不同而形成的姿态各异的山川草木、奇花异果等，都是民族旅游村寨的典型符号。

（5）集体活动。民族旅游村寨的集体活动包含了节庆活动、赛事等。当然，也会随着民族村寨旅游进程的发展而变化。石林糯黑村民族风情浓郁，在没有发展旅游之前，火把节、端午节、春节就是当地重要的节日庆典。随着石林旅游名气的攀升，糯黑当地居民也参与到石林景区的文艺表演中去，而其他重大节日依旧盛况空前，全村男女老少欢聚一堂一起欢乐，同时也吸引了越来越多的外地旅游者前往。大理双廊的“本主节”，原本是一项村寨内部的集体活动，也逐渐演变为当地居民和旅游者共同参与的集体活动。沧源翁丁村在旅游逐步发展起来之后才开始打造“摸你黑”狂欢节及一些旅游演艺活动，以丰富游客体验，属于民族旅游村寨的集体活动范畴。而原本的“叫魂”仪式，则是一种仅限于族群内部的仪式活动。更为重要的是，集体活动除了作为民族村寨日常生活的重要部分之外，还是旅游者深度体验和参与感受民族村寨民族文化的重要方式，且是一种重要的便于大众给参与的体验方式。

（6）社会环境。社会环境相较自然环境而言，其可变性与可塑性更强。居民的友好程度、旅游的便利程度、社会风情、公序良俗等都是社会环境的重要组成部分。社会环境也是一个非常复杂的系统，涉及政治、经济、文化等方面。与民族村寨地方性关联较强的社会环境是村寨的“小社会”风情。“小社会”风情的营造，又与民族文化、生活方式等密切关联。这也引出本研究需要说明的一个问题，即所列的一级指标或二级指标难以全面概括地方性的全部所指。同时，在某些划分领域基于侧重点和方向的不同，部分二级指标可能存在类似或重复的问题。指标的构建与提出，仅仅是希望找出与地方性密切相关的那些要素。

（7）习俗。在民族旅游村寨内部，习俗更偏向于当地传统的民风民俗。包括岁时节庆、婚丧嫁娶、祭祀朝拜等。一些习俗具有典型的地域性，这些习俗有的转化为集体活动，如节庆活动、婚礼仪式等；有的是当地居民生活的一部分，在各个家庭的日常生活中被不断践行；有的属于典型的地方特色习俗，如佤族青年男女“串姑娘”的婚恋形式、白族的“掐新娘”等。

（8）民居形态。民居形态在民族旅游村寨指的是民族村寨的整体形貌、建筑样式及建筑外观。包含民居—自然二元结合下的形貌特征及整体性的民居格局与景观，如以血缘关系为纽带的“聚拢式”格局，即村寨房屋建筑紧密围绕在一起，共用公共活动空间、生产用地与居住区分离等。也有保留一定空间的“散点式”聚落结构，房屋紧邻自家生产用地，各家各户保持一定的空间距离。民居建筑风格与样式也有着多元显著的区别，如白族的“三坊一照壁、四合五天井”、彝族的土掌房、佤族的杆栏式竹楼和鸡笼罩房等。

（9）宗教活动。宗教活动往往具有浓厚的神秘色彩。在民族旅游村寨生活中，充当着与世俗生活相区隔的角色，往往具有重要地位。糯黑彝族的密枝节，因不允许女性进入密枝林、毕摩的特殊仪式而十分富有神秘色彩。民族村寨的宗教活动主要包括宗教节庆活动、宗教祭祀活动、朝拜活动等。有的宗教活动也与特殊饮食、表演活动相关，甚至成为兼具集体性和家庭式的公共活动或家族活动。

（10）住所。住所与民居形态相关，但更偏重单体式建筑的内部陈设与结构。如建筑风格、装饰物、住所的分区功能、情感价值等。在地方性层面，住所属于有形的地方性内容，地方性突出的地方，民居建筑除巧妙与自然结合、美观实用外，往往也别具一格，个性突出。其价值除为当地居民提供居住价值与情感价值外，对旅游者更多在于艺术审美价值。

5.3.1.2 建设方式

作为本体的地方性建设包含以突出地方特色为起点的在民族村寨真实面貌基础上进行的改造及新的建设与营造。在硬件建设方面，包括基于提供旅游体验各相关要素（如民宿、客栈、特色饭店、休闲娱乐场所），以及景观建设、旅游标识、旅游通道建设等旅游需求的生活化、旅游化的改造与建设。在软环境建设方面，可通过民族村寨地方信息知识库、非物质文化遗产传承人、非物质文化遗产传习班等充分挖掘整理民族村寨的地方文化元素和特质，对整个“生产—生活—生命”系统形成清晰完整的认识和传承，基于此构建民族旅游村寨地方性凸显的框架。

5.3.2 媒介对地方性的宣传

媒介对地方性的宣传指媒体对地方形象的塑造与宣传介绍。这种影响实际对旅游者和本土居民都有影响。通过各类型媒体对民族旅游村寨形象与特色的宣传，地方性得以被输送与传播，从而在旅游者心目中形成对地方性的感性认识，即是对民族旅游村寨的“地方文本”解读过程，是地方性得以彰显的另一必要条件。对本土居民而言，媒体宣传意味着对家园地方性的“他者建构”，甚至在特定情况下本土居民要基于媒体宣传来重新来认识作为家园的民族村寨。“本体的地方”建设为旅游者想象的地方形象或地方特色提供基础与实际验证途径，媒体对地方性的宣传则为地方性的塑造与传播提供条件，是旅游者“地方想象”的主要来源。媒介对地方性的宣传从行为主体来看，主要表现在官媒对地方性的刻画与传播，以及非官方媒体对地方性的刻画与传播两个方面。

5.3.2.1 官媒对地方性的刻画与传播

官媒对民族旅游村寨地方性的刻画与传播主要包括政府对民族村寨形象的塑造与推广。如在旅游规划中对民族村寨旅游形象的提炼、宣传口号的设计等，或相关主管部门专门针对民族村寨的宣传工作。规划中的地方形象策划和塑造行动付诸实践后，伴随着村寨的某些地方符号被遴选，地方也就被贴上了特定的形象标签呈现于公众眼前。然后此类“标签化”“符号化”描述往往也会被迅速地转载转发，甚至在受众形成地方思维定式、刻板印象或晕轮效应，影响他者对地方性的认知。

5.3.2.2 非官方媒介对地方性的刻画与传播

非官方媒介从范围上来讲非常广泛，既包含各类自媒体、网络平台，如微信公众号、旅游大 V、知名博主、旅行家、朋友圈、旅游网站，也包含一些立场中立的文学艺术作品，如音乐、电影、小说、散文、诗歌等，创作者们在作品中对地方的提及或以其为背景，本身也是一种对地方的宣传。随着信息化技术的革新及各类移动智能终端的推广普及，自媒体成为传播范围广、传播时效快的宣传方式，地方的优缺点都在众多关注之下被无限放大。民族村寨的地方性在很大程度上也受其影响，这也涉及他者对地方性感知的问题。若传播方对民族旅游村寨的地方历史、民族文化等有较客观清晰的认知，地方性的传导会更加全面；相反，如果传播者对民族村寨的地方文化认识浅薄或流于形式，受众对民族村寨的地方性感知也会更加狭隘。这也是地方形象愈加不可控的原因所在。区别积极与消极的地方感，对塑造正面的地方性十分有益。在地方宣传中，正确的舆论导向与引导、舆情监督、宣传内容与地方性的一致性都需要引起重视。地方自我宣传比他者宣传更为权威，也相对可控，但在宣传方式、宣传内容及与旅游者的互动上要非常谨慎，避免对民族旅游村寨造成“误读”。

5.3.3 旅游者对地方性的感知

此处仅提及作为“他者”之一的旅游者对地方性的感知，主要是考虑到在旅游场域中，旅游者对地方性的感知更为重要，且主要指旅游者到民族村寨实地的感知与体验。实地感知是地方性感知的关键环节，直接决定了旅游体验质量，也是旅游者感知地方性最有效的方式和验证“地方想象”的直接途径。百闻不如一见，真实的在地化体验才能保证对地方的有效感知。不过，在对地方性的感知环节中，影响地方性感知的因素也十分复杂。除前文交代的旅游者自身的主体因素外，如人口统计学因素、旅游者对民族村寨的知识储备、旅游经历等，民族村寨的客体因素，如村寨实时性景观、旅游活动、人群等也会影响旅游者的地方性感知。对于准备充分、攻略充足的旅游者和研究者而言，更容易找寻出民族村寨的“特色之物”，对民族村寨内各项事物更具敏感性；对环境承载力有限的村寨而言，高密度的旅游人群、地方短暂的停留时间更容易让旅游者对地方产生“偏见”或“误读”，从而忽视地方其他属性。民族旅游村寨地方性彰显要把握好各个环节的影响因素，厘清地方性彰显框架体系中的方方面面，最终遴选出兼顾本土居民心理感受、游客体验、村寨良性发展与旅游持续发展的适宜民族旅游村寨地方性彰显的途径与方式。

概括起来，地方性的彰显需要重视三个方面的内容（见图 5–3）：地方性建设、地方性宣传及地方性感知。只有在地方性被合理引导、呈现及感知体验之后，民族村寨旅游场域下的地方性彰显才具有完整意义。

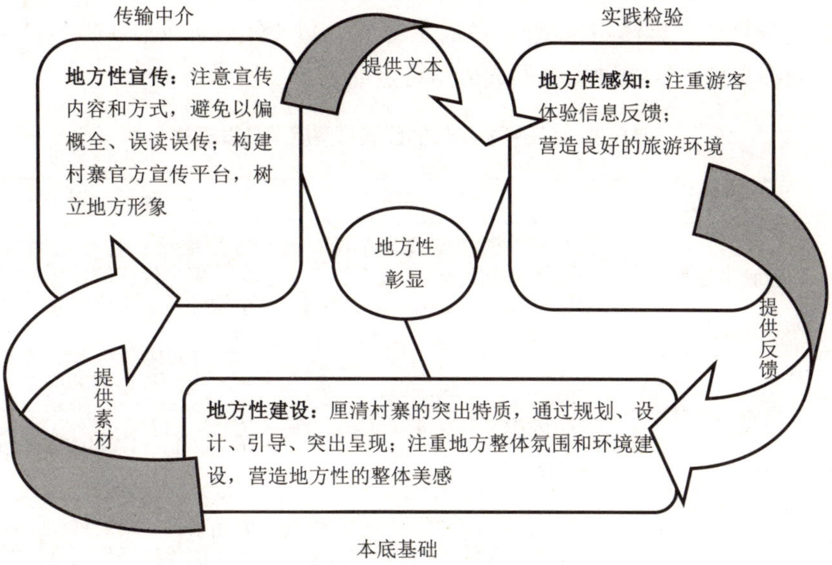

图 5-3　地方性彰显框架体系

地方性建设是地方性彰显的本底基础，同时为地方性宣传提供素材。地方性的宣传需要实实在在的软硬件支撑，地方性建设正是完成软环境建设这一使命。地方性宣传意味着为地方性提供传输媒介渠道，同时为旅游者地方性感知提供描绘地方的“文本”，为受众了解、预知民族旅游村寨的地方性提供条件。地方性感知是对地方性彰显效果的检验，也能为下一轮地方性的建设提供反馈意见。

5.4 民族旅游村寨地方性彰显的模式与路径

5.4.1 彰显模式

在讨论民族旅游村寨地方性彰显模式之前，有必要对民族旅游村寨的建设模式进行回顾。了解清楚民族旅游村寨具体的建设模式能为地方性彰显的模式构建提供参考。

5.4.1.1 **民族旅游村寨建设模式回顾**

李天翼（2014）从开发主体角度将贵州民族村寨旅游开发模式总结为“家庭主导型”“集体主导型”“政府主导型”和“公司 + 政府 + 旅行社主导型”四种类型，这四种类型的成因与特点如表 5–2 所示。

表 5-2　基于开发主体的民族村寨旅游开发模式

开发类型	主要特征	动因解析
家庭主导型	旅游经营以家庭为单位；有松散的旅游管理机构；家庭是直接参与旅游分配的主体	精英推动；特殊的时代背景；家庭经营的优势；客源结构和社区文化因素
集体主导型	有可供村民集体参与的旅游项目；有较为严密的旅游管理机构；村民能直接参与旅游分配	社区历史因素；“安全第一”的农民生存道义伦理因素；文化传统因素；“路径依赖”的制度选择；村民自治能力不断提高
政府主导型	政府主导民族村寨旅游规划；政府制定民族村寨旅游开发政策；政府主导旅游收益	偶然事件；政府推动；现成可选的旅游开发制度；寨子规模
公司+政府+旅行社主导型	公司行使经营权和管理权、政府租赁经营权给企业、旅行社招揽客源、村民协助旅游并参与管理、收益分成	精英引领；政府推动；村民参与

注：表格内容信息据李天翼所著《贵州民族村寨旅游开发模式研究》一书相关内容整理而成。

在以上不同类型开发模式的基础上，研究者提出了“社区驱动 + 政府引导 + 市场参与 + 外围助力”的民族村寨旅游开发合理模式（见图 5–4）。在这个模式中，社区、政府和市场的功能和地位均得到了重视，外部条件也被纳入其中。民族村寨地方性的建设离不开社区内部民众的努力、政府的引导或主导，也需要与市场需求对接。但在细节上仍有很大差异，如地方性建设需以地方特色的整理、挖掘和凸显为基础，在这个过程中政府主导和社区的积极参与都非常重要。而在地方性传播环节，需要媒介宣传，也需要市场认可。甚至只有地方性被旅游者认可或接纳，地方性的凸显才会有意义。此外，还有民族村寨建设的其他模式。

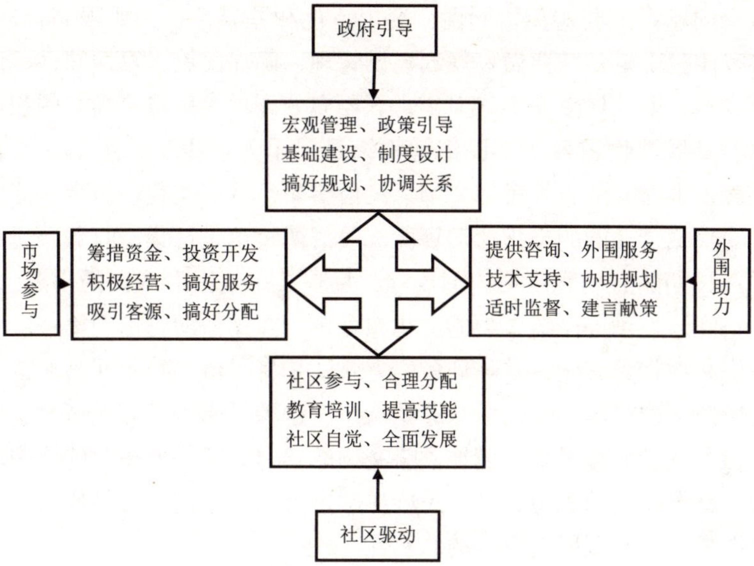

图 5-4　民族村寨旅游开发模式的合理建构

注：引自李天翼《贵州民族村寨旅游开发模式研究》一书。

（1）民族村寨建设的 5Cs 模式。5Cs 即文化（Culture）、公司（Company）、特色（Characteristic）、社区（Community）、和谐（Concord）。5Cs 模式是民族村寨旅游原地开发、企业主导、村民切实参与旅游的综合开发模式，试图在矛盾中寻找一个平衡点，既能开发民族村寨旅游以惠及当地村民，又能使民族文化得到传承及发展。5Cs 模式的运行机制以环境保护、文化传承为前提和基础，政府引导、公司主导为现实选择，主题定位、凸显特色为灵魂所在，社区增权、村民获利为发展动力和保障，经济发展、社区和谐为总体目标，5 个方面相互联系，不可或缺。

（2）文化生态村模式。文化生态村的目标是要同时实现满足游客“原汁原味”的文化旅游、使当地社区居民的经济利益受到保护及民族传统文化得以传承和保护三个需求。村寨（自然村寨）是中国乡村的基本社区，一个民族村寨包括了该民族所有的文化要素，在有限的时空中有规律地呈现出了该民族的各种民俗事象；是一个最全面、系统、集中的负载本民族各类民俗事项的相对完整社区。同时，民族村寨是“原生的”，它处于所赖以生存的真实自然环境中，可以给旅游者更真实更深刻的文化体验。文化生态村的创建要关注五个问题：一要避免雷同性，突出特色和差异性；二要限制合理流量，满足游客体验质量；三要做好规划建设管理，确保民族村寨原味性；四要改善基础设施，重点保障安全与卫生；五要充分调动村民自愿参与的积极性。

（3）民俗博物馆模式。民俗博物馆是展示人们生产、生活、饮食、起居、交通、服饰、禁忌等民俗文物、民俗事象，具有文化、教育、旅游、环保及文物收藏诸功能的文化活动场所。民俗博物馆是征集、收藏、研究、展示人类在长期的劳动和生活中形成的，反映某一地区和人民的生产、生活、礼仪、信仰、娱乐等民俗事项的文化遗存机构。民俗博物馆的第一层次文化应是民俗文物收藏文化，其陈列最佳方式就是将民俗文物归回其原位，离开原位的民俗文物很难体现民俗的原始状态。这种复原陈列方式恢复了文物的“生气”，参观者能够身临其境地领略文物的魅力。民俗博物馆的保护理念充分体现了动态发展的思想，少数民族村寨发展旅游应重视对当代资源的保护和充分展示，并强调民俗展示的原真性。

（4）生态博物馆模式。生态博物馆以本社区内群体的亲自参与和管理为基础，同时在博物馆学家和科学家的指导下及当地财政支持下得以实现。生态博物馆概念包括下列关键词：社区区域、遗产、社区人民、参与、生态学和文化特性。生态博物馆在社区文化遗产和文化价值方面，将增强人们的文化特性意识，使某些具有重大价值的文化得以抢救和保护。生态博物馆强调社区参与、本土化和综合性社会功能。社区是生态博物馆的展示对象，居民是生态博物馆建设的参与者和关注对象。它建立在文化原生地，文化遗产与文化原生地融为一体，具有强烈的地域性、本土性。生态博物馆特殊的社会功能首先体现在保护生态、维护生态平衡，使人与自然处于最好的关系，使生态、民族文化、经济的可持续发展处于最佳；其次体现在生态博物馆的“收藏—研究—教育”功能，承担了诸如调节人际关系及维护博物馆社区的正常社会秩序、生活秩序和生产秩序等许多新的社会功能。

5.4.1.2 民族旅游村寨地方性彰显的模式构建

对以上民族村寨建设的关键词进行提炼，总结起来可概括为环境保护、文化传承、特色突出、社区参与、居民获益、旅游者体验、收藏价值、科研价值和教育意义等。在建设模式上，基本主张以民族村寨社区为核心，全面实行社区参与，保护村寨环境、共同参与旅游开发、实现居民获益；政府引导或主导，制定全局规划或发展政策，提供发展支持；引入市场机制，整合运用外部力量，共谋旅游发展。基于对此前民族旅游村寨发展模式的总结和民族旅游村寨地方性彰显的特殊性，本研究提出了“政府引导 + 村寨为核 + 社区参与 + 多方支持”的模式构想（见图 5–5）。

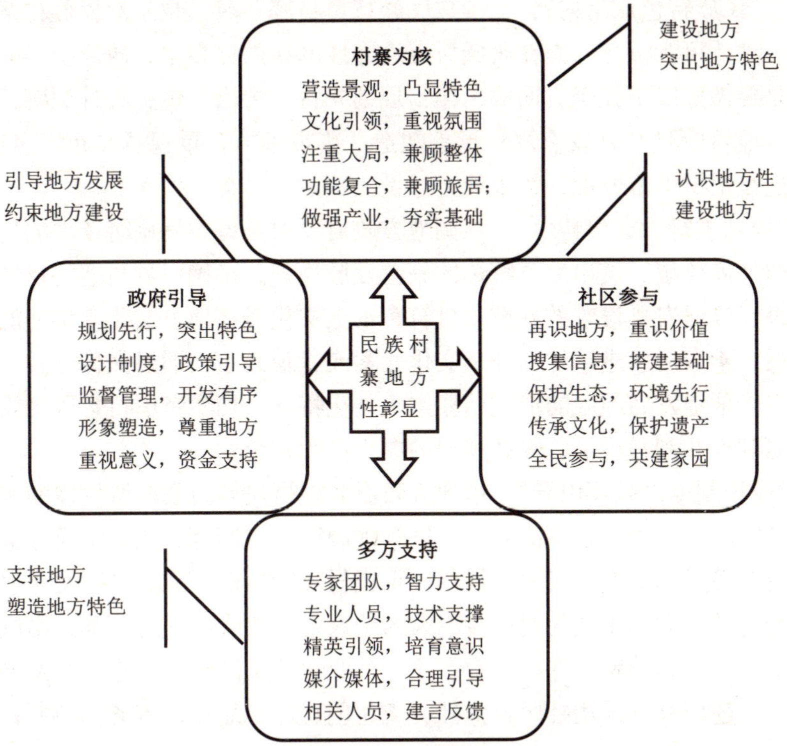

图 5-5　民族旅游村寨地方性彰显的模式

（1）政府引导。从理念层面与发展导向来看，民族村寨的旅游化开发与建设往往与政府政策导向与发展意向密切相关。多数民族村寨往往位于相对偏远的地区且经济基础较差，也因偏远而越加神秘，熟人社会下的人情味更重而商品经济意识较为淡薄。往往被贴上原生态、独特、淳朴等标签，然而在村寨的实际生活中，却存在交通落后、贫困、受教育程度较低等现实问题。地方政府往往以发展为己任，试图通过旅游这一方式来推动当地民族村寨的社会经济发展，得到更多的关注、实现旅游扶贫、打造热点旅游目的地等。地方政府通过向上级部门提交发展计划、申请旅游发展基金、组织调研考察、制定旅游规划等来助力民族村寨社区旅游发展。

在此背景下，政府引导也是地方性构建的关键性官方力量。在官方旅游发展的种种努力中，地方性在有意无意地被凸显。如官方旅游规划中对地方形象的塑造也是对地方性的塑造；在申报“中国传统村落”“特色景观旅游名村”“民族特色旅游村寨”“少数民族特色村寨”时，也是对民族村寨地方性的一种认可和强化。而在民族村寨地方性彰显的体系中，政府引导的任务主要是要做好以下几个方面的工作：规划先行，突出特色；设计制度，政策引导；监督管理，开发有序；形象塑造，尊重地方；重视意义，资金支持。其功能是引导地方发展，约束地方建设。

“规划先行，突出特色”，强调地方政府要对具备发展旅游条件的村寨做好保留地方传统、突出地方特色的旅游发展规划。正确引导村寨特色景观风貌建设，确保安排设置的旅游项目符合本土文化或在地方文化基础上的延伸与拓展，不盲目引进奇异的外来文化元素或景观元素，通过文化创意、有选择地采借他地发展经验的形式凸显本土文化特征，切实考虑村寨居民旅游发展的赢利点和利益诉求，保证规划的本土性和特色性。

“设计制度，政策引导”，指地方政府要根据民族村寨旅游发展的实际情况和切实所需，构建合理的旅游开发管理制度。在制度和政策中充分引导村寨旅游开发过程中突出对地方特色，重视村寨物质遗产和非物质文化遗产的保护与传承，对本土文化遗产传承人给予鼓励和相应的扶持政策，提供本土文化传承空间和场所，并鼓励常态化、产业化的发展模式。除引导发展村寨旅游外，还应鼓励采用社区合作社、文化创意、产品化、市场化的方式发展与村寨特色相匹配的工艺品、农副产品。形成民族旅游村寨发展过程中地方性彰显良好的运行机制、管理机制与激励机制。在政策方面，应充分整合民族地区、乡村地区、旅游产业、文化产业、生态农业、民族村寨等方面的相关政策，明确发展要求，找到符合地方特色发展的政策，并将其融于具体的发展意见、管理办法之中。在云南民族特色村镇保护建设的实践中，就将民族特色村镇保护建设融入“一带一路”建设、长江经济带建设、民族团结示范区建设、美丽乡村建设等，并将其纳入《中共云南省委云南省人民政府关于进一步加强民族工作促进民族团结加快少数民族和民族地区科学发展的决定》《中共云南省委云南省人民政府关于建设民族团结进步边疆繁荣稳定示范区的意见》《云南省加快少数民族和民族地区经济社会发展“十二五”规划》等纲领性意见中。2013 以来，云南省政府先后颁布《云南省非物质文化遗产保护条例》和《云南省少数民族语言文字工作条例》，出台《关于做好云南少数民族特色村寨保护与发展试点工作的实施意见》《云南省少数民族特色旅游村寨保护与发展规划（2013—2015）》《云南省人民政府关于加快推进民族特色旅游村寨建设工作的意见》。根据国家相关部门的建设意见和要求，制定《关于进一步推进民族团结进步示范村和民族特色村建设的指导意见》《实施示范区建设示范点创建工程年度目标责任考核办法》《云南民族特色村寨保护与发展项目检查验收暂行办法》等规范性文件，较好地指导了民族村寨建设。民族村寨的地方性彰显，也可考虑将其融入地方发展战略之中，将对村寨地方性和文化传统的重视融于相关规范性文件之中；有条件、有必要的村寨，可制定本村寨专门的管理办法。

“监督管理，开发有序”，旨在对民族村寨旅游开发中的无序建设，尤其是影响整体风貌的建设活动进行有效监管，制订具有实际约束力的管理方案和监管措施，保证村寨整体风貌统一和村寨旅游开发建设的有序开展，营造地方整体美感和良好的旅游氛围，这也是民族村寨地方性被正确感知的前提。

“形象塑造，尊重地方”，指政府要在对村寨地方历史、民族文化、社会传统等方面有清晰认识的基础上，对村寨形象进行官方塑造和正确引导，避免对村寨信息和形象的误识与误传，充分尊重民族村寨传统，塑造相对恰当的地方形象。

“重视意义，资金支持”，指政府要充分意识到民族村寨地方特色的重要性，如认识到对民族村寨地方性的保护是保留地方传统文化根基、支撑文化多样性的重要渠道，也是保持民族旅游村寨经久不衰的地方魅力的重要前提，并争取提供相应的专项资金和投融资支持，以积极扶持村寨开发建设。

（2）村寨为核。民族村寨兼具本土居民的家园和生产生活空间、旅游者旅游空间的双重属性，也是民族旅游村寨地方性彰显的核心空间。地方性的彰显，除满足旅游者文化求异的需求之外，村寨本身的良性发展也是最终落脚点。因此，民族村寨应该是地方性彰显的核心“舞台”所在。在民族旅游村寨地方性彰显体系中，景观设计与营造、整体格局和氛围、功能改造、形象提升都是应有之义。具体而言，民族村寨要：营造景观，凸显特色；文化引领，重视氛围；注重大局，兼顾整体；复合功能，兼顾旅居；优化设计，提升形象。“村寨为核”强调在民族旅游村寨的旅游开发和建设过程中要突出村寨的地方特色，彰显文化价值。

以村寨为核心，要以“营造景观，凸显特色”为首要任务。景观是地方性最直观的体现方式，是可以通过合理方式营造的内容。民族村寨旅游景观的营造，从内容上需要关注自然景观、生态景观与文化景观，从开发过程中要注重文化与景观的保护与传承、环境保护与空间优化。有学者提出了基于村居意象系统构建的人文旅游景观资源开发模式：树立乡村旅游资源开发利用的整体观；注重村落自然环境的建设，生物要素如植被、牲畜、农作物等，非生物要素如山体、水网、耕地等；打造村居共享空间，如街巷与街道、河道与院落等；保存村居记忆的载体，如水井、古树、戏台等（杨强，2011）。李飞（2011）基于乡村文化景观的乡村性及遗产性的二元属性，提出了 3 种以乡村旅游促进文化景观保护发展的模式：生态博物馆、乡村大舞台和景观嘉年华。生态博物馆是人与自然融合的产物，它并没有统一的、固定的模式，但凡能保护地域文化和原生态的一系列做法和途径统称为生态博物馆模式；乡村大舞台旨在以舞台化的真实向游客展示传统工艺、表演艺术和民族风情，满足游客追求的旅游体验，使当地人从乡村旅游的发展中获得文化自觉和经济利益；景观嘉年华模式就是要把属于某一地域的乡村文化景观，包括物质文化景观和非物质文化景观，移植到新的环境中，并与其他移植来的文化景观构成一个欢乐的剧场，旨在提高景观的体验性。这三种模式有利于乡村社区和本土文化的结合，而且能够促进乡村旅游发展和文化景观保护。在民族村寨的景观建设中，还应考虑对景观的环境管理评价、旅游对景观的影响与调控、景观保护与生态建设、村寨聚落景观、景观设计中的空间形态组织等。此外，还应综合考虑景观的乡村性、生态性、文化性和体验性，兼顾村寨的生态景观与文化景观，要把乡村性、生态、文化三者视作村寨旅游景观开发一体化的首要原则，缺一不可。乡村性是村寨魅力的重要组成部分。村寨旅游景观的开发与塑造，不宜过分追求洋气、高大上，而应扎根本土，景观设计师也应具备乡土情怀和乡土意识，充分运用本土素材、辨识本土风貌并对外界元素进行理性优选，开展本土化规划，重视空间、材质、景观效果最终形成的综合美感与观景效果。以新田园主义为指导，营造一种诗意般的田园乡村生活，保留原有的乡村风貌和富于人情味的乡情乡味，进而塑造原真的乡村气息，勾勒出富于生活气息、生动且美观的乡村景观。生态性是民族村寨旅游的重要基础。村寨良好的生态环境和生态景观是乡村自然魅力的重要依托，因此在旅游景观开发的过程中也务必要重视村寨的生态保护，并采用适宜的生态策略。良好的生态环境不仅给旅游者美的体验与舒适的感受，也是乡民“幸福乡居”的重要条件之一。文化是民族村寨旅游的灵魂。各个民族村寨都有着各自的农耕文化、建筑文化、生计文化、饮食文化、服饰文化与手工艺、舞蹈、音乐、美术等艺术。基于地方性的旅游景观开发要重视地方灵魂的构筑——对文化的探求与挖掘，并促进地方民众形成文化自觉，以旅游产业为载体和契机，做好文化传承与保护。旅游景观的可体验性较容易给旅游者留下深刻印象及游后回味。旅游体验包括对文化的体验、对景观的体验、对氛围的体验及对生活的体验。这需要对地方文化的体验式设计，并将其融于景观、融于村寨的休闲氛围及整个村寨生活之中。

“文化引领，重视氛围”，主要指民族村寨建设要突出村寨的文化特色，重视村寨的文化传统，并营造良好的生活气息、文化氛围和旅游氛围。也包括村寨的软环境建设，如友好交流、热情服务等，淳朴的民风也是村寨的地方特有的属性之一。

“注重大局，兼顾整体”，指整个村寨地方性建设要树立整体观，包括重视村寨的整体风貌、统一风格及整体景观。重视文化整体感，着力于建设完整的民族村寨生产生活体系。在凸显地方性的项目安排上，重视各家庭的差异化分工和协作性项目安排，将村寨视作整体，兼顾多方利益、避免内部冲突。

“功能复合，兼顾旅居”，旨在考虑村寨的多元化和复合型功能，考虑生产、生活功能，兼顾旅游功能和居住功能。乡居、民宿、客栈日益成为乡村旅游的新兴热点，但同时村寨的根本意义是村寨内居民的生活家园。把握村寨功能的复合，意在兼顾本土居民和旅游者双重主体需求，注重人文关怀。

“做强产业，夯实基础”，指村寨应做好村寨地方内部的产业基础，如生态农业、特色手工业等。云南民族特色村寨非常重视特色优势产业的培育。澜沧县芒景村翁基寨通过改造建设无公害生态茶园，提升茶叶品质，发扬传统制茶工艺，生态茶产品供不应求，成为村寨特色产业的同时，增加了本村群众收入。陇川县芒旦村对具有悠久历史的刀具锻造和传统民族服饰制作工艺进行重点保护，培育阿昌刀具加工户、民族传统服饰制作户，在继承和发扬传统手工艺的同时，实现居民增收。迪庆州香格里拉市小街子村，大力发展生态种植，开办农家乐，开发出“住藏家驿站、品藏家小吃、观看藏民歌舞、体验藏家田园和民族宗教文化之旅”的乡村旅游模式，既能提供旅游服务，又能供应时鲜蔬菜，成为当地发展生态农业与旅游业的致富典型。瑞丽市银井村与喊沙村，充分利用民族文化和边境区位优势，发展跨国旅游接待项目，每年吸引大批中外游客观光旅游。民族村寨生态资源丰富、文化遗产众多，可利用精准扶贫、定点联系等契机，在外部人员、资金等相关扶持下，强化地方产业建设，将其打造为支撑地方性的重要元素。

（3）社区参与。民族村寨是一个微观层面的小型社区，建立调动村寨居民积极参与地方性彰显至关重要。在民族村寨的旅游开发中，社区参与、社区赋权也一直受到重视。只有切实地让本土居民参与其中，地方特质突出和长久维持才能具备根本保障。民族村寨地方性彰显中的社区参与具体而言要做好以下几个方面的工作：再识地方，重识价值；搜集信息，搭建基础；保护生态，环境先行；传承文化，保护遗产；全民参与，共建家园。

“再识地方，重识价值”，指本土居民要树立文化自觉和文化自信，重新认识村寨的文化价值、遗产价值以及旅游价值。只有从思想认识到民族村寨地方性的重要性和价值所在，民族村寨社区居民才有开展保护地方性、彰显地方性行动的动力。

“搜集信息，搭建基础”，应考虑建立民族村寨“地方性知识库”或“地方博物馆”，搜集整理包括生产生活、医疗卫生、耕种存储、文化艺术等民族村寨地方性的相关要素，通过文字、图片、实物展示、形象展示、多媒体等方式将民族村寨的地方历史、地方传统、地方文化等重要信息记录、保存下来，供旅游者学习了解，也为本土居民特别是青少年提供家园地理教育。国外有社区信息系统（Community Information System）模式，指通过电脑应用程序设计提供公众直接获得丰富的地方信息。通过按钮式操作，展示和使用数字地图、相关数据、文件、相片和影像，声音或视频片段。通过点击相应的按钮，社区信息系统的使用者可以方便快捷地从本地规划和区域性文件中浏览、操作和打印一系列社区信息，获取细节性的地方商业数据，了解学校信息、学校项目及自然区域和野生动物栖息地的相关情况（LIAA，1999）。除实体信息库以外，同时也可采用虚拟现实技术，建立村寨官方网站，全面记录、展示村寨的生态环境、风土人情、景观风貌等，为外界认识村寨提供直观可信的渠道。

“保护生态，环境先行”，强调村寨居民应全部参与到保护生态环境的行动中来。自然环境和社会环境都是民族村寨地方性的重要构成部分，良好优美的生态环境是民族村寨开展旅游的先决条件，是给旅游者留下首因效应的重要因素，生态环境保护也是一项长期的全民参与过程，不仅关乎旅游者的旅游体验，也关乎本土居民的生活质量。民族村寨应保有简洁的生活方式，并使其感染更多的旅游者，极简主义、乐活主义、低碳旅游、生态旅游、绿色旅游也是民族村寨旅游非常好的实践方式。

“传承文化，保护遗产”，旨在通过全民参与来传承民族村寨传统文化，保护村寨的自然遗产、文化遗产与非物质文化遗产。民族村寨独特的世居民族、生态环境和历史传统孕育了特殊的文化系统，也造就了诸多地方特有的各类遗产，从地方性知识到民居建筑，再到美食佳肴、服饰、技艺等，均具有鲜明的地方特质，是地方性的生动代表。此外，文化和地方性关联密切，彰显地方性，也离不开文化传统的凸显。

“全民参与，共建家园”，指村寨居民应全部参与到美丽家园建设的行动中来，对民族村寨旅游开展进行一种积极响应，这也是民族村寨发展旅游的根本目的所在。“家园”是整体的、族群的，美丽家园、美好生活是人们的不懈追求，同时，也能给旅游者提供安稳舒适远离尘嚣的乡土家园感和乡愁寄托地，“地方之家”也是富有生活气息，充满人情味的地方属性。

（4）多方支持。民族村寨地方性的彰显除内部人员及因素的积极努力外，也离不开外部各类人群及密切相关要素的大力支持。包括专家的智力支持、专业人员的技术支撑、社区精英对社区居民的引导及意识培养、媒体在宣传过程中的正确引导及相关人员的建言反馈。具体而言要做好以下几个方面的工作：专家团队，智力支持；专业人员，技术支撑；精英引领，培育意识；媒介媒体，合理引导；相关人员，建言反馈。

“专家团队，智力支持”，主要指民族村寨的研究者如旅游学者、民族学者等要在正确认识民族村寨地方特色、文化特色的基础上为民族村寨地方性建设提供切实可行的指导意见。做到突出特色、做亮形象，从而达到使现实旅游者满意、吸引潜在旅游者的目的。

“专业人员，技术支撑”，指在村寨的具体建设中，要有能力强的专业技术人员实施村寨建设。包括村寨景观建设、民居建设、旅游标识建设、公共空间建设等，从素材选择、细节设计、装饰风格等都应由专业技术人员把控，保证村寨建设协调统一。相关规划如村寨旅游总体规划、村寨建设性详细规划等，应由专业机构把控。在建筑技术与风格上，也应考虑本土技术和本土风格，确保新建建筑与传统建筑的巧妙融合。

“精英引领，培育意识”，是指民族村寨的地方性彰显要充分发挥社区精英的引领作用，通过社区精英的良性沟通、较高的权威性和带动性引导社区居民重视村寨地方性的意义和作用，树立文化自信，并在日常生产生活中有意识地保护和传承传统文化。如保留传统民居样式与服饰、延续传统耕作方式、注重景观营造等，有意识地去维护民族村寨的传统氛围。

“媒介媒体，合理引导”，是指宣传媒介要正确地对民族村寨进行描述和宣传，避免一些为博眼球而不合时宜的夸张或虚假宣传，引导受众形成正确的对民族村寨的地方认识。随着信息科技的飞速发展，媒介在地方形象塑造过程中起到了很重要的作用，成败都与其有着密切关联。许多默默无闻的地方通过媒介的宣传、推广之后成为热门旅游地；反之，媒介也可能通过一些不良事件的传播使得“地方危机”产生，也有着让受众形成认知误区的巨大风险。把控好媒介力量，对其进行恰如其分的利用，引导人们形成良好的地方认识非常关键。

“相关人员，建言反馈”，指的是要积极吸取包括旅游者、投资者、开发者等利益相关者的意见和反馈，及时发现民族村寨旅游开发中不受欢迎或不被认可之处，并加以改进；同时多吸纳外部人员的建设意见，选择吸收合理部分并将其融入民族村寨的建设中来，也是为民族村寨地方性彰显的一种努力。

5.4.2 彰显路径

5.4.2.1 应用实践路径：在旅游开发中融入地方性

地方性是民族村寨文化差异性、地域差异性、社会差异性的综合。在应用实践中运用地方性、体现出地方性价值是彰显地方性的最佳路径。具体而言，要从旅游规划、项目设计、景观建设、演艺活动、餐饮、住宿等旅游开发方面实现全角度、全过程、全要素的地方性融入和彰显。

在旅游规划方面，可采用生态规划法和本土规划法凸显地方性。生态原则一直是旅游开发设计及旅游行政部门非常重视的原则，近年来旅游区的规划建设往往冠以生态旅游区、生态度假区、农业生态园、国家公园、养生社区等，均依赖于优质的生态环境，同时也体现出对生态法则的重视。民族村寨所处的乡村生态环境是民族村寨持续发展赖以依存的基底，既是民族村寨保有地方魅力的前提和基础，也为村寨提供了山环水绕的适宜环境；村寨生态环境包括村寨的自然环境、文化生态环境与风水格局等，包含了民族村寨的一切自然地理要素和人文作用下的有机空间。应重视民族村寨的生态规划，并在此基础上推动村寨的本土化规划与有机更新。保持民族村寨的乡村氛围、饮食保障、原料供给的传统功能，继续发挥村寨之旅游休闲、生态维护、文化传承、生活价值等新型功能。

本土规划是一种扎根本土的规划理念。本土化规划是主张基于深刻的地方认知而开展的规划，强调对本土环境要素、本土文化、本土社会经济情况、人员构成等方方面面的全面把握，同时兼顾地方在更大区域范围内的功能及定位，以期制定出更加合理、更符合乡村实际、更具可操作性与落地性的规划方案。对民族村寨而言，要充分尊重地方自然肌理与文化脉络，尽量运用本土素材和生态策略，在科学规划的基础上构筑起乡村完善的自然、生命、生活体验系统，赋予民族村寨生机与活力。

基于地方性的民族旅游村寨生态规划和本土规划，应重视以下几个方面的内容：第一，民族村寨所在区域本土生态技术的应用。收集整理区域内的建筑样式和方法、学习本地的种植方法、栽种方式等，并将其用于村寨的具体建设。同时，有选择性地借鉴吸收外界良好的技术和方法，进一步优化村寨生态环境，美化景观营造。第二，注重村寨整体风貌的维护和民族性的突出。规划中的形象设计、项目安排、专项规划等就要突出地方特色，尽量维持村寨原有的地方风貌，即使需要修缮或新建，也应做到“修旧如旧”，尽量采用本土素材、本土方法、本土符号来进行建设。第三，村寨生物多样性的维护。在绿化、原生生态系统维护方面遵循本土化原则，避免大量引进外来物种打破原有的生态体系。遴选当地重要的动植物生物物种，建设活态的物种基因库。第四，村寨整体景观格局的生态化营造。对民族村寨的生态格局进行全面、系统的考察和评估，并采用生态修复、生态适宜技术等方式和技术对民族村寨的景观格局进行修复和重塑。

在民族旅游村寨项目设计方面，应充分挖掘村寨的地脉、文脉，遴选出村寨的地方特色符号，塑造村寨特色鲜明的旅游形象。从村寨的民居建筑、生态文化、民族文化中遴选出一批极具特色的旅游符号和元素，将其作为塑造村寨旅游形象的重要基础，将其融入村寨的各类项目安排中，让项目融入地方情感、呈现地方特色。可设计的项目包括展览（如画展、书法展、摄影展、地方历史展等，视村寨具体情况而定）、演艺活动（如歌舞表演、欢迎/欢送仪式、实景演出、篝火晚会、语言类节目）、节庆活动、民族体育运动等。此外，民族村寨具体的项目安排要视村寨规划内容和村寨性质而定。中国传统村落相关文件对村落的旅游化开发做出了一些限定，但对乡村物质文化遗产、非物质文化遗产、村落传统景观保护的主旨不变，这在目标上也与民族村寨地方性的彰显一致。

民族村寨的景观在旅游活动中扮演着重要角色。乡村聚落景观的整个景观体系中具有聚落空间、经济空间、社会空间和文化空间，并各有其旅游价值（冯淑华，方志远，2004）。民族村寨旅游景观系统包括自然景观系统、人文景观系统和旅游基础设施景观系统三大子系统，它们的不同组合呈现在游客面前的是不同特质的民族村寨旅游景观（张洁，2007）。民族村寨景观的地方性融入应考虑村寨景观的整体性、相关性、层次性、季节性、和谐性、地域性、民族性等特征，从整体出发综合考虑各部分景观要素的功能、视觉效果等，一方面引导旅游者或为旅游者提供优质的村寨地方景观观景体验，另一方面在新造景观的时候注重景观的和谐性、地域性和民族性。民族建筑景观是民族村寨景观的重要组成部分，民族建筑景观的旅游价值为少数民族地区的旅游开发提供了至关重要的物质支撑，具有自然适应性和社会适应性。民族村寨淳朴的民风民俗，有特色的民居、道路、桥亭，有浓郁民族文化的居民生活方式等均是典型的文化旅游资源，开发、利用是一种必然的选择，应遵循“有效保护、合理利用、有效改造”的原则，防止其旅游开发走入一律商业化的死胡同（殷勇峰，2008）。景观生态规划是以多学科知识为基础，运用生态原理，在一定尺度对景观资源的再分配。通过研究景观格局对生态过程的影响，在景观生态分析、综合及评价的基础上，提出景观资源的优化利用方案，更加注重土地的合理利用和生物多样性的保护（葛冰，2004）。景观多样性、景观生态适宜性评价和景观敏感性三个维度也是景观生态规划的应有之义（邱彭华，俞鸣同，等，2004）。景观生态规划法则也可运用于民族村寨地方性的景观建设之中。

演艺活动是民族文化呈现的生动化和通俗化方式，受到越来越多地方的青睐。在民族村寨的旅游开发当中，旅游演艺活动也成为其重要的组成部分。翁丁的欢迎仪式和重大节庆活动的表演、糯黑彝族村寨节庆歌舞表演、石林景区的常态化表演都非常丰富。在表演的方式、服饰、内容、道具等方面，应突出民族村寨的地方特色；演艺活动往往还与餐饮活动、游览活动等相结合。随着旅游发展的升级，云南多地已有歌舞伴餐的这一餐饮与演艺活动相结合的娱乐形式，如昆明较为著名的“吉鑫宴舞”“云南人家”等均有歌舞伴餐活动。另外，在藏族、佤族、傣族、彝族等少数民族聚居地，也有在用餐环节即兴歌唱表演的习俗，非常富有民族风情与特色。此外，还可考虑演艺活动与其他休闲活动融合发展的方式。

餐饮与住宿也非常能体现地方特色。民族村寨汇聚了特色食材、特色烹饪方式与特色餐饮服务，往往是旅游体验中的亮点和体验性较强的服务。民族旅游村寨内的民居客栈，从房屋建筑外形到内部陈设以及客房布置等，都易体现地方特色。

在旅游实践中，可以凸显地方性的地方无处不在，大处的建筑外形，小处细微的标识、旅游商品、纪念品等，都是民族村寨的地方性的代表。坚持突出地方特色这一原则，于大处和细微之处均注重地方性的彰显，有益于在旅游者心目中形成鲜明的地方印象，让民族村寨的旅游体验更加独一无二。

5.4.2.2 方法技术路径：具体建设策略

（1）情境构建策略。在地方被卷入全球一体化进程中的同时，地方的独特魅力与价值也重新被发现，地方也由被动的“被观瞻”发展为主动的“销售”，并试图成为怀旧或逃逸现世的选择。有学者认为，地方性资源包括了各种传统的“民俗活动”、历史文化遗迹，有别于现代产业的农业观光等。而地方的打造，则是通过符号动员与景观再造这一手法得以实现（林敏霞，2004）。谢彦君（2005）将旅游情境分为两种类型：旅游氛围情境（tourist situations of atmosphere）和旅游行为情境（tourist situations of behavior）。前者是一种概念性情境，对行为者的心理影响主要以弥漫性的渗透为主，建构了旅游世界的总体风格和意义；后者是一种具体的操作性情境，这种情境中潜藏着乃至呈现着某种矢量因素，常常有一些动力成分，对行为的影响也就更具有方向感和力度感。它串联在旅游过程中的各级、各类节点，对具体旅游行为起到了规定和引导作用。旅游情境的构建最终是要实现旅游者心理投射与物质环境的交互，既需要通过景观设施、合理引导、氛围营造等物理手段介入，同时可配合气味、声音、图文影像等构建起一个特殊的可感知空间，通过旅游者的想象、移情或其他心理映射形成良好的主（旅游者）客（旅游世界的物质构成）互动。在某些研究中，旅游情境也被视作特殊铺陈的环境或新时代新背景下的历史境遇。此处所说的基于地方性"情境构建法"，试图根植于地方历史、取材于地方人文环境，强调从地方筛选出典型生动的故事场景或别具一格的文化符号，进而塑造出形象化、个性化的特殊空间，让旅游者在独特的旅游氛围和旅游环境中感受地方独特的文化魅力。

（2）深度体验策略。地方性的彰显也需要通过对地方性"深度体验"来实现。对民族村寨而言，深度体验又与"体验经济"中的体验设计密切相关。在旅游基础理论研究中，"旅游体验说"基本获得业界的认同。"体验法"主张通过旅游活动的互动来使旅游者对旅游地的文化风情、习俗有着更加深刻的认识，往往需要调动旅游者的全部感官及通过亲身、亲境、亲景等途径来实现。有学者认为，"主题化设计方法"是较好实现"旅游景观体验式规划"的有效途径（陈萍萍，2010）。旅游体验有三个层次：表层体验、中度体验和深度体验。深度体验是指游客完全融入旅游产品中，与旅游地和当地居民进行零距离的接触，深刻体验旅游地的特色和文化（许林，鲍宏礼，2007）。基于地方性彰显的"深度体验法"，更强调扎根于地方的真实文化体验与体验空间的塑造，运用本土素材，形成异质特殊的文化空间，通过景观视觉引导、主题活动设计、游客大众参与等形式来形成地方旅游的深度体验场景与空间，与情境构建密不可分。同时，体验方式应尽量丰富，从视觉景观、听觉感官、芬芳体验、味蕾体验、交通方式、民族体育运动、节庆活动等方面入手，充分调动旅游者的视觉、听觉、触觉、嗅觉、味觉等多重感知途径，形成丰富的深度旅游体验。

（3）社区治理策略。民族旅游村寨也是民族旅游社区。白凯（2014）等认为，民族旅游社区治理可以避免外部冲击使社区出现碎裂化、保持社区原有的地方性与民族性、弱化社区冲突，提高社区的安全性。而自组织网络结构更易实现"善治"的结果：通过社区自组织来增进社区主体意识；通过社区自组织来增进社区参与，从而实现社区的有效治理；通过社区自组织网络结构来有效整合社区资源；通过社区自组织来沟通社区关系，调解多元利益相关者间的复杂性和多样性；通过社区自组织网络结构来降低社区治理成本。从更广泛的层面来讲，社区治理应包括村寨社区环境管理及营造、旅游行业管理、社区旅游收益分配等。社区的良好治理是民族旅游村寨地方特色彰显的前提和必要条件。良好的村寨环境既是当地居民创造美好家园的需求，也是旅游者旅游体验中所期待的重要组成部分。社区环境管理及营造一方面要求村寨旅游开发活动要以环保、绿色、低碳、生态为原则，杜绝或减少环境污染，保护生态环境，同时培养良好的环境保护意识，以获得村寨社区的持续发展；同时，也应有意识地去营造良好的社区环境，采用并突出地方元素，依山就势顺应村寨地方环境，形成良好的旅游氛围和环境。旅游行业管理包含对村寨涉及食、住、行、游、购、娱各环节的旅游经营户、旅游商品制造或销售、旅游交通运营企业或机构等进行有效的引导管理，并培养“地方意识”，采用地方特色化方案，在旅游各要素、各环节当中凸显地方特色。同时应做好村寨地方治安管理、安全管理、旅游服务意识培养、旅游购物及其他服务监管、旅游维权等工作。旅游收益分配的有效管理是维持地方旅游和谐发展的前提：一方面应将部分旅游收益转化为公共建设资金，提升旅游公共环境的同时优化社区环境；另一方面应保证当地居民从旅游当中获益，提供当地居民参与旅游发展的空间与机会。

陈晓亮（2013）将西方的城市复兴过程中影响着城市地方性特色的转变总结为三种：第一种是绅士化（中产阶级化），通过具有较高收入和文化品位的中产阶级或艺术家的进驻实现整个街区品质的改变和提升；第二种是本地居民自主修复，不断完善生活环境并积累地方记忆；第三种是政府和开发商主导的改造模式，通过完善基础设施和打造创意产业，实现街区功能的改变和原有的社会文化特征的消解与再造。虽为城市发展路径，但代表着社区治理“居民 + 商人 + 政府”的运作模式，也可为民族旅游村寨地方特色凸显提供启示。民族旅游村寨地方性彰显的社区治理路径，要释放当地社区精英、外来精英或中产阶级阶层的引领作用，引领民族村寨的文化复兴，充分吸纳原住民的参与，并培养其地方文化自觉意识，释放其主动性和积极性。在政府和开发商的帮助下，共同来推动地方的发展。在双廊，名人效应成效显著，如杨丽萍、赵青、沈建华夫妇等，在很大程度上促进了双廊知名度的提升。在糯黑，也有当地村寨走出的民族文化精英和旅游精英型人物推动着村寨的发展，如曾就职于昆明市旅游局的王光华先生、云南大学的王玲教授等。此外，本地居民是村寨社区的核心主体人物，是最熟悉村寨的环境、生活的人群，是在村寨有着长时段生活体验的人群，也是对其一草一木满怀感情的人群，在地方性的彰显中不可或缺。但本土居民也缺乏一种对地方的客观认知，无法较好地认识村寨的价值，因此应在引导其文化自觉的前提下，逐渐树立起当地居民的文化自信，并坚持弘扬本土文化，便是地方性彰显的最佳途径。他们了解地方传统和地方历史，又在共同的精神纽带下聚居在一起，是地方生活方式的践行者，也是空间格局和社会氛围的促成者。自我有机生长的村寨形貌，往往是在地方原住民的生活经验中一点一滴累积建设起来的，地方特色的维持与凸显，也离不开当地居民的参与。他们共同举行的地方活动、从事的地方劳作生产，都是地方意象中的重要组成部分。地方性彰显的核心要义应该是地方的景观、人物、故事及历史的整体呈现，应在旅游情境之下营造出一种真实的生活场景。良好的社区参与也是社区治理的前提。充分调动当地居民的积极性，整合当地资源，共促旅游发展，是地方特色彰显的必要条件。

在日益现代化的今天，村寨即使身处边疆异域，只要吸引力够强大，他地的艺术家和“驻客”们也会千里迢迢奔赴前往安居、创作。这些艺术家和“驻客”会为当地带去新的发展生机和活力。丽江的酒吧歌手、大理的客栈投资者们均是典型代表。艺术家们敏锐的眼光和洞察力往往能较好地捕获地方气质和地方特质，也善于运用地方元素设计创作各式文本、图片及多媒体形式，在地方气质的刻画中发挥了一定的作用。将外来的艺术家或“驻客”的敏锐洞察力和艺术创造力结合起来，是民族地区文化创意产业发展的有效途径。如通过绘画、手工编织、手工雕刻、音乐电影创作、影像的实物化制作、个性 DIY 等，均是地方素材艺术加工的有效形式。若能加以专业化的指导和创作，也将为地方带去新的发展生机。同时，也能实现地方事物价值的增值和产业的多元化发展。

对于村寨而言，政府和开发商的改造也应引导与规范。政府和开发商的介入如若未经充分的论证和讨论，往往会对地方造成不可逆的影响。基础设施的完善、创意产业的引入、村寨功能的复合化、多元化发展值得提倡，也能为地方性的彰显加分。但政府功能应侧重于良性引导——引导开发商或外地旅居者与本地居民进行良好的互动、引导原住民重视地方传统和传承地方文化、引导当地居民积极参与到旅游发展中来，让村寨地方特色维持和彰显之下的旅游发展成为全民共建共享的成果。

（4）景观设计策略。旅游景观系统是旅游者感知地方的核心要素。当人们无从了解地方历史及文化时，仅能通过目之所及的视觉景观来形成对地方的认知。民族村寨的景观系统包含自然景观、人文景观以及设施景观等。严格意义来说，整个村寨景观系统都有人文气息与痕迹，较难找出天然的不受人为干预的事项，但针对不同性质的景观，应采取不同的彰显策略：针对自然景观，重在“发现隐匿之美”；针对人文景观，重在“塑造生活之美”；针对设施景观，重在“设计精巧之美”。

民族旅游村寨自然景观中的山水石木、花草虫鱼鸟兽（除人工栽种或建造者之外），相对而言是自然之物，也无须做较大改动。针对村寨的自然景观，更适宜的是引导旅游者发现美，如设计科学的游览路径、提供最佳游赏路线、优选观景角度打造观景平台，呈现村寨生态之美与和谐之美。个别需要修饰的地方，也应当减少干预，尽量保持本原的生态面貌和修复被破坏的自然面貌，还原村寨本来的生态面貌。

人文景观往往与当地原著居民的生活生产密切相关。从房屋建筑到宗教建筑、宗祠、公共广场到劳作景象、生活器具、劳作工具等，无一不与当地居民的生活生产休戚相关。人文景观的建设在小尺度更容易把控，有时候也会受到过多的外力冲击而处于无序状态，但关键在于引导有序建设，呈现地方生活生产之美。生活方式是地方性的重要构成部分，人文景观是村寨生活方式和态度的重要载体，透过人文景观可读出当地居民关于色彩、装饰、生活习惯等诸多方面的偏好，这些都是富有生命力的、生动的“地方之美”，人文景观的建设也应以突出地方生活气息、历史文化、地方传统为目标。

公共设施景观的“设计精巧之美”主要指在民族旅游村寨的旅游通道、旅游标识、旅游厕所等服务类设施方面应采用一些地方文化元素或典型代表符号，形成强烈的地方色彩，以提高旅游者对地方的辨识度。同时，这些微景观也容易制造惊喜。建议引入旅游地的视觉形象系统（Visual Image System，VIS），统一设计村寨名称、欢迎词、旅游标识背景等，以形成鲜明的认知地方形象。

第6章 案例研究

本章为案例研究内容，主要介绍了案例点选择的原则、依据及问卷设计。并分别以代表内生型和外生型发展模式的昆明市石林县圭山镇大糯黑村和大理市双廊镇大建旁村为例，分别以结构主义视角和系统观视角分析了其地方性的建构动力、旅游者和当地居民对地方性的感知情况，并提出了针对两个村寨的地方性彰显建议。

6.1 案例点选择及问卷设计

6.1.1 选择原则

案例选择的原则主要从典型性、可进入性、可比较性角度考虑。

石林县圭山镇大糯黑村代表着政府及社区精英引导、本土居民自主发展的城郊型民族旅游村寨，拥有独特的“石头寨”建筑景观，客源市场以省内为主。双廊大建旁村代表着外部力量主导、政府规制下的旅游热门地中的民族村寨，主要以自然景观洱海为依托，客源市场以国内为主。

糯黑彝族村寨位于九石阿公路旁，距昆明有2小时左右车程，具有较好的可达性。双廊大建旁村位于昆大丽高速旁，交通便捷，可达性好，是笔者2013—2014年学院博士青年基金课题“基于地方性的旅游景观开发与设计研究——以大理双廊古渔村为例”案例研究点所在地。尽管目前双廊已在自发的市场力量推动下发展为旅游小镇，笔者始终对大建旁村村口的“双廊古渔村”石碑记忆深刻，也坚持认为原来的村寨可被纳入民族旅游村寨研究范畴。选择 1 个彝族村寨、1 个白族村寨为案例研究点，主要是考虑可从不同角度进行比较：糯黑村与大建旁村可进行不同民族（彝族和白族）与不同区位（城郊休闲地和国内知名地）之间的横向比较。

6.1.2 案例说明

本研究选取的两个案例地皆为中国传统村落的民族旅游村寨：（1）石林糯黑彝族村寨。以石林风景名胜区为依托、位于昆明城郊的九石阿（九乡—石林—阿庐古洞）旅游专线旁的石林县圭山镇，被誉为“石头城”。糯黑彝族村寨有着丰富的非物质文化遗产，又位于世界自然遗产——石林风景名胜区旁，位于昆明近郊，村寨内的“彝家乐”、昆明一些高校的“艺术写生基地”小有名气。以石板房为代表的地方特色形貌非常突出，靠近云南省会城市昆明，在生活方式上也较好地融入了现代化。虽与石林风景名胜区相近，也受其影响，但并不位于其中。旅游经营者以本村寨的当地居民为主。（2）大理双廊大建旁村。位于国内热门旅游地大理洱海畔、有着洱海环湖路直达的交通区位优势、有“小资天堂”之称，且形貌变迁较为剧烈。双廊是国内知名的休闲度假地，虽为白族村寨，但因大量外地人士及外地投资的进入，吸纳了纷杂的外界文化，当地客栈兴起带来的现代化建筑景观对传统建筑，及整个空间格局形成了较大的冲击。大建旁村被誉为“白族古渔村”，有着双廊第一家青年旅舍“海地生活”，是双廊旅游发展的核心构成部分之一。

6.1.3 地方性感知的半结构访谈设计说明

访谈由基本信息、地方特色感知、旅游开发感知、地方认同、地方依恋五个部分组成。基本按照固定访谈内容 + 开放式结构进行。既有固定的选择性选项，也有开放式的进一步了解项目。如在“× × 有特色”之后，进一步设置了“其中最有特色的是 × ×”此类开放性问题。在印象深刻的事物部分，也留有开放式空间供受访者补充。对于旅游发展的整体感知部分，也有“如何增强特色”“如何改进”的开放式问题设置。

（1）基本信息部分。主要包括性别、年龄、受教育程度、是否从事旅游工作、是否接受旅游培训、是否接触外界信息、生活年限（针对旅游者设置为“旅行停留时间”）、对村寨的了解渠道、是否经常旅游、是否有村寨生活经历9~10个问题（当地居民去掉了“您是否有村寨生活经历”这一问题）。

（2）地方特色感知。本部分共有11个选择选题加部分开放式问题（10个地方性的分项指标问题+1个整体感知问题），主要基于专家打分法选出的地方性中“非常重要”的10个二级指标（集体记忆、文化、宗教信仰、自然环境、集体活动、社会环境、习俗、民居形态、宗教活动、住所）及整体感知进行设计。并设有开放式问题，如“如您觉得××有特色，哪些事项是您觉得最有特色的”“您觉得可以通过什么方式来彰显糯黑/双廊大建旁村的地方特色”。

（3）旅游开发感知。本部分主要有1~2个问题及开放式问题。旅游者：您觉得糯黑/双廊大建旁村的旅游开发是否恰当？当地居民：您觉得糯黑/双廊旅游为村寨带来的变化大不大？这些变化好不好？

（4）村寨地方认同部分。本部分有3~5个问题。主要按照功能性认同（居住适宜性/旅游适宜性、居住便利性/旅游便利性）及旅游发展感知、旅游影响态度（居民）、形象一致性（旅游者）进行设置。

（5）地方依恋。针对当地居民设置的问题是长期居住意向和好感度；针对旅游者则设置的是重游意愿、居住意愿及好感度三个问题。

6.2 石林糯黑彝族村寨

6.2.1 概况

“糯黑”原名“藤子哨”，撒尼语“糯”意为“猿猴”，“黑”意为水塘，“糯黑”原意为“猿猴戏水的水塘”。村内最大的水塘被称为“猴子池”，或与此有关。位于石林县圭山乡北部，海拔1985米。是喀斯特地貌发育地带，有典型的溶沟、峰从、洼地、漏斗及地下河、溶洞等地下喀斯特地貌等，山峰石岭，重峦叠嶂。属低纬高原季风气候，“冬无严寒，夏无酷暑，四季如春，干湿分明”。距圭山乡政府4公里，距石林风景名胜区约25公里，距石林县城30公里，距昆明90公里，邻近长湖，可通往泸西。是茶马古道泸西通往昆明的古驿站，紧邻云南省道九石阿旅游专线。糯黑村辖大糯黑村和小糯黑村两个自然村，全村面积约 100 平方公里，耕地面积为 2544.72 亩，人均耕地面积 2.67 亩。本研究所指的糯黑彝族村寨主要指大糯黑村，寨内主要居住着彝族支系——撒尼人，有 256 户，共 1064 人[1]。

据史料记载，糯黑村始建于明洪武三十一年（1398 年），迄今有 600 多年历史。糯黑村在新中国成立之后逐步采用当地石材盖屋建房，村内有石头房、石头烤烟房、石板路、石栏等，被称为“糯黑石头寨”。整个村落以一条由 Y 字形主干道辅以多种多样的宅间小路将整个聚落内部的各个院落联系在一起，形态自由灵活富有生气。沿着这条宽约 5 米主道沿途把村中多变的建筑样式和空间立面串联起来，形成了一个富于变化、形态多样的聚落空间。道路和民居的布局方式天然融合。

糯黑有着以撒尼服饰、宗教信仰与神话传说、节庆活动、特色饮食、语言文字、歌舞表演、传统体育活动等为代表的原汁原味的彝族撒尼文化风情。火把节和密枝节是当地最有特色、最为隆重的节庆活动。还有着丰富的以民间文学、民间音乐、民间舞蹈、民族体育、民间艺人、传统手工艺和民俗等为代表的非物质文化遗产。口述文学阿诗玛、民族乐器大三弦、石林彝族刺绣还被列入了国家非物质文化遗产名录。此外，糯黑还有着以石头房、石头烤烟房、石板路、石栏等为特色的“石头寨”建筑景观，以及以龟山、杜鹃山、杀牛山、猴子池为基底、四季富于变化自然生态景观和农业景观。

一般认为，糯黑的旅游发展起步于 2003 年。2003 年，云南大学王玲教授将云南大学“211 工程”、“十五”民族学重点学科建设项目“云南彝族（撒尼支系）调查研究及小康社会建设示范基地”的调研观测点选定在糯黑，并建立了工作站，后逐步建成了彝族撒尼文化研究中心。也有人认为，村里的旅游最先由画家带动起来的。不少画家、艺术家被糯黑村独特的石板路、石板房所吸引，到糯黑写生、摄影，糯黑村才逐渐出现在大众视野中。2005 年，经昆明市旅游局和石林县旅游局批准，大糯黑村有 5 家农户开始在自家庭院内经营集食、住、娱为一体的“彝家乐”民族文化生态旅游项目，糯黑旅游接待正式开始。2007 年，糯黑被评为昆明市文化旅游特色

1 数据通过与村干部的访谈获得。

村。云南石林和贵州荔波、重庆武隆一道作为“中国南方喀斯特”被列为世界遗产名录，对于村寨的发展和农家乐的经营，有一定的带动作用。村民对外界的了解增强，更愿意走出去。2008 年，糯黑彝族文化博物馆、糯黑彝族撒尼阿诗玛文化课堂建成并建成了 3000 多平方米的民族文化广场，成为大型集体活动举行的重要场所。2009 年 7 月，大糯黑村被列为“国际人类学与民族学联合会第十六届世界大会”的田野考察点之一。2013 年进入第二批中国传统村落名录，也是云南省首批 50 个民族特色旅游村寨之一，是昆明市唯一进入此名录的村寨，共补助了 150 万元用于支持乡村特色旅游民居示范点、特色民居保护、农家乐扶持补助等。同年，成为昆明市首批外事接待点。2014 年接待游客约 11 万人次。2015 年，糯黑被评为云南省特色文化产业示范村。糯黑共开设“农家乐”接待点 7 家，可同时接待 100 人住宿和 400 人就餐。糯黑的相关信息在 2014—2016 年先后被新浪旅游、乐途旅游、搜狐旅游等主流媒体报道，在携程旅游、百度旅游网站上，也能在石林自助游、昆明周边村寨游等主题下检索到糯黑旅游相关的风土人情和交通方式。同时，“糯黑石头寨”也不断出现在本土地方微信自媒体当中。

糯黑的客源市场主要以昆明、曲靖、玉溪省内游客居多，能留下来住的并不多[1]。旅行方式主要以自驾游和旅行团队为主，兼有少量散客。部分旅行团队在昆明—石林—九乡行程中增加安排到糯黑观光游览，但一般不过夜。截至 2016 年 9 月，大糯黑村已建成两座文化广场。在节庆期间可临时搭建摊位满足简易的餐饮、烧烤、篝火晚会等需求，兼具停车场功能和旅游接待功能。目前有糯噶渡客栈、落增憨客栈、李家园客栈、青石园客栈、作比地客栈、彝王宴客栈、知姐渡客栈、阿文客栈、玉兰园客栈 9 家客栈和火塘乐色酒吧。有单人间、标间、三人间等多类型客房，食宿价格在 50~100 元 /（人 · 天）不等，单独的桌餐每桌从 200 元到 500 元不等。民俗博物馆（糯黑彝族文化博物馆）展示了糯黑村传统的历史人文、服饰文化、饮食文化、宗教信仰、节庆活动、生产生活器具、红色文化等相关本土信息，是旅游者了解糯黑、认识糯黑的窗口。同时还是国家级非物质文化遗产、圭山民族文化陈列室，摆放陈列着糯黑一些珍贵的历史物件。另有糯黑民居建筑典型代表的王家大院和盘江日报社旧址。

1 资料来源：与村民王光珍访谈及实地调研中了解。

6.2.2 结构主义视角下糯黑彝族村寨的地方性建构

石林糯黑村是典型的在结构性动力和非结构性动力共同作用成长起来的民族旅游村寨，又以内生型的社区精英引领带动为关键。整体来看，既受到了来自国家、省级以及昆明市等各级政府扶持政策支持，也受到了来自社会环境变迁以及“五化”的影响。石林风景区自然遗产申遗成功，对糯黑的发展也起到了一定的作用。社区精英在糯黑的发展中起到了关键性的作用，代表人物包括云南大学的王玲教授、曾供职于昆明市旅游局的王光华先生、云南大学的王筱春教授、其他在糯黑从事民族文化研究、艺术创作的专家学者等。其他一些机构如云南大学、西南林学院、红河学院等学校、福特基金会等也为糯黑的发展做出了相应的贡献。

6.2.2.1 结构性动力

（1）国家政策是糯黑保留地方特色的重要支撑力量。国家政策对民族村寨地方性的建构体现在对民族地区生态环境保护、民族文化传承与保护、民族地区原住民发展的关注上。各级政府出台了多项政策指导民族村寨的建设与发展。2013 年，糯黑村进入第二批中国传统村落名录。2000 年，云南省人大批准并公布了《云南省民族民间传统文化保护条例》。2005 年 9 月，“糯黑彝族文化保护区”列入昆明市民族民间文化保护名录。2006 年 5 月，糯黑被云南省人民政府列为第一批云南省彝族（撒尼）文化保护区。糯黑小学采用双语教学，既传承了传统的彝语，又让孩子从小接触普通话，实现了地方语言的延续。

大糯黑村被确定为 2005—2007 年石林彝族自治县特色村，2007 年度入选昆明市文化旅游特色村。2013 年，糯黑村进入第二批中国传统村落名录。2015 年，糯黑被评为云南省特色文化产业示范村。各项殊荣的评定，是对石林糯黑地方文化特色与价值及传统文化保护工作的肯定。在糯黑入选云南省首批民族特色旅游村寨后，补助了 150 万元用于支持乡村特色旅游民居示范点、特色民居保护、农家乐扶持补助等。在云南省及石林县的相关规划中，也对糯黑进行了相应的项目安排。据村民介绍，糯黑村内的道路以前泥泞不堪，后来政府出钱铺就了从九石阿公路进村的水泥路和村内的石板路。进入糯黑村，也可见在统一规划之下同时有中文、彝语、英语的古色古香标识牌。石屋、石墙、石圈、石烤烟房、石板路，质朴和谐，风貌统一。

（2）内部规章是调控糯黑地方传统的重要制度。大糯黑村有自己强有力的内部本土规制。早在1914年3月29日，云南石林圭山大糯黑村村民为了保护自然资源、石料、草木，立大糯黑《封山碑记》。这一举措保持了森林覆盖率、水资源，说明很早之前就已经具备了兼顾整个生态系统的意识。

在新的时代背景下，制定了《村规民约》。2016年1月制定的最新版《糯黑村村规民约》规定了土地管理、山林资源、消防安全、消防管理、偷摸扒窃管理、人畜管理、人权管理、生态管理、公共卫生管理、家庭邻里管理、学校管理、村集体办公楼管理、社会治安、民事调解、计划生育、义务教育和兵役、管理民主相关事项。《村规民约》对于村寨生活的方方面面都做了相应的约束性管理。对财物管理、邻里关系、生态环境、社会治安等均做出了相应的要求。《村规民约》与《封山碑记》一脉相承，但又在不断地丰富和完善，涉及面也更加广，延续了较好的传统。

（3）工业化影响着糯黑的产业结构、生产方式与生活器具。烟叶种植占经济作物的很大一部分。糯黑几乎家家户户有摩托车、拖拉机。家庭条件好一些的农户，还有自家的私家车。许多农作物或牲畜的运输、贩卖都要依靠拖拉机来完成。工业化给糯黑带来的转变还体现在服装、家用电器、食品、各类日用品、农耕器具等生活物资及生产物资的变化上。糯黑日常生活中部分中老年女性仍然有包头的习俗，但年轻人基本已身穿流行服饰。家家户户有电视、冰箱等现代设施。商铺里面也在销售着来自外地的各种商品，一些农用器具也做了便利化的改进。在文化的自选择与自适应下，一些地方传统在消隐，同时新的习惯也在不断生成。

（4）信息化影响糯黑的文化接收与传播方式。大众媒介的进入改变了以往村寨信息沟通依赖面对面的口头沟通的方式，逐步发展起来的智能移动终端让信息的接收和发布都更为便捷。大量外界信息涌入村寨之后，多元的价值观、世界观和人生观冲击到村寨的中青年群体。老年群体由于信息更新和接收速率相对较慢，传统惯习保留得相对更好，但青年群体则更易受到外界影响。面临传统与现代的选择时，从众心态往往会力量强大，如对传统服饰的观念：老人相对较易接受和保留传统衣着习惯，但青年群体往往更喜欢“时尚”“新鲜”。外界的生活方式也会干扰着村寨的传统。

此外，糯黑也在信息化背景下得以更好地被传播和感知。糯黑的相关信息除了见于《圭山乡志》《石林县志》等常规书籍外，一些专家学者的研究成果和书籍也有对糯黑风土人情及文化特色的介绍。如王玲教授编著的《云南少数民族农村的社会文化变迁——对石林圭山大糯黑村一组撒尼支系的调查和思考》及主编的《枕石撒尼》，都比较系统、全面地记录了大糯黑村的物质文化、社会文化及精神文化的变迁，对于全面认识糯黑非常有帮助。同时，媒体对糯黑的宣传和塑造也在起着积极作用。早期对糯黑的报道更多见诸报端和电视媒体，随着新媒体的逐渐升温，糯黑的宣传也从传统媒介转移到新的移动智能终端上来。糯黑“石头寨”的主题形象非常明确，相关信息也逐渐出现在地方宣传的微信、微博平台上，除圭山、石林等地方媒体外，石林风景名胜管理局、云南一些旅游资讯平台也在宣传糯黑。

此外，文化传播“穿行”于人群和社会里面。文化自身的复杂性和文化传播的复杂性共同决定了文化传播的复杂性（唐晓峰，2012）。信息化社会还将地方形象通过文字、声音、图像等生动地传播到他地，又把他地的文化带到“我地”。糯黑即使文化传统延续良好，但也被卷入了现代社会，同时带来了诸多外来事物，影响人们的意识，进而改变着村寨的形貌。即使房屋外部结构和内在架构保留了传统样式且和谐统一，但内部陈设也已有了现代化的烙印。信息化让糯黑的地方性经由解读者理解后，在媒介上流动和传递，并被带至受众和潜在旅游者眼前。糯黑的地方文化特质在媒体的推荐和传播的同时，本地居民作为受众也对家园有了一种全新的地方解读。

（5）现代化影响着糯黑生活的方方面面。现代化给整个社会带来了一整套的变革。从生产方式的手工制作到机械化生产，从每件精雕细琢的手工作品到流水线上生产出来的千篇一律的商品，动力来源从人力、畜力到化学燃料如煤炭、石油、天然气及电力带来的动力革新，加速了人类社会移动的速率和物资流通方式。在糯黑，从交通工具到生活器具、服饰、家电，均可发现传统与现代交织的状态：人们既身着现代机器流水线上生产服饰，也在刺绣、种麻、割麻、洗麻、晒麻、制作麻制品；接受过良好教育的当地中青年群体可以流畅地用普通话和人交谈，也有老者只能听懂彝语、用彝语交流；在节庆活动歌舞表演时，人们身着撒尼民族服装，身边也有音响环绕，舞台上的人们既表演本民族歌舞，也表演流行歌曲舞蹈；马儿、羊群驮着铃儿响叮当，拖拉机也在发出咕咚咕咚声穿行在寨子里的石板路上……人们置身现代社会，又与传统有着绕不开的各种关联。

糯黑的地方性不是一种陈腐的传统。村寨的居民在产业及生活方式等方方面面均在适应现代社会，以谋求新的生计方式和生活方式。糯黑在整个大背景下进入了烟业的原材料供应环节，同时也在石林强劲的旅游发展势头下开始发展乡村旅游，也在生活中尝试使用现代社会生产出的各类产品。糯黑在渐进式地适应现代社会，萌发出了一个传统村落在现代社会自适应过程中的生机和动力。

（6）全球化加速了糯黑的一体化进程和国际化调适。全球化表现为世界各地经济联系、文化交流融通的加强。在现当代“世界历史”背景下，各国、各地区、各民族的文化业已相互渗透和汲取，甚至可以说已经在“短兵相接”了（杨志明，2009）。糯黑被国家民委确定为2009年7月在昆明召开的国际人类学与民族学联合会第十六届世界大会的田野考察点之一，众多国内外专家学者在会议期间专程前往该村参观和考察。在学术交流方面，糯黑作为“云南彝族（撒尼支系）调查研究及小康社会建设示范基地”接待过多批国内外专家学者和博硕士研究生。此外，旅游者里面也有不少海外旅游者和外省旅游者。在学术研究的全球视野下，大糯黑村代表着中国西南边疆少数民族彝族撒尼人支系聚居地，且紧邻自然遗产石林，保留了较好的民族文化传统，具有十分典型和特殊的研究价值。在我国旅游大发展背景之下，大糯黑村又代表着特色乡村和少数民族村寨，具有鲜明的特色景观、风土人情和少数民族风情，是一个特色鲜明的民族旅游村寨。在整个经济体系中，作为云南烟草行业的原材料供应基地之一，也被卷入了省内的经济体系。这说明，全球一体化的趋势不可避免，但糯黑也在积极地适应与应对调整中。

在标识标牌上，用彝语、中文和英语三种语言加以标记，考虑了外国游人的需要。同时，糯黑的文化传统也并未丢弃。一年一度的火把节、春节、密枝节等重要节庆依旧热闹非凡，年长女性也在闲暇之余制作着各类服装、围裙、桌布、刺绣制品等。全球尺度下的糯黑的地方意义和魅力更加典型和特殊。从客栈设计和功能对传统民居的改进也可看出糯黑客栈与外界需求的对接：客栈在外观上保留了石片贴装的外形和木质结构，客房基本均带有独立的卫生间，以满足旅游者私密性的需求。阿文客栈主体架构依旧为石木结构，但在结构上做了很大改进。二楼在传统的彝族民居中，一般是储物间。阿文客栈二楼明显加高且均用作客房，一楼的装饰仍以古朴为主，并用了写生艺术家的许多画作作为内墙装饰。外界各项元素都在一体化进程中源源不断涌入村寨，糯黑彝族村寨也为外界的研究和艺术创作提供了素材和灵感，二者在传统与现代、全球与地方之间找到了很好的融合点。

（7）周边和村寨的旅游化发展助力了糯黑地方性的彰显。糯黑受到的旅游影响基本来自以下几个层面：既有休闲旅游进入大发展时代民族文化旅游和乡村旅游的兴起的影响，也与石林作为云南老牌旅游地的崛起、申报国家地质公园、世界自然遗产、5A级景区等的整体旅游发展氛围良好有关系。最关键的是，糯黑有突出的“石头寨”景观特色和浓郁的撒尼风情。各项旅游称号和旅游发展、村寨建设资金不断涌入，为糯黑发展带来了契机，可以更好地规划和建设村寨，也使其在专家指导下就如何更好地保留传统文化和地方特色做出了诸多努力。同时，旅游者的关注和镜头下的“凝视”促进了当地居民思考如何更好地美化家园和展现家园。写生学生的持续到来、专家学者的关注及旅游者人数的逐年攀升，大糯黑村越来越重视地方特色的保护。

旅游使村寨发现了“自在的村寨”之外的观赏价值、审美价值、文化价值、娱乐价值等，为村寨建构出了一套全新的意义和价值系统——“在地的生活”被观望、“自在的村庄”被欣赏，村寨除了为“我们”（当地居民）提供生活场所外，还成为“他们”（旅游者和外来者）欣赏的地方。旅游使得作为“我地”的村寨在“他者”的目光下衍生出了新价值，同时带来了新的谋生途径。旅游者的到来，土特产、手工制品有了销售对象，农家客栈也有了住宿游客，村寨风光成为画家画笔下的油画作品和摄影家相机里的作品，被传播到更广阔的世界从而吸引更多的潜在旅游者慕名而来。而村寨的地方特质和魅力，也更好地被理解从而受到了保护。

需要强调的是，工业化、信息化、现代化、全球化、旅游化“五化”密不可分的。虽然此处结构性动力中将“五化”分开论述，以突出各自的相关性。但在实际影响过程中，其作用往往相互交织、齐头并进。如信息化是工业化发展到一定阶段的结果，现代化也是工业化助力的结果，全球化与旅游化在文化影响上几乎可以看作同一层面。糯黑地方性的建构，也是内部条件和外部影响合力作用的结果。影响糯黑地方性建构的结构性动力，目前尚属于渐进式影响，尚未给糯黑带来明显的破坏式影响。

6.2.2.2 非结构性动力

（1）社区精英对糯黑地方性的生成起到了关键性引领作用。社区精英是非结构性动力中的关键性力量。王玲教授是一名土生土长的彝族撒尼女性，也是中国少数民族艺术专业的博士。在她的推动下，2003 年 7 月，大糯黑村成为云南大学“211 工程”、“十五”民族学重点学科建设项目“云南少数民族调查研究及小康社会建设示范基地”彝族（撒尼支系）子项目的调研观测点。2003 年 12 月，她在糯黑组织成立了“云南彝族（撒尼支系）调查研究及小康社会建设示范基地”工作站，遴选了当地两名人员参与研究记录工作。在后期，基地工作站建成了彝族撒尼文化研究中心，并积极开展学术交流。此外，她还积极推进糯黑的研究项目，如云南省教育厅科研基金项目“旅游开发前景下民族文化的保护与传承——以石林糯黑村为例”，并撰写完成了关于糯黑村的研究报告并被昆明市旅游局采用。王玲教授主导推动下的项目建设、对糯黑的深入研究及科研成果，对糯黑地方文化特质起到了较好的整理、记录和保存作用，也成为他人了解糯黑、认识糯黑的重要渠道。此外，还积极推动圭山乡大糯黑村成为云南大学“云南少数民族调查研究及小康社会建设示范基地”之一，并经多方努力，使得“糯黑彝族文化保护区”在 2005 年被列入昆明市级民族民间文化保护名录。还积极帮助大糯黑村谋求多方支持：如与昆明市旅游局和石林县政府协商，大糯黑村被昆明市政府和石林县政府列入与石林“阿诗玛民族文化长廊”相配套的子工程——“糯黑民族生态示范村”规划重点项目。还建成了糯黑彝族文化博物馆、糯黑彝族撒尼阿诗玛文化课堂等。

另外，生长于大糯黑村的王光华先生，对家乡的热爱和情感使其也积极投身于对家乡旅游事业的发展和建设当中来。对于家乡的发展表现出了极大的支持热忱，尽量给研究者们提供需要的帮助。这些从村寨走出来的“原乡人”，切实地关切着家园的发展，并乐意为此付出和积极争取相关支持。王光华先生的老父亲是当地一位退休教师，也是当地人非常尊重的老者和知晓糯黑村寨历史的一位文化精英，许多关于糯黑的采访和报道，会向老人家了解情况。

在笔者的调研中，还了解到村干部在地方传统的保护中起到了积极的带头作用。在县政府工作的王海东介绍道“记得当初号召大家外墙装饰不要用瓷砖，而尽量用本地石片的时候，虽然有补助，但大家都嫌麻烦不愿意折腾。于是村干部就带头先敲掉了自家刚贴上去的瓷砖，换成了本地现在看到的一片一片的石片。村民看到村干部自己都敲了，也纷纷同意换掉外墙的瓷砖装饰，改用本地石材。”糯黑人民现在都比较重视地方特色的保护，村干部起到了较好的带头作用。这说明，社区精英在地方特色的维系中起到了良好的带头和示范作用。正是在社区精英领军人物般的积极推动及多位专家和地方各级部门和政府大力支持下，糯黑获得了一系列的发展机遇。在这些发展机遇中，糯黑不断地被赋予新意义并争取到更多的支持，对地方性的彰显也起到了积极作用。

（2）以艺术创作为主的高校师生为糯黑注入了新的艺术气息。影响大糯黑村地方性建构的外来人员主要是在当地进行艺术创作的老师和学生。糯黑先后被确定为云南大学中国少数民族艺术专业硕士研究生的田野调查点、云南大学艺术与设计学院本科生暑期社会调查和社会实践基地、云南艺术学院绘画专业本科生的写生基地、西南林学院旅游专业本科生的实习基地、红河学院绘画专业本科生的写生基地。据一位在糯黑写生的油画专业的硕士实习生介绍，他们觉得糯黑的状态接近法国的巴比松，即可以看到非常朴实的农民生活。巴比松在法国代表着农民乡村生活的典型。糯黑是画家之乡，原因是很多画家会到糯黑来采风创作。油画、美术专业师生的画作，是对糯黑地方美感的挖掘和意义的新引入，让一个平凡的村寨变得富有艺术气息和灵动起来。此外，糯黑还是备受专家学者青睐的研究基地。人类学、民族学以及建筑学、旅游学领域的诸多学者以糯黑为调研对象，以其为案例点进行研究。从多面视角来审视糯黑，也为糯黑地方性的解读提供了多元的视角和素材。

（3）高校和科研机构强化了糯黑的地方特色。社区精英在引领社区发展之时功不可没，但社会民间各类组织机构的积极参与和支持更好地推动了糯黑的发展。高校科研机构对糯黑的关注、记录和研究本身也是对其地方性的一种解读。通过学者的笔触，外界人员才可更好地了解糯黑。昆明的诸多高校将糯黑列为田野调查点和实习基地、写生基地，也正是因为写生基地设置在糯黑，糯黑的生活空间被赋予了艺术气息和美感的新意义。高校机构在糯黑地方性的建构中也发挥了重要的作用。此外，云南大学王筱春教授主持的福特基金会项目“少数民族妇女参与当地旅游服务工作和文化活动的调查研究”也以糯黑为调查点。从国际非政府机构对糯黑的关注和认可可以看出，糯黑虽为中国西南边疆偏远山区的民族村寨，也被呈现在了一个更为广阔的国际舞台上。大糯黑村被列为“国际人类学与民族学联合会第十六届世界大会”的田野考察点之一后，大量海内外专家和旅游者相继来到糯黑，有的因为学术研究需要，有的只为领略糯黑撒尼风情。糯黑的地方特色和魅力，也在这些组织机构和参与者的宣传中得以突出。

6.2.3 地方性的感知

6.2.3.1 调研情况

对石林糯黑的调研先后分两次进行。第一次去糯黑是在 2015 年春节期间，具体时间为 2016 年 2 月 11 号。碰上了糯黑春节期间的文艺节目表演，表演地为老学校的教室，座无虚席，还有一些慕名而来的游客。其间还偶遇了四通园和阿文客栈老板的女儿毕琦瑶，在她的陪同下围绕整个寨子走了一遍，并听她介绍了一些糯黑的情况。不过当天因阿文客栈的主人要去观看斗牛比赛，客栈不对外营业，第一次只是走马观花式地了解了糯黑的基本情况，形成了感性认知。主要对糯黑的交通、村寨整体面貌、旅游开发情况等进行了简单了解。

第二次糯黑调研安排在 2016 年 9 月 16 号到 18 号。本次主要联系了糯黑村的村干部、玉兰园客栈经营者王光珍及在石林县政府工作、老家在糯黑的朋友王海东，听取了他们介绍糯黑的相关情况，并委托镇政府搜集了糯黑相关资料。在糯黑停留了两晚三天，选择了部分旅游者和当地居民都进行问卷和访谈。糯黑共发出问卷 45 份（访谈同时进行），其中当地居民 19 份，旅游者 26 份，全部为有效问卷。

6.2.3.2 本土居民感知

当地居民的访谈对象涉及 3 名客栈经营者（Hotel Boss，编号 HB-1、HB-2、HB-3）、1 名小商铺经营者（Grocery Boss，编号 GB-1）、1 名村干部（Civil Servant Inside，编号 CSI-1）、2 名从糯黑走出去的政府工作人员（Civil Servant Outside，编号 CSO-1、CSO-2）、2 名未参与旅游经营的农家（Local Residents Uninvolved Tourism，编号 LRUT-1、LRUT-2）、2 名青年学生（Young Students，编号 YS-1、YS-2）、1 名德高望重的老者（Respectable Elder Man，编号 REM-1）、7 名随机访谈的村民（Randomly Interviewed Local Resident，编号 RILC-1、RILC-2、RILC-3、RILC-4、RILC-5、RILC-6、RILC-7），具有一定的代表意义。接受访谈的当地居民共有 19 位。

（1）基本信息。本地居民访谈的基本信息如表 6-1 所示。

表6-1　糯黑访谈居民基本情况

<table>
<tr><td>项目</td><td colspan="6">构成情况</td></tr>
<tr><td>性别</td><td colspan="3">男：10</td><td colspan="3">女：9</td></tr>
<tr><td>年龄</td><td colspan="2">18岁以下：4</td><td>18~25岁：2</td><td>26~45岁：8</td><td>46~60岁：2</td><td>60岁以上：3</td></tr>
<tr><td>教育程度</td><td colspan="2">初中及以下：8</td><td>高中及中职：8</td><td>本科或大专：3</td><td colspan="2">研究生及以上：0</td></tr>
<tr><td>从事工作</td><td colspan="3">旅游相关：5</td><td colspan="3">旅游无关：14</td></tr>
<tr><td>旅游培训</td><td colspan="3">接受过：3</td><td colspan="3">未接受过：16</td></tr>
<tr><td>外界宣传</td><td colspan="3">接触过：15</td><td colspan="3">未接触过：4</td></tr>
<tr><td>居住年限</td><td colspan="3">本地居民：18
87，61，56，15，47，27，28，19，17，17，16，40，24，40，27，14，41，30</td><td colspan="3">外地临时定居居民：1
16</td></tr>
<tr><td>了解渠道</td><td>书本渠道：0</td><td>网络渠道：1</td><td>移动智能终端：1</td><td>口传心授：3</td><td>户外广告：0</td><td>生活体验（含在地生活及婚嫁）：19</td></tr>
<tr><td>旅游频率</td><td colspan="2">经常：0</td><td>节假日：5</td><td>很少：11</td><td>几乎不：3</td><td></td></tr>
</table>

注：了解渠道为多项选择，数字为出现频次，未出现项目未列入。居住年限下数字为居住时间（年）。

从表6–1可以看出，受访者性别比例基本均衡，其中男性10名，女性9名。年龄分布上，青少年群体、中年群体、老年群体基本均衡，主要以中青年群体为主。

从受教育情况来看，糯黑当地居民的受教育情况一般，高中及中职中专、初中及以下占绝大多数，均占到42%，,本科或大专以上学历约占16%。

受访者中仅有少量在从事旅游相关工作，约占1/4；仅有1/5不到的居民表示接受过旅游培训。可以看出，大糯黑村的社区参与旅游程度还不是很高，系统接受教育培训还较为缺乏。

而在外界宣传上，大多数人均表示接触过外界宣传。受访者基本是当地村民，除了婚嫁关系进入大糯黑村以外，没发现因投资而定居在糯黑的外地人。

受访者最小年龄为 17 岁，最年长者为 87 岁。从了解渠道来看，当地居民主要还是通过在地的生活体验来了解糯黑。访谈中发现，青年群体会通过网络渠道、智能终端或从年长者讲述中了解糯黑。

当地居民较少旅游，也有小部分居民会在节假日期间外出旅游。

（2）地方特色感知。当地居民对具体的地方特质感知如图 6–1 所示。结合访谈和图表进行分析，主要得出了以下认识。

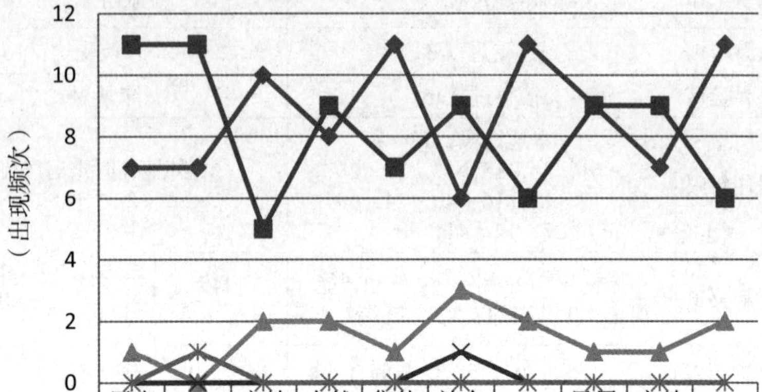

	历史事件	文化	宗教信仰	自然环境	集体活动	社会环境	习俗	民居形态	宗教活动	住所
A非常有特色	7	7	10	8	11	6	11	9	7	11
B有特色	11	11	5	9	7	9	6	9	9	6
C一般	1	0	2	2	1	3	2	1	1	2
D比较没特色	0	0	0	0	0	1	0	0	0	0
E完全没特色	0	1	0	0	0	0	0	0	0	0

图 6-1　糯黑地方特质本土居民感知情况

注：表格中数据为对应选项的频次。糯黑当地居民接受访谈调研者共有 19 人，因此总计数为 19，不足 19 为部分问题留白，未列入。如宗教信仰上，2 名当地居民认为当地无宗教信仰，也无宗教活动，因此总频数为 17。

就出现的频次求和汇总情况来看，“非常有特色”出现频次最高，共计 87 次；“有特色”频次位于第二，共计 82 项；“一般”频次位于第三，仅有 15 项；仅有社会环境一事项被认为“比较没特色”，频次为 1；被认为“完全没特色”的仅有一项，频次为 1。在选择“非常有特色”中单项频次出现较高的分别是集体活动、习俗、住所和宗教信仰。单项地方特质的特色感知率（认为“非常有特色”和“有特色”）最低有79%，最高达95%，绝大多数当地居民认为糯黑的地方特质有特色。糯黑彝族村寨当地居民对地方性的整体感知良好。

从访谈情况来看，在被问及是否觉得糯黑有特色时，不少居民表示生活久了似乎习以为常了（CSO-1，YS-2，HB-2），但进一步问起跟其他地方比起来，多数当地居民认为比起其他地方有特色，并且进一步列举出石头房、石板路、火把节、密枝节等（HB-2，REM-1，GB-1）。受访的王老先生表示：除了节庆活动以外，糯黑的封山碑记、老房子、老学校、两个广场、妇女的头饰这些都很有特点（REM-1）。

在历史事件特色的感知上，认为“非常有特色”和“有特色”的当地居民占到了95%，受访者中仅有1人表示“一般”，当地居民对历史事件的地方特色感知程度较高，且无负面感知。

在文化特色的感知上，与历史事件感知相同，认为“非常有特色”和“有特色”的当地居民的正向感知占到了95%，受访者中仅有1人认为“完全没特色”，糯黑当地居民对糯黑文化地方特色的感知程度较高。

在宗教信仰特色的感知方面，约有88%的受访者认为“非常有特色”和“有特色”，且认为“非常有特色”的当地居民是认为“有特色”居民的两倍，少量表示一般。但在对有无宗教信仰的认知上，当地居民存在差异。有2位受访者表示糯黑没有宗教信仰（HB-2，RELC-6），但有当地居民表示糯黑信仰山神（CSO-1，YS-1）。一位在糯黑长大的在县政府工作的当地居民提及，七月半会杀牛祭祀、杀绵羊祭山神（CSO-1）。另一位青年学生也提及，本地人主要信仰山神，何氏祭祖3年2次祭山神（YS-1）。在学者中，糯黑的宗教信仰倾向于自然崇拜、树崇拜（祭密枝）、祖先崇拜和毕摩文化。宗教信仰与人们的生活密切相关，但又从未被单独强调，因此也导致了一些认知上的差异。

在自然环境特色感知方面，89%的当地居民认为糯黑的自然环境“非常有特色”和“有特色”，少量居民表示“一般”，对自然环境无负面感知。自然环境中的诸如圭山、杀牛山、绵羊山、古树名木等也被多次提及。受访的王老先生就提及，老圭山是糯黑的“暗山”（风水里很重要的地方），圭山是糯黑的根（REM-1）。

在集体活动特色感知方面，95%的当地居民认为糯黑的集体活动“非常有特色”和“有特色”，极少数认为“一般”。受访的当地居民也较多提及节庆活动，如火把节、密枝节、春节、乡村音乐节等，并认为非常有特色。王老先生就认为，节庆活动里，密枝节、火把节、祭山节最有特点（REM-1）。小卖部店主也表示，糯黑好瞧（意思为好看）又好玩，特别是火把节、春节的时候，有表演、唱歌跳舞，好多人来，外国人都来，人多热闹（GB-1）。王光华则表示，在糯黑，最隆重最有特色的节日就是火把节、密枝节、春节。王海东认为，火把节、密枝节、乡村音乐节都比较隆重（CSO-1）。当地居民对于糯黑节庆活动的感知程度非常高，但在具体的节庆事项上，存在细微的认知差异，如年轻的王海东更能意识到乡村音乐节的重要性。

在社会环境特色感知方面，79% 的当地居民认为糯黑“非常有特色”和“有特色”，也有约 21% 的当地居民认为“一般”和“没特色”，是所有单项特质中“一般”和“没特色”选项最多的一个，或是由生活环境在小范围的相似性决定的。在访谈过程中也发现，部分村民会觉得村寨环境和周边其他村寨没有大的区别（RELC-6）。在小尺度相近的范围内，社会环境差异性也不容易体现。

在习俗特色感知方面，89% 的当地居民认为“非常有特色”和“有特色”，仅有少量当地居民表示“一般”。调研期间从当地村干部口中了解到，在糯黑，旅游者可参与的活动有婚俗表演、歌舞表演，村里有 3 支文艺队，加上其他文艺表演、乐器演奏的共有 9 支，一般是有需要的时候才表演（CSI-1）。

在民居形态的特色感知方面，95% 的当地居民认为糯黑的整体形貌和空间样式构成的民居形态“非常有特色”和“有特色”，仅有 1 名受访者认为“一般”。

在宗教活动的特色感知方面，94% 的受访者表示“非常有特色”和“有特色”。但如同“是否有宗教信仰”一样，也有少量当地居民认为糯黑没有宗教信仰，故而无宗教活动。在部分村民和外界学者看来，密枝节的祭祀活动和祭山活动等属于宗教活动范畴，富有意义也很有特色。

在住所的特色感知方面，89% 的当地居民认为“非常有特色”和“有特色”的。其中，认为“非常有特色”的人数接近认为“有特色”的两倍。由此可见，对于石木结构的“石头房”感知程度之高。

在印象最深刻事项（包含笔者预设的部分和开放式添加）感知上，当地居民选择如图 6-2 所示。

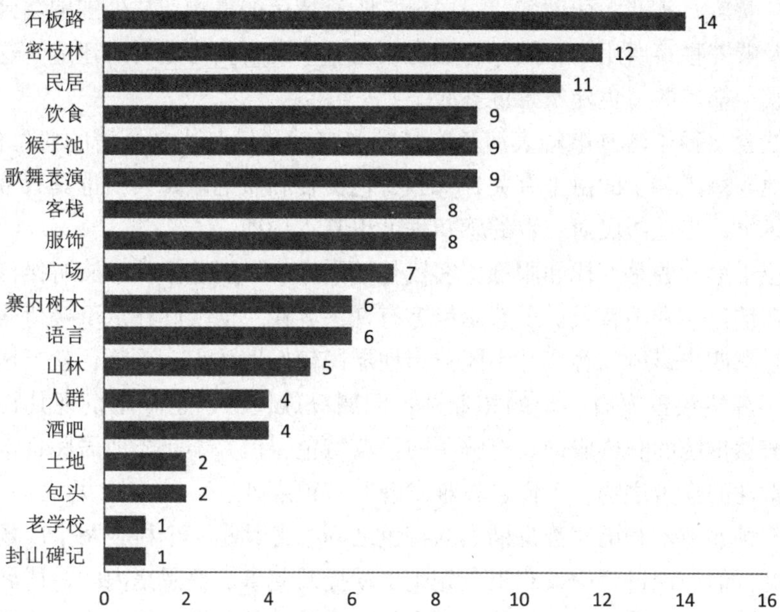

图 6-2 糯黑当地居民印象深刻事项排序

注：图中数字为各印象深刻事项出现的频次，样本数为 19。

从图 6-2 可以看出，当地居民印象最深刻前三事项分别是：石板路、密枝林和民居，排名第四的是三个并列事项：饮食、猴子池和歌舞表演，排名第五的是客栈和服饰（并列），排名第六的是广场，排名第七的是寨内树木和语言（并列），其余的依次是山林、人群和酒吧（并列）、土地和包头（并列）、老学校和封山碑记（并列）。

石板路是串联起糯黑的重要纽带，村寨以道路为脉而相连接。道路也像村寨的整个动脉，往来劳作、走亲访友均穿梭于石板路。石板路经修整后集美感与实用于一体，与石木结构的民居相得益彰，漫步其中，确实别有一番体验。

密枝林在彝族人民心目中的地位非常重要。诚如王海东所言，密枝林是每个彝族村寨必须有的东西，且保护得很好，基本上如神一样供奉（CSO–1）。平常女性和外来人员一般也不允许随便进入密枝林。神秘而尊贵的地位也使其在当地居民心中分量十分重要。

民居虽然在排名上略微靠后，但实为糯黑最典型最特别的视觉景观。糯黑以“彝族石头寨”而闻名，民居也是既有特色的事物。从外围围墙到房屋墙体及喂养牲畜所用的石圈、烤烟房，无一不是石头为原料所建造，这也形成了整个糯黑的特色建筑景观基底。

饮食、猴子池和歌舞表演基本是糯黑自然环境与人文风情的典型代表。猴子池与糯黑名字的由来有关，彝族特色美食和撒尼歌舞表演也具有浓郁的民族风情，当地居民对二者的感知程度也基本均衡。

位于第五的是客栈和服饰。客栈是糯黑逐步发展起来从事旅游接待的机构，在糯黑还并不普及。虽然总量上有9家客栈，但实际在从事接待服务的也仅有三四户，所以客栈并不能被当地居民较好地认识。再者，就当地居民而言，客栈跟自家有一定的相似性，同属彝族民居，也较难发现其特色之处。虽然传统的彝族服饰具有鲜明的民族特色，但并不是当地居民日常生活中经常性的穿戴之物，人们也较难发现其特色之处。

广场、树木和语言都是糯黑的特色之物，尤其是一个村寨两个广场，十分罕见，但访谈过程中仅有王老先生主动提及此事。糯黑寨内的古树名木也较多，尤以核桃树、梨树、柏树居多。在四季交替的变化里，也会呈现出不同的美感，但对当地居民而言，或许是熟悉之物，也并不觉得稀有。语言亦是如此，日常的使用不容易让“我者”识别出其特别之处。

关于地方性在旅游当中的重要性及整体特色感知，当地居民的选择结果如表6–2所示。绝大多数当地居民认为地方性在旅游开发中是“非常重要”或“很重要”，说明旅游发展背景之下，当地居民在意识上非常重视地方特色。从对糯黑的地方性整体感知情况来看，47%的当地居民表示糯黑“非常有特色”，53%的当地居民认为糯黑“有特色”。也就是糯黑地方特色当地居民的整体感知率达到了100%，几乎所有受访者都认为糯黑有特色，对糯黑地方性属百分百正向感知。

表6-2　糯黑当地居民地方特色重要性及整体特色感知

感知情况 指标	非常正向	正向	一般	比较负面	非常负面
地方特色重要性	53%	42%	—	5%	—
地方特色整体感知	47%	53%	—	—	—

（3）旅游开发感知。在对糯黑旅游开发感知上，74%的居民认为“非常恰当”或“恰当”，也有10%的当地居民表示“一般”，16%的居民表示“不太恰当”（见图6–3）。从访谈情况来看，问题主要集中在旅游发展的参与面比较狭窄、基础设施较为薄弱、接待能力有限、居民保护意识存在不足、旅游者可参与的项目较少、公共卫生管理不足等方面。

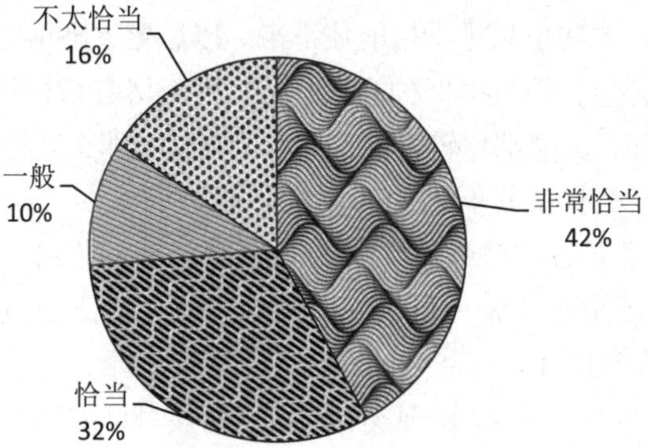

图6-3 糯黑当地居民对旅游开发的恰当性感知

有的受访者反映：“旅游发展的受益人目前还只是小部分人享有，整体的参与度不高。大家对公共环境卫生的关注程度就不一样，不搞旅游的村民觉得卫生好不好和我们又没有关系，所以比较无所谓，公厕卫生好坏也不在意。但节假日或有重要领导来村里视察的时候会专门请人打扫。可能比较缺乏一种主人翁意识且没有从中直接受益。民族文化博物馆平常基本也是锁闭的状态，一般人包括村民也看不到，进不去。”（CSO–2）

当地的客栈经营户也反映：“糯黑旅游接待设施不足，宣传也不怎么到位，很多人不知道怎么来，去泸西都不知道怎么来糯黑，来了也不知道哪里有吃有住，游客对村子不怎么了解，只看到比较表面的东西。应该要加大宣传，吃住方面的都该有。”（HB–1）

“旅游开发当中也存在一些问题，政府宣传不到位，好多游客不了解糯黑。公厕不够、路灯也不够。接待服务设施有待改进。我们家也比较简陋，离城里的酒店那些还差很远，旅游者住的条件比较差。旅游者能玩的地方也不多，能留下来住的也不多。旅游商品，如土特产这些也可以再丰富些，有时候游客想买但是家里没有，供应不够啊，鸡鸭这些养不了那么多，土鸡蛋

有时候也不一定买得到，撒尼刺绣有时候也买不到，火草褂也很少了。有时候自家的物资也不够招待旅游者。”（HB–2）

“在旅游发展方面，希望村里人改变观念，搞卫生不是为了农家乐生意，希望大家共同维护公共环境，政府可以资助些卫生费。”（HB–3）

“现有的客栈无法满足旅游者需求。每天有40个左右的散客进村，但全村只有不超过70个床位，绝大部分是写生的学生长期住着，外面的旅游者就算想住也住不下来，要住也只是少量能住下来。以后要逐渐增加接待旅游接待设施……民居最有特色，但居民保护意识不够，建新房有新材料使用的需求，如彩钢瓦省钱又方便，大家都比较喜欢，但看上去就不那么有特色。”（CSI–1）。

“旅游者没怎么打扰我们的生活。但是画画的太多了，有点影响我们的生活。比如，车子要过的时候他在路中间画画，又不让路。然后拍照或者进入别人家这些，还是要礼貌一点，问下别人意见，大家应该互相尊重，尤其要尊重村民。”（RILR–4）

在调研过程中，笔者也发现类似的冲突：一些游客在猴子池见到很多当地妇女在洗麻，纷纷拿起相机进行集中式拍摄，妇女就喊道“有什么好拍的”，当这些游客发现一位戴着头巾、背着猪草从旁边走过的妇女时，又纷纷将摄像头转来对着这位背着猪草的妇女，妇女不耐烦地说，“拍什么拍，不准拍”，这或可称为“凝视的尴尬”。当自己的生活状态毫不设防地呈现在“他者”的镜头之下时，当事人或会感到尴尬，甚至感受到隐私被触碰、被冒犯。集中式的拍摄也可能会让镜头下的被拍摄者感到不悦。

“环境卫生情况不是很理想。扫地过后又有牛羊排泄物，不容易保持干净。农家乐对整个村寨又没什么贡献，扫地只是农家乐得利，扫地也是为农家乐扫地。听说政府有卫生补助，但实际没拿到。而且每人需出10元／年的卫生费，卫生还要自己打扫。公共设施不是很健全。路灯太少了，有时候要干活，但旅游车太多了，自己家的拖拉机和私家车根本没有办法行驶，就感觉心烦，路面太窄了。”（RELR–2）

在增强糯黑特色的建议方面，当地居民的意见汇总如下：丰富旅游商品，增加土特产供应；增加一些娱乐项目，玩场（玩的方式和内容）多一点，以方便游客留下来；增强公共服务设施，如卫生间、路灯等（HB–2）。保护好古民居，改变围墙之内脏乱的状态，让环境更加优美整洁（RILR–1）。以石头为特色突出自身的建筑风格（HB–1）。

地方性的彰显要以旅游的合理有序开发为前提。糯黑当地居民对糯黑地方性的感知状况非常好，但旅游开发的矛盾也已可见苗头，参与面的狭窄、利益分配不均，让部分当地居民失去了维护村容村貌的热情。随着旅游者的增加，狭小的村寨生活空间也受到挤压，表现在游客对公共空间的挤压，如大量游客和车辆的到来和进入使得原本狭窄的道路拥挤不堪，甚至干扰到了糯黑农忙时节正常的生活秩序。

应对以上问题，一方面政府要做好宣传引导，同时创设更多均等的旅游参与机会，给予愿意发展旅游的居民户一定的指导和支持，如除客栈经营外，还可通过特色商品销售、文艺节目展演、餐饮接待、向导、多元化的旅游产品供给等方面来参与糯黑旅游发展。在公共设施方面，政府也可牵头拓宽公共空间或改变空间的利用形式，尽量提供更充足的休闲娱乐空间同时供当地居民和旅游者使用。区分好公共领域与私人空间，对于不愿意被打扰的民居人家，向游客友好提醒，力求互相尊重，共同发展。

（4）地方认同。在地方认同的相关问题上，当地居民的选择结果如表 6–3 所示。

表 6-3　糯黑当地居民地方认同相关问题分析

感知问题＼感知情况	非常正向	正向	一般	比较负面	非常负面
居住适宜性	68%	32%	—	—	—
生活便利性	32%	47%	16%	5%	—
旅游适宜性	42%	53%	—	5%	—

在居住适宜性的问题上，当地居民对糯黑的好评率达到了 100%。在生活便利性的问题上，当地居民的正向感知率达 79%，16% 的表示一般，5% 认为不太能满足生活所需。在糯黑适宜性的评价上，当地居民的好评率达到 95%，仅有 5%（1 名当地居民）认为不适合开展旅游活动。

从访谈的情况来看，有当地居民认为“生活不是很方便，一些生活用品如大米等就要在镇上去购买”（RILR–3）。

综合当地居民对糯黑居住适宜性、居住便利性和旅游适宜性的问题来看，糯黑当地居民对糯黑的地方认同程度较高。尤其是在居住适宜性和旅游适宜性的问题上，认可程度达到了 95% 以上。

（5）地方依恋。在居住意愿的问题上，调研结果如表 6–4 所示。当地居民正向的居住意愿占到 89%，仅有 11% 表示“不一定，看情况”，可看出当地居民的地方依恋十分强烈。在地方好感度的问题上，受访当地居民对地方好感度达到 100%。纵使旅游发展中存在一些问题，也使村寨发生了一些变化，但总体来说，当地居民对糯黑村充满好感。

表 6-4　糯黑当地居民地方依恋相关问题分析

感知情况 感知问题	非常正向	正向	一般	比较负面	非常负面
居住意向	67%	22%	11%	—	—
地方好感度	37%	63%	—	—	—

6.2.3.3 **旅游者感知**

旅游者访谈基本为随机选择。从调研期间来看，旅游者中有绝大部分是云南大学艺术学院写生的学生（University Students，US）和老师（University Teachers，UT），居住在客栈，对糯黑也有一定的了解。其他旅游者有自行前往的散客（Free Tourists，FT），也有旅行社团队游客（Organized Tourists，OT），但团队基本是走马观花式看看便离开。笔者调研期间曾遇到一个台湾团队，从石林九乡返程，领队给了一个小时的自由活动时间给大家拍照游览，然后集中返回昆明。

（1）基本信息。在性别比例上，男女各占 13 名，接受访谈的旅游者性别比例均衡。旅游者的其他基本情况如表 6–5 所示。

表 6-5　糯黑旅游者基本信息

<table>
<tr><td>项目</td><td colspan="5">构成情况</td></tr>
<tr><td>性别</td><td colspan="2">男：13</td><td colspan="3">女：13</td></tr>
<tr><td>年龄</td><td>18岁以下：2</td><td>18~25岁：12</td><td>25~45岁：9</td><td>45~60岁：2</td><td>60岁以上：1</td></tr>
<tr><td>教育程度</td><td>初中及
以下：3</td><td>高中及
中职：1</td><td>大专或
本科：15</td><td colspan="2">研究生及以上：7</td></tr>
<tr><td>从事工作</td><td colspan="2">旅游相关：3</td><td colspan="3">旅游无关：23</td></tr>
<tr><td>旅游培训</td><td colspan="2">接受过：4</td><td colspan="3">未接受过：22</td></tr>
</table>

外界宣传	接触过：10		未接触过：16		
第几次来糯黑	首次或多次旅游者：23		度假型旅游者：3		
了解渠道	网络渠道：3	移动智能终端：2	亲友推荐：13	旅行代理商：2	其他：6
旅游频率	经常：10	节假日：8	很少：8	几乎不：0	
村寨生活经历	非常长时间：6	一段时间：15	没有：5		

注：了解渠道为多项选择，数字为出现的频次，未出现项目未列入。

从表6–5可以看出，糯黑旅游者中以中青年为主，46%的游客为青少年，35%为中青年。

旅游者受教育程度较高，大专或本科占到了58%，研究生及以上占到了27%。或与在糯黑写生的学生和科研调研者较多有关，同时也说明糯黑的民族文化旅游也倾向于小众型旅游。

来糯黑的游客当中，有69%的游客属于首次旅游者，重游者和度假型旅游者也占了一定比例，分别是19%和12%[1]。

有62%的旅游者此前并未接触过专门的糯黑宣传信息，仅有38%表示接触过，说明糯黑的旅游宣传工作还比较薄弱。同时，了解糯黑的渠道也以亲朋好友口头推荐居多。也有小部分旅游者通过移动智能终端和网络渠道了解糯黑，但通过网络渠道了解糯黑的旅游者并不算多。通过旅行社、代理商推荐的团队游客也有一定的比例，但多数属于走马观花式游览。

从到糯黑的旅游者旅游频率来看，“经常旅游”和“节假日旅游”的比例占到了69%，说明糯黑的旅游者多数属于经验丰富型旅游者，也进一步验证了糯黑小众型旅游者居多这一状况。而在“是否有村寨生活经历”这一问题上，58%的旅游者表示有过一段时间，23%的旅游者表示生活了非常长时间，表示没有村寨生活经历的仅有19%。这说明，糯黑因其彝族撒尼少数民族风情，对主流民族非常具有吸引力。即使是有村寨生活经历的人，也愿意到糯黑领略少数民族风情。

1　在调研时发现的“度假型旅游者”是长期居住在下面的旅游者，多数是老师和学生，长期在糯黑带学生写生和实习，准确意义上讲属于因公务旅游。

（2）地方特色感知。旅游者对糯黑具体的地方特质感知如图 6-4 所示。结合访谈和图表进行分析，主要得出以下认识。

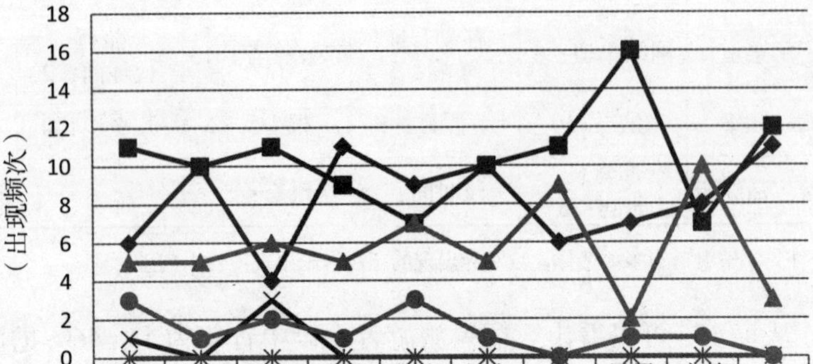

	历史事件	文化	宗教信仰	自然环境	集体活动	社会环境	习俗	民居形态	宗教活动	住所
A非常有特色	6	10	4	11	9	10	6	7	8	11
B有特色	11	10	11	9	7	10	11	16	7	12
C一般	5	5	6	5	7	5	9	2	10	3
D比较没特色	1	0	3	0	0	0	0	0	0	0
E完全没特色	0	0	0	0	0	0	0	0	0	0
F不了解	3	1	2	1	3	1	0	1	1	0

图 6-4　糯黑旅游者地方特质感知

注："不了解"这一项在原问卷设计中并未考虑到，但在调研过程中有旅游者表示不了解，做留白处理（即不选择），在统计式按照"不了解"单独分类，然后进行统计。数字为各选项出现的频次，共有 26 位旅游者接受了访谈，频次总和为 26。

从统计结果来看，旅游者对糯黑地方特质感知整体良好。"有特色"出现比例最高、"非常有特色"其次、"一般"位于第三。"非常有特色"出现频次最高的单项地方特质分别是自然环境和宗教活动。文化、集体活动、社会环境的"非常有特色"和"有特色"出现频次相同。认为住所"非常有特色"和"有特色"基本持平，前者仅低了一个频次。而在当地居民"非常有特色"选项最高的梯队里，并无自然环境这一项，但宗教活动是二者共同认为非常有特色的事项。旅游者对糯黑单项地方特质的感知情况如下。

在历史事件感知方面：认为"有特色"的旅游者最多，"非常有特色"次之，认为"一般"的位于第三，表示不了解的位于第四，仅有 1 名旅游者表示"比较没特色"。总体而言，认为"非常有特色"和"有特色"的旅游者比例占总受访人数的 65%，正向感知位于中上水平。

在文化感知方面：认为“非常有特色”和“有特色”的旅游者人数最多且相同。其次为“一般”，1名受访者表示不了解。认为“非常有特色”和“有特色”的旅游者共占受访者的77%，正向感知较好。一名昆明的自由行游客就表示，“糯黑比起其他的村子感觉文化底蕴还是很深厚的，还有专门的博物馆。还可以看到织布机、刺绣这些，以及非常有民族特色的手工艺品。”（FT-3）

在宗教信仰感知方面：认为“有特色”的旅游者最多，约占总人数的42%，表示“一般”的其次，约占23%：认为“非常有特色”的仅占15%。2名受访者表示不了解。认为“有特色”和“非常有特色”的旅游者虽然超过了半数，约占58%。但相比其他地方特质略为逊色，或与糯黑的宗教信仰不易为旅游者感知有关。

在自然环境感知方面：认为“非常有特色”的旅游者最多，认为“有特色”的位于第二，其次为“一般”，1名旅游者表示不了解。认为“非常有特色”和“有特色”的旅游者占受访者的77%，正向感知情况良好。受访者也表示，糯黑很多核桃树让他们印象深刻，山清水秀空气好。“每家每户都有核桃树，整体感觉很不错，感觉是个非常朴实的地方……山清水秀，空气也很好。”（FT-2）

在集体活动感知方面，认为“有特色”和“一般”的旅游者人数相同，占27%左右。约有12%的旅游者表示不了解有哪些集体活动。总体来看，认为“非常有特色”和“有特色”的人数超过了半数，约占62%，但在单项具体的地方特质感知中稍弱。虽然糯黑的节庆活动非常热闹，但旅游者若没有碰上节日就会感觉比较单调。受访的多名昆明自由行游客都表示，糯黑可以玩的项目太少了，基本没有什么可以参与的项目，有些单调。

在社会环境感知方面：认为糯黑社会环境“非常有特色”和“有特色”的人数最多且相同，各占38%左右，正向感知比例为76%。约有19%的旅游者表示一般，1名旅游者表示不了解。旅游者对当地社会环境的好感度比较高，几乎所有的受访者在提及当地居民的时候都表示很友善、很淳朴。一名自由行旅游者表示，“在糯黑语言沟通有一定的障碍，但这里的人很朴实，总是面带微笑，问他们问题好像听不懂，但总是笑笑的”（FT-6）。另一名自由行旅游者表示，“当地人非常淳朴也非常热情”（FT-4）。写生的大学生也表示，“人们很勤劳、友善，没有什么不良嗜好”（US-4）。“这里风景挺

好，民风淳朴，人们也挺友善的。”（US-1）

在习俗感知方面：认为“有特色”的旅游者最多，占总的受访者的42%；认为“一般”的旅游者第二，约占35%；认为“非常有特色”的占23%，没有旅游者表示不了解。总体来看，旅游者对糯黑习俗地方特色的正向感知率约占65%。

在民居形态的感知方面：表示“有特色”的旅游者最多，占62%；表示“非常有特色”的其次，占27%；极少数旅游者表示“一般”和“不了解”，正向感知率到89%。说明旅游者对糯黑整体形貌和空间样式构成的民居形态认可度较高。新疆自由行游客就表示，“糯黑的建筑很有特色”（FT-1）。

在宗教活动感知方面：表示“一般”的人数最多，约占38%；选择“非常有特色”的旅游者约占31%；选择“有特色”的旅游者约占27%；极少数旅游者表示不了解。正向感知率为58%。密枝林在帮助旅游者了解糯黑的宗教信仰方面起到了重要的作用。虽然密枝林没有对旅游者开放，但密枝林门口的虎图腾造型比较奇特。有旅游者表示密枝林比较神秘，“密枝林也很神秘，一般人都不能进去”（FT-3）。“密枝林那里的虎头标识蛮地标式建筑的，感觉很特别。”（FT-6）

在住所感知方面：认为糯黑彝族村寨的民居建筑“有特色”的旅游者最多，占受访者的46%；认为“非常有特色”的占42%；仅有12%的旅游者认为一般。旅游者对糯黑民居建筑特色的正向感知率达88%，总体感知良好。一名台湾游客表示，“很开心能在糯黑看到很多保存得比较好的古建筑，希望能够继续保持”（OT-1）。另一名也认为，“这里的房子很漂亮，看起来也还比较富裕，烟楼（烤烟房）也很漂亮。墙体的颜色非常古朴、淡雅，很漂亮”（OT-2）。

从旅游者对单项地方特质感知中来看，地方特质的正向感知率最高的是民居形态和住所，约为88%。其次是文化、自然环境和社会环境，正向的特色感知率均是77%。几乎所有的特色正向感知率都超过了半数，达到50%以上，同比略为逊色的是宗教信仰、集体活动、习俗和宗教活动，这也是糯黑今后的宣传和建设需要大力彰显的地方。

在印象深刻的糯黑具体的特色事项上，旅游者的选择结果如图6-5所示。从图6-5中可以看出，旅游者印象最深刻的事项出现频次高低排序依次是民居、石板路、歌舞表演、语言、服饰和寨内树木（并列）、客栈、安静和饮食（并列）、山林、密枝林、土地、人群、广场、酒吧、猴子池。

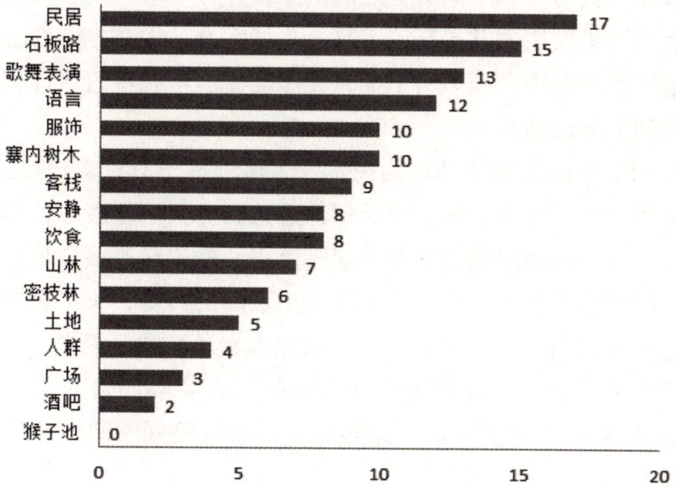

图 6-5 旅游者对糯黑印象深刻的事项感知排序

说明：图中数字为出现频次。糯黑接受问卷的旅游者总数为 26，因此总频次为 26。

旅游者心目中“印象深刻事项”排名第一的是民居。糯黑在诸多宣传中均以石头寨为主题，石板房也是糯黑可视化景观中最为显著的部分，体量大、直观明显，民居依山就势层层往上，石木结构也让人印象深刻。

排名第二的是石板路。石板路在当地居民选出的“印象深刻”事项中位于第一。与民居相类似，石板路是旅游者和村民进村后频繁接触的事物，无论是当地居民还是游客，漫步于石板路，穿行于村寨小巷，是每个旅游者一定会体验的事情，也自然会印象深刻。

排名第三的是歌舞表演。石林被誉为“歌舞之乡”“摔跤之乡”，彝族撒尼人的三弦等歌舞表演颇具特色。遗憾的是糯黑并无常态化的歌舞表演，但或由于彝族撒尼人《阿诗玛》的荧幕形象及相关歌曲的传播，旅游者们仍旧对糯黑撒尼歌舞表演印象深刻。笔者 2015 年春节期间曾造访糯黑，有幸参加了糯黑的春节大联欢活动。在主持人简单的介绍之后，表演者们有序上台表演，台下也几乎座无虚席，也有不少旅游者前来参加。据当地人介绍，节目全部是村民自行组织，村里有专门的人负责创作、谱曲等。加上三弦简单易学，节奏感强，喜庆欢乐，确实让人印象深刻。

排名第四的是语言。语言在当地居民的“印象深刻事项”中排名第七，可看出语言在“我者”和“他者”之间的感知差异。对当地居民来说，语言是日常生活中天天所用的基本交流工具，平淡无奇，但在旅游者心目中方言土语确有很强的特殊性。虽然听不懂且无法交流，但独特的语音和语调确实让旅游者感到十分的新奇。

排名并列第五的是服饰和寨内树木。大糯黑村里有许多核桃树、梨树、桃树、柏树等，春天百花齐放，夏天郁郁葱葱，冬天一派萧瑟，有的树木已是百年古树，分布在道路两旁或是彝家院落里。撒尼彝族服饰虽然年轻人已经不常穿，但村内不少年长者仍旧有披羊毛披肩的习惯，头上也缠头巾，对旅游者而言也非常新鲜，是旅游者领略当地人文风情的元素之一。

排名第六的是客栈。糯黑的客栈数量较少，实际经营的只有 4 家，均由糯黑撒尼人家自己改造而成，旅游者基本与村民同吃同住，没有明显的殊异性。

排名并列第七的是安静和饮食。受访的旅游者提及安静和饮食的频率较高。有旅游者认为糯黑非常安静（FT-1，FT-4），甚至是“与城市的喧嚣相对的那种安静”（FT-3）。饮食的好评度在受访者中也较高。有游客表示糯黑“客栈做的菜也很好吃，很原生态的感觉”（FT-3），也有旅游者认为糯黑在饮食方面应该凝练主题，突出特色。“其实客栈的饭菜蛮好吃的，但就是吃完了都不知道特色是啥。他们应该找个主题，让大家一目了然，如永平黄焖鸡、巍山粑肉饵丝、平遥牛肉等。”（FT-6）

旅游者印象深刻的事项和当地居民的选择有较大的差异。旅游者选择的印象深刻的前三事项分别是民居、石板路和歌舞表演，当地居民选择的是石板路、密枝林和民居，民居和石板路更为直观，更容易被感受，当仁不让地名列前茅，但在当地人们心中神圣而重要的密枝林或由于未对旅游者开放，感知程度较低，排名第九，基本落在了排名的后半列。在当地居民心中排名第四（并列）的猴子池，在旅游者心目中落在了最后，印象深刻的频次为零，几乎所有旅游者对猴子池都没什么特别印象。在当地居民心中印象深刻总频次排名第六的广场，在旅游者心目中倒数第二，或与广场基本无活动的状态有关。旅游者对地方特质的感知存在偶然性，尤其是特殊的地点。若旅游者旅行活动恰逢地方节庆活动或其他特殊事项，对某个特殊地点的感知就会更加强烈。反之，如果不曾听闻和了解的地方，就会无意义。

糯黑旅游者地方特色重要性及对糯黑地方特色的整体感知如表 6–6 所示。

表 6-6 糯黑旅游者地方特色重要性及地方整体特色感知

感知情况 感知问题	非常正向	正向	一般	比较负面	非常负面
地方特色重要性	48%	52%	—	—	—
地方特色整体感知	33%	63%	4%	—	—

在旅游者地方特色重要性问题上，旅游者对糯黑地方特色的重视率达到 100%。在地方特色对旅游发展的重要性认知方面，当地居民和旅游者的认知差异不大，地方特色对旅游发展的重要意义的认知率当地居民也达到了 95%，仅相差 5 个百分点。在地方性的整体感知方面，旅游者的整体地方性正向感知率为 81%，地方性当地居民的正向感知率为 100%，可以看出，旅游者对糯黑地方性的认知要稍微低于当地居民。

（3）旅游开发感知。在大糯黑村旅游开发恰当性的问题上，11% 的旅游者认为"非常恰当"，37% 的旅游者认为"恰当"，45% 的旅游者认为"一般"，7% 的旅游者认为"不太恰当"。旅游开发恰当性的正向感知率仅有 48%（见图 6–6）。当地居民旅游开发的正向感知率为 74%，负面感知率为 16%。无论是正向感知还是负面感知，当地居民均高于旅游者。这也说明，当地居民对旅游开发有着更为明确的态度。旅游者对糯黑旅游开发及特色彰显也提出了一些的意见，有的主张维持原貌，"这里最好就是不要动，保持现在的样子是最好的"（UT–1）。也有旅游者表示应当丰富旅游活动和项目，拓展游览空间。来自昆明的一位自由行游客就表示"上山的路可以弄得好一点，田野里面还是可以玩的"（FT–3）、"接待设施有待改进的，如无障碍设施，厕所、步道。晚上还是比较单调，缺乏娱乐节目。应该搞点家访啊、跳舞啊等娱乐活动，在收费比较合理的前提下。在大力宣传的时候还是要做好当地的服务"（FT–4）、"缺少商店和向导，应该有导游，突出下名人效应，好好搞搞露天 KTV。拓展旅游空间，除了村子里，山上应该也可以搞点活动"（FT–5）。山西游客则表示，"应当完善硬件设施，增加一些项目来满足孩子天真好奇，对田野和动植物都充满新鲜感的愿望"（FT–6）。

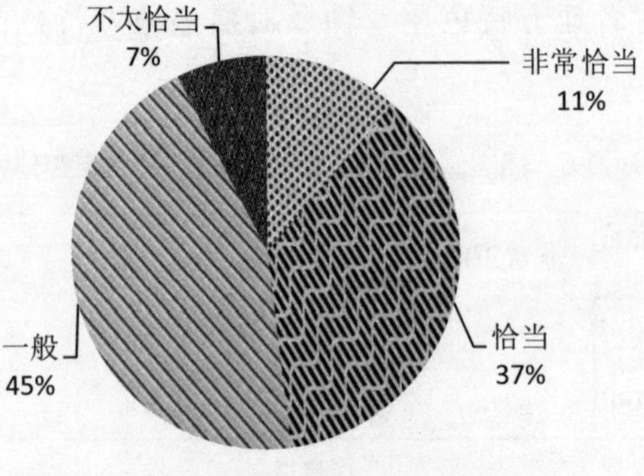

图 6-6　大糯黑村旅游开发的恰当性

（4）地方认同。在地方认同的相关问题上，旅游者的选择如表 6-7 所示。

表 6-7　糯黑旅游者地方认同相关问题分析

感知问题＼感知情况	非常正向	正向	一般	比较负面	非常负面
居住适宜性	34%	54%	4%	8%	—
生活便利性	8%	62%	19%	11%	—
旅游适宜性	23%	50%	27%	—	—
形象一致性	12%	35%	38%	15%	—
重游意向	23%	38%	35%	4%	

居住适宜性的旅游者正向感知率为 88%，稍低于当地居民的 100% 正向感知率。旅游者对糯黑生活便利性的正向感知率为 70%，略低于当地居民对糯黑生活便利性 79% 的正向感知率。在糯黑旅游适宜性问题的正向感知率达 73%。而当地居民对糯黑旅游适宜性的正向感知达到 95%。可以看出，旅游者对糯黑的地方认同较高，无论在生活适宜性、生活便利性、还是旅游适宜性的问题上，都对糯黑表现出了基本的认同，但在程度上不如当地居民强烈。

在形象一致性问题上，觉得比较符合心理预期的正向感知率有 47%，持中性态度的旅游者占 38%，小部分旅游者表示不太一致，总体对糯黑的旅游形象感知尚可。旅游者们见到的糯黑与想象中的糯黑还是有一定的差距，或由于糯黑的旅游服务设施还不太完善所致。

在重游意向上，旅游者正向的重游意向达 61%，基本良好。在重游意向的问题上，超过 6 成的旅游者表示会再来糯黑，说明糯黑较能吸引旅游者重游。

（5）地方依恋。在居住意向的问题上，旅游者的选择如表 6–8 所示。

表 6-8　糯黑旅游者地方依恋相关问题分析

感知情况 / 感知问题	非常正向	正向	一般	比较负面	非常负面
居住意向	7%	37%	30%	19%	7%
地方好感度	19%	65%	12%	4%	—

可以看出，旅游者居住意向较为强烈的比例是 44%，当地居民是 89%，旅游者的地方依恋程度明显低于当地居民。在地方好感度的问题上，当地居民的推荐率达 100%。可以看出，长时段的生活经历使得本地居民对大糯黑村有着更为强烈的感情，及时感受到旅游开发中的一些问题，仍然十分热爱家园。旅游者由于停留时间短、体验不深等原因，在认知和情感上都稍弱于旅游者，可见糯黑彝族村寨的针对性宣传还有待加强。

6.2.4 地方性彰显的经验借鉴及改进建议

6.2.4.1 经验借鉴

糯黑彝族村寨在地方整体风貌维护与和谐统一及地方传统文化的传承上，有可圈可点之处。当地居民对大糯黑村有着深厚而强烈的感情，调研结果显示大糯黑村当地居民的地方认同和地方依恋程度都非常高，在居住适应性和地方好感度上正向感知达到 100%，而在旅游适宜性的正向感知上高达 95%，强烈的地方依恋接近 90%，生活便利性的正向感知接近 80%，可以说地方认同和地方依恋程度都非常高。旅游者对糯黑居住适宜性的正向感知率为 88%，地方好感度为 84%，生活便利性和旅游适宜性的正向感知率均在 70% 左右。旅游者对糯黑有较强的地方认同。但从旅游者对糯黑的重游意向和居住意愿为代表的地方依恋程度来看，正向比例分别为 61% 和 44%，可以看出旅游者对糯黑的地方依恋较弱，或受到居住时间、情感联系等诸多因素的影响。但就糯黑的整体风貌来看，以石头为建筑特色、彝族撒尼为文化特色的地方风貌整体维系特色突出，也与宣传中的“糯黑石头寨”形象较为吻合。综合来看，糯黑彝族村寨地方风貌和地方传统的良好保持得益于以下几个方面。

（1）地方传统文化的良性传承是地方性延续的基础。糯黑的文化是“活着的文化”和“生活的文化”。在王玲教授等当地社区精英的积极推动下，建起了糯黑彝族撒尼文化博物馆、糯黑彝族阿诗玛文化课堂等。最为重要的是，糯黑当下的生活状态就是对彝族撒尼文化的最好呈现。每逢重大节日如火把节、密枝节、春节、祭山神的时候，糯黑人民会自发组织庆祝活动，延续了相关仪式活动，让古老的传统在当下依旧焕发出强大的魅力。

糯黑注重非物质文化遗产的传承和保护。糯黑有撒尼刺绣家访点，里面一位王姓非物质文化遗产传承人家中陈列着刺绣的桌布、腰带、围裙、围巾、挎包、麻衣等作品，也可看到原始的撒尼织布机。政府积极鼓励其继续制作、销售撒尼刺绣作品、麻制品，给予了一定的经济补贴。在老学校门口的小店，也有出售手工制作的撒尼刺绣作品。糯黑还有自己的大小三弦队、鼓号队、狮舞队、霸王鞭舞队、叉舞队等文艺队在节日庆典、婚丧嫁娶时演出。糯黑的文化是融于当地居民生活中的文化，在政府自上而下的积极推动与民间组织机构自下而上的积极响应与支持下，在新时代焕发出了民间传统的魅力。

（2）政府和社区精英引导、村民积极参与是糯黑地方特色得以彰显的长效机制。糯黑是石林彝族自治县文化体育局和石林彝族自治县非物质文化遗产保护中心授牌的国家非物质文化遗产阿诗玛传承点，被昆明市人民政府列入昆明市非物质文化遗产保护名录，是石林彝族自治县糯黑彝族文化保护区及昆明外事局的外事参观点。糯黑村委会幼儿园还是云南省双语教学试点学校。政府非常重视糯黑地方传统文化的保护与传承，并提供了相应的资金来扶持和促进被列入非物质文化遗产保护名录和少数民族文化保护区的相关项目。

阿诗玛文化课堂是糯黑的一个重要的文化传承项目。阿诗玛文化课堂由云南大学民族研究院的研究者与当地一些有觉悟的村民共同发起（主要负责人为陈学礼老师，当地的文化名人如王老先生、开客栈的曾绍华等），并于

2009 年 5 月正式建立。阿诗玛文化课堂，是让糯黑小学的学生在学校规定的课程之外，学习撒尼民间传统文化，以实现民族文化自我保护和传承的目的。文化课堂实施的内容有彝族语言文字的学习；村寨的发展历史、口传故事及诗歌；传统道德价值观念；传统节日和祭祀神灵婚俗葬礼等；节令与农作物种植等农业知识，如荞的种植；取石头、加工石头的知识，讲授盖房子的相关知识；传统民歌小调、民族乐器的弹奏及制作，如大三弦、小三弦、叉舞蹈基本动作；传统食品如乳饼、骨头参、腐乳、腌菜的制作过程；传统手工艺如织麻、纺线、理经、织布、各种刺绣图案知识；传统绘画；传统玩具和传统游戏等。文化课堂实施的基本方法有讲授、实践、影片观摩、传统知识绘画和常规展示与不定期展览 5 种。以交互的形式满足不同学习内容的需要。文化课堂实施地点有糯黑小学教室、云南大学田野调查基地和糯黑村广场。在这些村寨公共场所实施的文化课堂，对当地许多村民都起到了传统文化教育的效果。

糯黑的音乐舞蹈艺术传承生生不息。至今糯黑村仍有专门人员从事音乐舞蹈的创作，在新年的节目表演中，男女老少都有自编自演的舞蹈。大糯黑作为彝族撒尼文化的集聚地，拥有数量众多、种类齐全的非物质文化遗产。其非物质文化遗产具有形式丰富多样、遗产价值高、原生态性强、艺术欣赏价值高等特点，同时，失传的危险性也比较大。在非物质文化遗产保护方面，糯黑坚持“保护为主、抢救第一、合理利用、传承发展”的工作方针，严格执行《国家非物质文化遗产保护与管理暂行规定》，结合糯黑村实际，探索传统文化保护形式和方法，通过开展阿诗玛民族文化旅游生态村试点建设、昆明市新农村试点建设、申报彝族传统文化保护区，加强基础设施建设，加大保护原生态区域力度，抢救保护民族民间传统文化等。实施整体性保护措施，糯黑村基础设施、生态环境得到有效改善，彝族撒尼传统文化得到有效保护和传承，糯黑村已成为石林县彝族传统文化保存较为完整的一个村寨。

糯黑走出了一些地方英才，这些英才在民族文化的传承与保护、旅游开发、景观特色的挖掘等方面给予了糯黑莫大的重视和支持。正是由于这些精英人物对糯黑的积极推动，使得糯黑进入了大众视野，也赢得了许多的发展机会。无论是成为高校的写生基地，还是外事参观点、人类学田野考察点等，糯黑从一个封闭的撒尼村庄进入了更加广阔的视野之下，其价值、意义与特点也越发突出。具有乡土情结和情感的社区精英，对家园的关注是一种持续长久的关注，能为糯黑赢得更好的发展机遇。同时，兼具广阔视野的“他者”与深厚情感的“我者”双重身份和视角，一方面更容易与当地居民沟通，较易实现“上下齐心”；再者，差异化视角下对家园的解读，在糯黑地方文化的解读与保护方面能更为客观，更能提出相对易落实的策略。而村民也更愿意响应本地权威人士的号召，齐心协力共同建设家园。

在保护传统特色方面，糯黑的社区精英和撒尼人民下了不少功夫。有学者的研究曾如此描述：“有一段时间，部分村民为了追求现代化效果，在房子的外围贴上瓷砖，反而来的艺术家、游客大大减少，最后村委会不得不出资将这些瓷砖买下、砸碎，让村民重新用石头建房子，保持了糯黑石头寨的原貌。”

村内道路统一修整为石板路，并在路旁增设了用撒尼语、中文和英语三种语言的古色古香的标识牌，保持了较好的传统意蕴。糯黑小学是云南省双语教学试验点，糯黑小学一直坚持彝语和中文双语教学，以保证孩子们继续学习本族语言。而在民族传统文化的传承上，当地居民政府、社区精英和社区居民的全方位参与机制，对糯黑彝族文化的传承和保护是十分有益的。

（3）适度的空间尺度和均质的人口构成是民族村寨风貌得以良好管控的前提。全村土地面积约为 30 平方公里，相对较小的空间范围内也更易实现风貌的统一和管控。村落是小尺度的空间聚落形态，民族村寨中同族人口比例较大，糯黑彝族撒尼人口占到了 98%，全村 236 户人家基本是彝族撒尼人。有着共同的语言文字、宗教信仰、服饰、节庆活动、风俗习惯、饮食习惯等，更容易形成有机统一的和谐一体。民众之间也更为熟悉和团结，无论在生产生活方式还是房屋建筑上，也更为相似，风貌自然更加统一。再者，社区的发展仍旧由当地居民所主导，旅游发展对整个村寨而言也处于一种可控的状态，在风貌的统一与维护上也更容易沟通。这也是小尺度的单一民族村寨相比多民族聚居地地方风貌更为和谐统一的优势所在。

（4）地方文化的旅游化应用与展演是文化延续的重要支撑。糯黑的文化展演活动并非针对本村的旅游而专门设计，但篝火晚会和烧烤也可以提前预约以便村民组织安排。糯黑民族文化的旅游化运用更多是因为其与石林景区的紧密联系而运用在石林景区。糯黑村紧邻石林景区，虽然没有在景区内部，但石林景区多少对周边起到了一定的带动效应。诚如当地客栈老板之女毕琦瑶所言，糯黑春节期间的节庆表演安排在中午，中午在本村的表演也接近排练，因为有的节目还要继续到石林景区表演，石林景区也会支付一定的酬劳。这使得糯黑民族文化传承找到了一个重要的支点。

6.2.4.2 糯黑地方性彰显的改进建议

（1）拓展旅游活动空间，丰富旅游活动，强化游客的地方体验。民族村寨旅游发展有一定的自身的局限性，即空间相对狭小、旅游者的活动空间有限、因远离城镇生活不便等，糯黑也有类似的问题。虽然“石头寨”景观和糯黑彝族撒尼人文化的异质性非常突出，但旅游者进入村寨后除了穿行于乡村的观赏活动之外，并无其他丰富的旅游产品和活动可供选择，建议可从以下三个方面来着手。

在空间拓展方面，应充分整合生活居住空间和户外空间，优选一定的线路修整步游道，“上山入地”（既可登山，也可下到地头），满足旅游者进入田间地头愿望，实现村内提供基本的接待服务、田野提供多元的体验渠道。

在活动方面，一是针对不同的季节提供花海、果园、牧场等供游人参观或有偿采摘，开辟露营基地满足野餐、露营需要，满足具有探索田间地头好奇心的游客和儿童需求。二是设计好白天和夜间的活动。在充分尊重当地居民、不干扰影响当地居民正常生活的前提下，在游客有一定量的时候，举行大众可参与式的欢迎仪式、歌舞表演、露天唱吧等，夜间设置篝火晚会等，营造良好的旅游氛围。三是突出糯黑的生态性、文化性和乡村性。生态性、文化性和乡村性是每个旅游村寨都具备的特征，但又因民族和地域条件的不同而有着很大的差异。糯黑撒尼文化丰富多彩，大三弦、阿诗玛、撒尼刺绣都已进入国家非物质文化遗产名录，也有着丰富的诸如春节、端午节、火把节、密枝节、乡村音乐节、祭山神等节庆活动，服饰文化、饮食文化等也非常独特。虽然糯黑彝族文化博物馆里面有一些对于糯黑文化的静态展示，但仅有静态展示远不足以体现糯黑文化的丰度，建议应将糯黑融于生活的文化充分挖掘和展示。如巧妙包装本地生态农产品、手工艺品等，在客栈或商店进行糯黑特色旅游商品的销售。旅游商品带有浓厚的地域属性和文化属性，也是宣传地方的媒介之一，应加以重视。遴选典型的撒尼民居建设撒尼民居博物馆，系统地介绍撒尼人民房屋的功能、布局、结构、材料等，充分展示糯黑方方面面的文化内涵。

做好线路规划设计和宣传引导。游线设计对于小范围的观光旅游非常重要，糯黑空间相对狭小，应在游线上做清晰明确的引导，或在入口处对糯黑进行概况式的介绍，并配备游览地图，突出重要的旅游资源点，并对相应的资源点进行介绍。村寨内的猴子池、广场、王家大院、盘江日报社旧址、密枝林等都是糯黑典型的人文资源点，还应考虑串联村寨外围的田野之内风貌典型、景观价值较高的资源点。良好的线路规划设计能够更好地呈现糯黑的自然风光与人文风情，增强旅游者的体验。

（2）建立官方旅游宣传平台，并突出糯黑的民族文化风情。目前糯黑的宣传主要是省内的相关媒体对其进行的报道，或依托石林景区对外发布的一些消息，还缺乏以糯黑为主体的宣传平台。建议在自由的自媒体趋势下，糯黑应建立自己的官方宣传平台，如微信公众号、微博、播客等，定期发布、推送一些糯黑的旅游信息。或将糯黑食、住、行、游、购、娱等相关旅游信息分类整理发布，让旅游者有了解糯黑、认识糯黑的官方渠道，并在宣传中全方位地突出糯黑的民族文化风情。从目前的相关报道来看，对糯黑的宣传还停留在简单的地方风貌介绍上，而关于糯黑人文风情的介绍还相对较少。因此建议新的糯黑旅游宣传平台在宣传糯黑时注重自然与人文的均衡，同时增加体验性与互动性内容的宣传，从简单的描述式介绍到互动式探寻与体验，更容易让旅游者印象深刻。

（3）注重当地居民现代发展诉求与延续文化传统的平衡。现代化的发展是乡村地区和乡民的基本权利。旅游村寨因保留良好的传统民族文化而呈现出于现代社会较大的异质性是其发展的动力和魅力来源，但对身处当代社会的乡民来讲，平等地享有现代化的发展成果，也是其基本的人生追求之一。因此，对于传统与现代的问题，应辩证对待。在保留传统的同时，也要允许村寨现代化的发展诉求。如建筑外观尽量保留原有的“以石为主”的特色，但内部家装、家用电器等可以最大限度地考虑居民的舒适性与实用性的要求。当地居民的现代化建设也能在某种程度上满足旅游者的生活起居所需。调研过程中也发现，不少旅游者觉得糯黑的旅游接待设施还有待改进，如道路、厕所、客栈等硬件设施。糯黑接待设施方面的硬件提升其实也属于乡村现代化的问题，只要糯黑乡村现代化过程中注重当地文化特色的凸显和地方符号的引入，也与传统文化保护并行不悖。此外，传统文化在旅游场域中的复现除了简单的静态呈现之外，有的多媒体或舞台化的呈现往往在很大程度上依赖于现代科技，如宣传视频、舞台效果的精美打造等，都离不开现代科技的支撑。传统与现代本身是一组矛盾综合体，看似对立又相互依存，并不互相排斥。

另外，在糯黑的现代化建设当中，还应注重村落的审美价值。中国的乡村建设在某种程度上更为注重实用主义，审美情趣往往不是其首要考虑的因素。民族旅游村寨由于要面对旅游者这群特殊的观者，旅游本身也是一项寻找美、发现美的特殊的社会活动，目的地的美观度往往会在很大程度上影响旅游者的旅行体验。乡村旅游本身也是建设美丽家园的过程。乡村美丽家园是以人为本的活化家园、人与自然和谐的生态家园、物质文明的富裕家园、精神文明的文化家园、整体关系的和谐家园。村寨是当地村民的家园所在，旅游引导下的美丽家园建设无论是对当地居民的生活起居还是旅游者的游览体验都具有重要意义。

6.3 双廊大建旁白族村落

6.3.1 概况

双廊大建旁村位于苍洱国家级风景名胜区和自然保护区的黄金地段，与双廊镇 4A 级景区南诏风情岛对岸而峙，是双廊省级历史文化名镇和古渔村的核心区域。大丽铁路、大丽高速公路和东环海公路从村中通过，也是双廊镇政府所在地。2015 年年末，大建旁村有农户 567 户，共 1699 人，其中白族人口 1661 人，占 97.8 %。大建旁村委会辖水长箐、大建旁、岛依旁 3 个自然村及 5 个村民小组，全村面积 4.54 平方公里。

双廊享有“苍洱风光第一镇”之美誉，也有“大理风光在苍洱，苍洱风光在双廊”之说。双廊是《五朵金花》《五朵金花的儿女们》《白月亮白姐姐》《洱海情波》《望天崖》《心花路放》等影片拍摄的外景点。2000 年，大建旁村被中国村社发展促进会评为“中国民俗文化村”。大建旁村有着以本主行宫和魁星阁为代表的历史遗迹，以及佛教、本主、海神、山神、道教等多元信仰形态。当地村民保留着红山庙会（四月十五）、接本主（正月初四）、盖新房后的“上梁”习俗以及独特的婚嫁习俗等，双廊还有赛龙舟的传统体育竞技方式。双廊还有着以大本曲、花灯、龙狮舞、霸王鞭、唢呐、花灯、民歌、戏曲为代表的白族歌舞艺术和以剪纸、刺绣、雕（泥）塑等为代表的传统技艺。以岛依旁半岛、蛇山半岛为代表的旅游观光休闲区，国家级著名音乐制作人三宝在岛依旁半岛投资建有颇具特色的音乐宫别墅群。本土白族民居建筑和风格多样的客栈也是双廊重要的旅游资源，双廊客栈数量庞大，个性突出。在百度地图中搜索“双廊大建旁村客栈”，出现了126条地址检索信息[1]，而杨丽萍的太阳宫和月亮宫、赵青的青庐成为许多旅游者必去的观赏点。白族民居的平面布局有“一正两耳”“两房一耳”“三坊一照壁”“四合五天井”“六合同春”“走马转角楼”等，并以木雕、石雕、粉墙画壁为装饰，门楼有“一滴水”和“三滴水”形式，院落天井内部往往都有花坛或各式盆栽、花草，昭示着白族人民的生活情趣（张敏，王海娜，池敏，2014）。洱海是整个大建旁村的核心资源，街道、湖边也可偶见繁茂的古榕树。此外，在小吃方面，雕梅、泡酒等也十分富有特色。

南诏风情岛是双廊早期的旅游名片，被列为云南省25个旅游精品项目之一，处于以传统农渔产业为主的自然发展阶段。1999年，大理州人民政府将双廊列入全州小城镇建设重点乡镇之一，双廊才开始了以“南诏风情岛”为龙头、“双廊民族文化一条街”为推动的旅游发展之路。

双廊的声名鹊起要归功于在双廊“安家”的各类艺术家及从外地来到双廊安家置业的“新移民”等。尤以舞蹈艺术家杨丽萍、画家赵青、导演张扬、沈见华夫妇为代表。同时，一些“北上广”白领、金领、小资、文艺青年等，认为双廊具有慢生活特质和优质的苍洱景观，是理想的“避世之地”，可以逃离都市压力和快节奏生活，纷纷在双廊安家置业。2004年，为了统一保护洱海，双廊镇划归大理市行政管辖。由于旅游的逐渐升温，政府的行政力量也在逐步介入。2005年，江苏人家明在大建旁村旁建起了双廊第一座外来人客栈——海地生活国际青年旅舍，被认为是双廊旅游度假起步的标志。2009年以后被认为是双廊的井喷剧变期。本阶段客栈迅猛发展、客流量迅猛增加；营销方面则呈现出“社会名流聚集、媒体聚焦关注、官方宣传营销、客栈自我推介”[2]的宣传营销态势。2008年双廊开海节的助推及各类网络宣传营销的助力，合力促成了双廊的旅游腾飞。2014年的电影《心花路放》有30分钟剧情发生在双廊梧桐客栈，提高了双廊的知名度，并引发

1 检索时间为为2016年11月12日。

2 根据双廊镇旅游办提供的《双廊镇旅游产业发展情况汇报》（未刊资料）整理而成。

了旅游热潮。2015 年，“双廊旅游”官方微信公众号和旅游网站正式开通，加之陆陆续续各式客栈、旅游攻略等为主题的微信公众号的开通，对双廊宣传起到了至关重要的作用。2008—2012 年大理市东环海公路全线柏油路面改扩建工程完成，连接起了洱海喜洲、古城、才村、海东、双廊等重要旅游节点，大大提高了从市区进入双廊的通达性，并为洱海环湖骑行提供了便利。2013 年 12 月 30 号，大理至丽江高速公路全线通车，高速公路从双廊背后经过，分别可从挖色、双廊两个出口进入双廊，双廊的自驾车流量明显增加，也出现了大量的租车行和停车场。

2015 年累计接待游客超过 305.6 万人次，旅游总收入达 36.24 亿元。2016 年 1—6 月，共接待海内外游客约 150.75 万人次，同比增长 38.77%，实现旅游总收入 18.24 亿元[1]。截至 2016 年 9 月，双廊镇客栈、餐饮等经营户数量上升到 534 户，其中，客栈经营户 405 户，餐饮及其他行业经营户 129 户。从整个分布趋势来看，除了以往的双廊村、大建旁村，也在逐渐沿洱海往长育村方向发展。

6.3.2 系统观视角下的双廊大建旁白族村落的地方性建构

双廊地方性建构卷入了多重主体，包含本土居民（含本土精英与普通民众）、新移民（以名人、北上广文艺青年、外地投资者为代表）、政府、媒体（传统媒体、新媒体）等。新移民裹挟着资金和不同的发展理念，带来了不同的建筑技艺和管理艺术，对经营场所进行了主题设计，并有针对性地进行营销。与大量媒体文本与影像交织的宣传一道促成了双廊的声名鹊起。地方政府也试图管控双廊旅游井喷式发展带来的杂乱局面，从出台政策、项目建设到发布倡议等方面进行努力。双廊地方性的建构是在多重主体和大量外部力量共同助力之下完成的，但主要始于外部人员。因此，本研究选择从系统观视角下的内生动力和外生动力两个角度进行解析。

6.3.2.1 内生动力

（1）资源禀赋：洱海风光和白族风情是最突出的自然基底和传统要素。

1　根据双廊镇旅游办提供的《双廊镇旅游办1—9 月旅游工作开展情况》（未刊资料）整理而成。

洱海是双廊大建旁村地方特色中的不可或缺，也是最典型、最突出的自然元素。“洱海湖畔的白族古渔村”曾是最初宣传的主旋律和官方倡导的发展方向。洱海是云南省面积和储水量均位列第二的高原湖泊，因有苍山相映，高原彩云、玉带云、“丁达尔现象”等天象景观相互补充，在“面朝大海、春暖花开”的地方形象中，成为最重要的自然基底。客栈的海景房在临海一线价格最高，主要在于其拥有私密地观赏海景的优势。为了能有绝佳的观景优势，早期客栈都临海而建。后来盖起来的客栈不断地加高，也是为了躲避第一圈临海客栈的遮挡继续拥有观海的优势。几乎所有的客栈均面朝洱海，且朝洱海面均采用落地玻璃，试图拥有最佳的洱海观景效果。无论双廊的建筑景观、风格或滨湖景观如何变化，洱海短期内形貌不会发生较大变化。逐渐变化的水岸景观如水岸的建筑越来越密集、水岸的植物相较也更加注重观赏性，也为双廊注入了新的地方魅力。在双廊的调研过程中，自然环境中被提及次数最多的就是“洱海风光”。

白族风情是双廊传统文化的本原。早期“双廊白族古渔村”和相关旅游规划中，也以白族风情和渔猎文化为主题，试图将其作为双廊旅游发展的主旋律。但在旅游建设实践中，形成了典型的“主客易位”，新移民带来的多元拼贴式主题客栈充斥着双廊，真正代表着地方传统的民居一般在靠山一带，旅游者不易到达，有的已年久失修。更有村民为了适应旅游发展需求，将自家白族传统民居推倒重建，取而代之的是现代化新式庭院或楼宇。洱海与白族风情本该是整个双廊“定格”的地方特色基底，但实际却并非如此。白族文化风情虽然在大量的多元外来文化植入之后显得没落了，但仍然是双廊地方复振的关键因素。无论是融入文化创意，还是内生式扶贫，洱海和以白族文化风情为代表的地方传统，是双廊旅游不变的发展依凭。

（2）生计方式：从渔猎农耕到旅游经商的转变重塑着双廊的地方传统。生产方式与生活方式变迁是大建旁村地方性变迁的原因之一。生计是维系地方生活的前提和根本，是决定地方民众衣食起居的前提。大建旁村传统生计方式是渔猎与农耕，以往双廊传统的“摇橹捕鱼，耕田放牧”结合了渔业、种植业和畜牧养殖三种生计方式的格局面临着巨大冲击。双廊临近海边一带的居民过去主要以捕鱼为生，而背靠山地的村民则可以耕地放牧。大建旁村所在的位置临海环山，平地较少，绿萝山植被单调，不适宜开垦梯田，只能种植果木。靠近洱海边一带种植水稻、蚕豆、小麦等，也种植杂粮、洋芋和玉米。村庄人口增长和旅游发展加剧了耕地减少的趋势。2006年，全村耕地面积797亩，人均耕地面积0.47亩，林地5361亩。2010年年底，全村耕地面积只有258亩。时隔4年，耕地就减少了一半以上，几乎无地可耕、无地可种。村民开始转向养殖业，但随着洱海保护条例的出台，养殖业也被禁止（张敏，王海娜，池敏，2014）。大建旁村产业结构由原来的渔业、种植业、养殖业逐步演变为以旅游服务业为主导的发展模式。在旅游者想象或艺术化的宣传片中，洱海上摇橹划船的悠闲景致实际上已随着洱海“禁渔期”和一系列保护措施的出台而远去。

1996年，洱海暴发蓝藻，大理州政府展开了“双取消”工作，禁止下海捕鱼。之后，洱海每年从3月到9月有长达半年的禁捕期。洱海长时段的“封渔期”让双廊渔民从海上走到陆地，逢时而来的旅游大潮让当地渔民投身旅游并出现严重的社会分层。有的经营客栈和餐饮，有的从事商铺经营，有的只能搭建临时摊点销售旅游纪念品或者其他商品，靠山一带的边缘人群只能观望。传统生计方式的断代让原有的一系列地方特色也逐渐消逝，如祭海神等宗教祭祀活动。曾经造船为生、捕鱼为生的匠人和家族，也不得不另谋出路。洱海旁的稻田，在大建旁村已不复存在，骑行者只有在离其较远的地方如喜洲等城镇外围才能看见。取而代之的是围绕环湖路而播撒的波斯菊和各客栈店家门前自行种植的绿植和少量的古榕树在洱海湖畔。

旅游业成为主导产业之后，大建旁村更常见的是客栈及花样百出的广告词、夜间开放的酒吧和风味饭店、播放着民族音乐或重复广告语的旅游商品店、各家随意开辟的停车场、川流不息的私家车，以及骑着自行车、电动车、电动三轮车的游客。快速发展的旅游已经让其成为真正意义上的热门旅游地。传统的生计方式在大建旁村无迹可寻，取而代之的是以旅游业为核心的相关商业活动：如从事旅游餐饮业、旅游零售业以及相关服务业等。大建旁村基本实现了从第一产业（农业）向第三产业（服务业）的产业转向。也有人认为，随着旅游业崛起的，是渔业、种植业、养殖业三种职业发展空间受限后“宿命般的边缘化”。传统产业的边缘化，势必带来一系列的景观变迁和文化变迁。传统社会的生计方式与当地自然环境密切相关，与地方紧密相连，地方性亦与其扭结在一起，在小尺度的村寨更是如此。每种生计方式都有着一整套与之匹配的生产方式和生活方式，在旅游场域下，又形成了相应的景观系统、文化习俗系统、服饰系统和饮食系统。如丘陵地区农耕社区的农户有梯田、梯地、林地等，相应的又有稻作景观、麦田、玉米地、油菜花等一系列的农业景观形态；在播种、收获、仓储、运输等各个环节有着特定的仪式和方式，并形成了地方鲜活的劳作景观系统和节庆活动；在采用本土生长的食材、调料加工之后，地方特色菜肴、美食成了旅游者的必赏风味；一些仍会使用本土素材和古法工艺的老者，尚能就地取材，加工制作本民族、本地的特色服装。双廊大建旁村传统生计方式向旅游产业为主的服务业的转向，也使其地方特色受到了剧烈的重构。

（3）发展需求：现代化追求与经济发展改变着生活景观及地域建筑。在发展需求方面，大建旁村有着现代化、便利化的生活需求，以及追求经济收入增加、物质生活条件改善、生活安稳保障的需求。村寨的服饰、家用器具等已较多采用主流服饰和家电，只有少数年长者会在重要节庆或活动的时候继续穿着民族服装。再者，现代化的发展诉求也会导致在新建的房屋建筑的格局、装修风格上等出现与传统的一些偏离，无论是在本地人自己居住的居所还是投资为客栈的房屋建设上都是如此，在房屋的空间使用、功能配置、装饰小品上进行一些改动和变化。

在看到外地人投资建设的海景房收益颇丰之后，许多本地居民也开始将自家民居改造为海景房。但因临海一带几乎被外地客栈填充，在临海边缘内的“二线”客栈为了保证旅游者见到海景，开始无视政府“不超过三层半”（15米）的建筑高度要求，层层拔高，甚至不惜侵占公共道路为客栈所用。村民也并不讲究建筑风格，美式、欧式、希腊式的建筑代替了传统白族民居。在调研过程中，问及旅游者对当地白族民居感觉如何，有的旅游者直接表示不知道哪些是白族民居。在自家民居被改造为客栈之后，内部空间的功能、建筑格局也一并发生了变化。虽然大理市住建局相关领导人一再重申，双廊民居应契合依山傍水的自然风貌，并表示将以出台文件的形式强制规定不得对双廊白族民居的布局、结构、色彩和尺度等建筑外观随意更改，甚至对房屋层高做出严格限制，但已经尘埃落定的各式建筑并未严格遵照此前的要求执行。有学者从洱海周边房屋从“三坊一照壁”到“海景房”的变化入手，对双廊的空间和社会交往变化进行了研究，认为在双廊随着建筑风格改变的，还有公共空间和居住空间、外地人和本地人、本地人和本地人、政府和本地人之间的社会关系（赵莎莎，2015）。因为寸土寸金年年上涨的租金，毁约加租的地方民众与租客开始有了矛盾和争议，原本和谐的街坊邻居因为客源的争夺也使得村寨“熟人社会”下的邻里情谊发生了一些微妙的变化；在兴建房屋与政府的要求和管控上更是矛盾重重。如《中共大理市委 大理市人民政府关于开展双廊镇环境综合治理的实施意见》中要求对私搭乱建、违法占地占海的建筑进行强制拆除，但在实际执行过程中，政府与村民常发生争执。早期违规建造的客栈、饭店不愿重新花钱铺设排污管道至主管道和污水净化池，在面临相关处罚的时候也会矛盾纷争不断（张婧怡，2015）。洱海周边的建筑存在密度过大、单一重复、建筑近水、建筑立面混乱等问题（杨婧，2013），也是双廊建筑的典型问题。走在双廊古镇内部，已很难直面洱海，狭窄的道路两旁皆被各式商铺、停车场、租车行、酒吧、旅游纪念品商店填充，目之所及皆是建筑。只有在古镇的外围或狭窄的道路水岸边，才可见水天一色的洱海。

（4）地方自组织：政府与民间组织机构一起影响着地方性建构。政府管控和建设是地方自组织与创新能力的重要组成部分。政府管控是地方内部关键性的自我管理，同时政府在推动地方基础设施建设方面也起着积极作用。由于双廊的发展速度远远超出预期，导致早期政府对双廊旅游发展管理也稍显滞后。随着双廊知名度的提高和问题的日益凸显，政府也开始介入干预双廊发展中的杂乱现状，以引导其往理性有序方向发展。

2016 年 5 月，双廊镇政府成立了旅游办公室，专门负责旅游事宜。2016 年，双廊按照全域景区化的目标，采取先创建 3A 级景区、再升 4A 景区、最终建 5A 级景区的精品化发展战略，并在 2016 年 1—9 月推进了相关策划及形象识别系统的建设工作；组建成立了旅游投资开发实体；成立了双廊古渔村旅游开发有限责任公司，进行市场化开发运作；加快推进 3A 级景区创建工作。成立了市、镇两级的双廊古镇 3A 级景区创建工作领导组，并下发了具体实施方案；加强旅游统计和安全监管工作，并积极进行旅游宣传营销，依托“双廊旅游”“双廊政务旅游”等微信公众号、网站深化旅游宣传力度，积极提升自媒体的运营成效，树立双廊旅游品牌形象；积极申报大建旁村的岛依旁村生态旅游村[1]。此外，大理州对洱海周边环境保护与水质保护所出台相关规定也在影响着双廊。典型的有洱海“双取消”（取消机动

1　根据双廊镇旅游办提供的《双廊镇旅游办1—9月旅游工作开展情况》（未刊资料）整理而成。

船和取消网箱)、“禁捕期”(每年3—9月)及《云南省大理白族自治州洱海保护管理条例》等，对当地的生计方式产生了非常大的影响。在最新的《洱海保护管理条例》中，明确规定在洱海湖区禁止以下行为“侵占滩地建房或者搭棚、围湖造田、围建鱼塘；从事网箱、围网养殖活动；擅自在滩地种植、养殖；在洱海岛屿采石以及违规建筑；擅自采捞水草；擅自砍伐、破坏林木；在滩地摆摊、设点从事经营活动；使用水上飞行器；擅自从事生物引种驯化的物种繁殖、放生非本地水生物种”等，规定了洱海周边地区居民的“可为”和“不可为”。双廊政府针对客栈排污和垃圾清运的问题也做过不少努力。针对洱海水源污染的问题，先后发布了《关于开展双廊镇环境综合治理的实施意见》(2014年8月)、《关于进一步加强双廊镇客栈餐饮经营户环保设施管理的通告》(2015年9月)、《大理市双廊镇城镇管理告知书》(2016年8月)、《大理市双廊镇人民政府关于进一步加强服务业环境保护工作的通知》(2016年10月)，对双廊镇辖区内的餐饮、住宿、娱乐、洗车等服务业提出了相关环境保护要求，并成立了环境综合整治项目施工质量监督组。政府牵头保护洱海，是地方政府组织与创新下的努力，也为双廊旅游持续发展提供了有力支撑。政府调控在地方性建构上还可通过优化基础设施、旅游宣传、官方媒体对旅游形象的塑造与建构来影响地方性的生成。

在双廊出现了一些由本土精英或居民组织的民间组织机构，如大理客栈协会双廊分会、双廊公益论坛、莲池会等，是地方内部自组织与创新的重要力量。有媒体称双廊创造了四个第一：第一个少数民族农民画社(由沈建华在自家住所“白居”创建的)、第一本乡村自主画报(沈建华夫妇牵头创办的《双廊双廊》，也曾用《双廊画报》)、第一个自主乡村论坛(双廊公益论坛，由杨丽萍、赵八旬创办)、第一个发自民间的帮困协会(主要由双廊酒店客栈经营者成立)。值得注意的是，这些“本土精英”，严格意义上说是外来的本土精英，有双廊投资者、居住者、关注者等。出于对双廊的真诚热爱，他们亦在关切着双廊发展。“双廊公益论坛”在2012年将会议主题定为“通过怎样的更新得到成熟完善的白族格局”，就双廊的“蝶变之痛”进行了深刻讨论，试图寻求双廊发展困境的解决之道并引发高度关注。莲池会则是大建旁村以中老年妇女为代表的祭祀组织，是佛、道及本主信仰的结合体，也是本主祭祀的中坚力量。以上民间组织在影响大建旁村地方性形象中扮演着各自的角色：客栈协会体现在对行业约束和调控、双廊公益论坛则借助发起者强大的外联能力和内省式自察影响着地方的发展。莲池会是地道的传统民间组织，在维持地方信仰延续方面起着重要作用。

地方自组织能力与创新能力与本土社区精英关系密不可分。双廊有很多外来的“社区精英”，即外来投资者在成为新的“本地居民”时关注双廊发展，如2012年举办的“双廊公益论坛”。沈建华创办的农民画社和乡村画报，都致力于本乡本土文化复兴。本质上是通过文化创意的方式使本地居民的传统技艺实现商业化增值，寻求一种地方传统文化与旅游市场之间的对接，通过旅游商品形式（如编织物、画作、绣品、地方土特产等）出售给旅游者，是一种地方传统文化商业化、市场化的路径。也只有让地方传统在旅游市场中得以巧妙运用，地方传统文化也才具有永葆生机的可能；旅游也通过人气的聚集、财气的汇聚，为地方传统复兴和地方价值深度挖掘提供平台。

（5）地方性知识：地方性建构的关键性内生因子。地方性知识研究的开创者格尔兹（Geertz）指出，地方性知识“发生经过自有地方特性，并与当事人对事物之想象能力相联系”。广义的地方性知识包含以下几个方面：宗教、社会（包括原始习惯法、村规民约、社会交往习俗等）、伦理；传统的天文知识；“婚姻”生育；动植物和中医药；传统的农业、畜牧业知识；传统的文化艺术知识；传统的教育知识；传统的手工艺知识；传统的建筑知识等。双廊大建旁村地方性知识主要体现在传统技艺及非物质文化遗产等。对地方性知识传承和运用一来能较好体现地域特色，二来可以将其转化为旅游开发中的经济价值，强化旅游者的地方体验，同时增加村寨收益，如渔网编织、捕鱼技巧、雕刻工艺创造的木雕石雕、墙体彩绘、绘画艺术、特色饮食制作等。往往带有典型地方色彩，构成了特色鲜明地域景观，给旅游者留下深刻印象。同时也可运用这些技术和地方素材来制作旅游纪念品，并成为地方特色。如绘画创作者利用洱海风光和本地民风民俗创作的画作、当地妇女手工编织的布艺制品及轻巧小型的雕刻制品、雕梅、话梅等“双廊制造”，既能增加地方收益，同时也可满足旅游者求真的需要。

（6）对旅游市场需求的理解：影响着地方景观建构、旅游产品与服务的供给。除却大量的外地人和外来资本外，大建旁村也有部分村民在参与旅游经营活动。因而，村社内部民众对旅游市场需求的理解与认识也会直接影响到地方景观的建构及旅游产品与服务的供给，这种来自思想意识的理解与认知因人而异。认知差异会导致形成不同的建筑风格、设计理念、经营理念、服务态度与产品形式，这些差异也会影响外来旅游者的地方认知，同时也会影响外来旅游者的地方认知。在大建旁村的调研过程中发现了一家古榕树下的客栈，取名为“古榕客栈”，或得名于门前的大榕树。而其整体风格从外观上也较为古朴，从外观上可见传统的白族木雕窗户，虽没有靠近海边，但却带有明显的地方特色。不同的经营户因为经营理念的不同也会销售不同的商品，如有的经营传统的地方小吃，如烤乳扇、烤鱼、饵块、洋芋、凉米线、凉粉卷等，也有的旅游商品是从外地购买的。不同的建筑风格、旅游商品销售的背后，本质上都是地方观念的差异。

（7）社会关系：从熟人社会演变为“新移民”与本地居民共存格局。社会关系是地方内部空间的关键性纽带，一般小型村寨因血缘、地缘成为“有机的整体”。费孝通认为，乡土社会在地方性的限制下成了生于斯、死于斯的“礼俗社会”，是一个“熟悉”的社会，没有陌生人的社会。传统的乡土社会人员较为稳定，除了婚嫁、添丁外，基本不会有太大变动。而在现代社会流动性增强及旅游开发背景下，越来越多的外来投资者、旅游者开始进入乡村，有的投资者因发现了商机或者喜爱此地，成为“新移民”，或投资旅游开起客栈或租车行，或在此度假进行艺术创作，同时在自媒体上宣传着双廊。原本的村寨人员通过产业变动形成了新的社会分层，如农耕家庭不再有地可种后，选择外出务工或旅游经商，或成为旅游服务人员、建筑工人等，村寨开始出现新的社会阶层分化以及新的雇佣关系、商贸关系及对外联系和交往。这些新的社会关系也在潜在、隐性地影响着村寨的社会交往，重构着地方的内部社会联系。

6.3.2.2 外生动力

双廊的旅游发展外界介入因素远远大过内生式自发展。既始于最初的名人效应，又得益于媒体的推波助澜，更有着交通条件的改善、外来资本的进入等。这些因素在影响双廊旅游发展的同时，也在重构着双廊的地方性。

（1）名人效应：以杨丽萍、赵青等艺术家为代表的名人拉升了双廊名气。双廊从一个名不见经传的小渔村跃升为知名度假旅游地，其成名很大程度上要归因于杨丽萍选择在玉几岛上建太阳宫、月亮宫“安家”。早期的双廊宣传，也将其描述为双廊的地标式建筑。杨丽萍是中国知名的舞蹈艺术家、国家一级演员，享受国务院“政府特殊津贴”。杨丽萍出生于云南大理，成长于西双版纳，因擅长孔雀舞而闻名。或因其舞蹈艺术根植于云南本土民族文化和独特民族舞蹈风格，以及个人气质和生活理念的不同寻常，杨丽萍身上有一种自成一派的超凡脱俗之感。这在一些媒体宣传报道和其日常穿着风格中可见一斑。有媒体这样形容杨丽萍："一个灵魂的舞者，超越了世俗的境界，活得从容潇洒，与世无争，无论在哪里，都是一幅超越世俗的风景。年近花甲，她依然活成了一个精灵。"她本人也语出经典："有些人的生命是为了传宗接代，有些是享受，有些是体验，而我是生命的旁观者，我来世上，就是看一棵树怎么生长，河水怎么流，白云怎么飘，甘露怎么凝结[1]。""女神"杨丽萍选择在双廊安家落户，双廊也自然成为非同一般的存在。与杨丽萍代言的地产广告不同，双廊玉几岛三面环水，加之其家中草木繁盛，恰好与海子笔下的"面朝大海，春暖花开"形象相符。赵青是大理白族的一名画家，也是杨丽萍月亮宫的设计者，自己也在双廊建有客栈"青庐"，被认为是后现代建筑的代表。一时间，杨丽萍的月亮宫、太阳宫和赵青的青庐成为双廊的名片，而其本人艺术气息也似乎与双廊融为一体，双廊成为逃离繁忙和压力的胜地，诸多文艺青年纷至沓来，就为感受其隐逸生活。而双廊，也在原来的基础上，被注入了"隐世之地""文艺空间"的气息。

（2）自媒体力量：双廊从隐逸之地走向大众的不可或缺。在双廊地方特质构建中最强大的外部力量来自媒体，对双廊地方性塑造起到了一定的推动作用。媒体既包含传统媒体，如新闻报道、杂志刊登相关文章，也包含新兴网络媒体，如旅游网站及以微信和微博为代表的移动智能终端的"自媒体"。一些"自媒体"大多数为当地客栈经营者。截至2016年9月，以"双廊"为主题的微信公众号检索结果共有54个，其中精品客栈的公众号就有38个（见表6-9），约占70%。与双廊相关的自媒体公众号、网络软文或满足旅游者双廊的旅游信息咨询、或提供便捷的旅游服务、或宣扬个性化的生活态度，"诗化"了双廊，对双廊的宣传发挥了很重要的作用。在百度搜索栏内键入"双廊"，除百度百科、百度图片外，百度旅游、马蜂窝、携程网、途牛网、搜狐旅游等主流旅游网站均有双廊的相关信息。

1　杨丽萍回到大理的家，面朝大海，春暖花开[EB/OL]. http://qoofan.com/read/R84XLOaQ8d.html.

表 6-9 “双廊”主题公众号统计

分类及数量	公众号名称
综合类（9个）	梦双廊、双廊旅游、双廊、花音（旅游服务）、双廊佰事通、双廊故事、大理双廊（政务旅游微信公众平台）、大理市双廊旅游接待中心、大理双廊客栈协会
客栈类（38个）	双廊蓝影客栈、双廊沐水蓝湾客栈、双廊七间房、大理双廊传世海景客栈、大理双廊别想那只大象客栈、双廊春暖花开客栈、大理双廊海之书馆、大理双廊名堂国际青年旅舍、大理双廊空间爱情海二号院、大理双廊隐思客栈、双廊山居、大理双廊水云天、大理青庐庄园、了了族宅院、大理双廊三千精品客栈、沧海一粟客栈、大理双廊李氏大院客栈、双廊灯火阑珊客栈、大理双廊石榴海景度假旅馆、双廊问月归、大理双廊廊懒客栈、大理双廊静园客栈、大理双廊致家客栈、双廊燕归巢客栈、双廊虫二客栈、双廊闲庭客栈、双廊懒虫海景客栈、大理双廊半山半水私家客栈、大理双廊海岛金海岸客栈、村墅Village Villa、双廊归墅、双廊漫时光精品客栈、大理双廊和成栖苑、大理双廊蓝帆地中海客栈、大理双廊海月楼客栈、双廊诗莉莉水岸花园酒店、大理双廊春暖花开客栈、大理双廊云life海角云舒客栈
餐饮类（4个）	大理双廊隔壁老王饭店、双廊水墨小馆（餐饮）、大理双廊心啡咖啡双廊小镇咖啡
其他（3个）	我在大理双廊等1个人、大理双廊吉祥租车公司、我在双廊你在哪（服装）

注：统计截至 2016 年 9 月 13 日。

在一些关于双廊的文字中，双廊被描述得富有传统意蕴和诗意，成为一个远离尘嚣、悠然自得的遁世之地。这些文字的真实性有待考证，但极富感召力，将双廊从凡俗的现实、杂乱的建筑环境中抽离出来，变成了一个富有情趣又安然自在的地方。它集结了小资的所有想象：缓慢的生活节奏、阳光、海岸、蓝天、白云。但这种迎合旅游者期待的、极富感召力和吸引力的宣传也将双廊的真实情况与旅游者隔离开来，使旅游者面临着失望的风险。对双廊正面宣传自动过滤或屏蔽掉了一些负面内容，是经由职业媒体人、名人或者客栈老板“艺术化”包装之后对双廊有选择地呈现，与真实的双廊存在一定差距。抛开各类信息的真实性，这样的宣传确实在很大程度上勾起了“他者”对双廊的美好想象和向往。同时，不恰当的宣传往往也容易勾起旅游者对旅游目的地高于现实的期待。

同时，双廊井喷式发展所出现的诸多问题也不可避免地暴露在公众眼前，导致一些负面新闻不断出现，在双廊的网络游记里差评也较多。有学者从古镇旅游空间再生产的视角出发，认为具有资本优势的“新移民”与具有土地优势的“原住民”形成了多元的社会分工特征，以血缘为基础的社会出现了碎化和分化现象。于是，古镇新形成的社区开始盲目地摒弃古镇文化、破坏原有空间、牺牲古镇环境，并开始用传统生产的方式用于旅游空间生产。由此产生了传统与现代社会方式、文化价值与经济价值、当代社会使命与发展保护的诸多矛盾（孙凯，王贺，2016）。这种普遍的问题常见诸双廊，“靠近洱海边是一栋栋风格各异的客栈或酒店，来自全国各地的旅行者在这里寻找幸福，与富裕起来的双廊人一起享受着苍山洱海的馈赠。而在双廊村落通向山体的另一边，一些有着上百年历史的老屋却在风雨中摇摇欲坠……双廊的飞速发展，让原本以捕鱼为生的本地人放下渔网，离开渔船，开起了往返大理和双廊的营运车，当起了建筑工人，或支起炸鱼虾的油锅，开起了五花八门的客栈、店铺和饭店。与外来的投资经营者相比，他们的收入同样增加了，但由于纯真而静谧的渔耕生活被打破，他们的笑容却不见增多”（张素珍，2013）。双廊存在的社会阶层分化、生计方式旅游化转变的问题被揭示出来，杂乱的建筑状态和杂糅的建筑风格也被诟病。

媒体为旅游者建构出了基于想象的双廊地方形象和地方特质，同时又将其现实问题全部暴露出来。以至于双廊呈现出本体的地方性和媒体建构的地方性交织的状况。而对旅游者而言，看到什么样的报道，就看到了什么样的双廊。“美文美图式”的宣传依旧让双廊充满魅力，让旅游者生出无限向往；而多去了几次双廊，或因为实地体验不如预期的旅游者则大呼上当而失望。但双廊的确在很大程度上成为媒体操控的双廊。

（3）地方通达性：让诸流进入更为便捷的同时加速了地方传统变迁。双廊的交通通达性优势得益于其较好的区位优势，双廊位于大理至丽江之间，云南省政府在大丽铁路通车后又决定继续修建大丽高速。考虑到双廊的旅游热度，大丽高速专门为双廊开了一个出口，可直接进入双廊古镇。同时，高速另一方向的挖色出口也可进入双廊。从市区则可通过洱海环湖路进入双廊。由于声名鹊起，进入双廊的旅游者也越来越多，自驾游客、团队大巴车、自由行旅游者等都涌入了双廊这个曾经的小渔村。超高的旅游人气为双廊带来了商机，双廊尤其是靠洱海一带的地价飞涨，外地投资蜂拥而至，既有民间个体投资者，也有旅游企业，形成了旅游流—旅游商机—旅游建设活动—旅游产品供给多元—引来旅游流的链条式连锁式循环反应。正是这种循环反应让双廊的发展进入快车道，急剧的变迁发生在这个曾经的小渔村。同时，便捷的交通还带来了大量的外地物资与装饰物，最关键的是汇聚了五湖四海的建筑理念与经营理念。在双廊，既有北京、上海、广东、福建的投资者，也有大理州、昆明市的省内投资者，从思想观念到建筑材料、软件装饰、生活方式，双廊成了一个不折不扣的“客栈建筑汇”和“生活汇”。

（4）“新移民”到来：引起空间主体嬗变的同时引入了新的地方发展能量。本地原住民将外来客栈投资经营者称为“新移民”。早期原住民通过产权与新移民的置换获得了一批可观的财富，但看着逐年上涨的地租，早早出租的原住民又追悔莫及。曾有一段时间，双廊的客栈经营权 70% 属于外地人（袁野，2012）。双廊曾经的产权置换一般有两种情况：出租土地或出租房屋。有部分当地社区精英表示担忧，“城里人来双廊租用海边农户的地，按各自的印象碎片建造各种房子，古老的渔村正面临更新的阵痛……建筑不伦不类，与白族特色相去甚远”（赵八旬）。也有人担忧，“外来者带着自己的理念、文化来到这里，他们就像磁盘一样，以插入的方式互动融合，但是它也带来了病毒。如何清除病毒，就是要让本土文化和外来文化相融合。政府部门要起到主导作用，跳出现有格局，着眼未来公共利益、公共空间的建设，而当地村民和外来者要自律”（叶永青）。当地政府对外来者秉着一种开放的态度：“中国文化是一个和谐、共荣的文化，在双廊，我想，我们用‘在双廊的当下人’，我们不要分什么主人、客人”（马忠华，卢斌，2012）。学者对外地新移民也更为宽容，有人甚至提出大理双廊的跨越发展和品牌建设要注重招商引资和项目带动，通过引进世博旅游集团、城投集团等大型旅游企业；扩大民间资本引进，引进民营企业、个人资金投资双廊旅游业；吸引“逃离北上广”人才，吸引广大游客和各类高级人才等，让他们在双廊慢城休闲、度假、生活、创业（杨复兴，2012）。

在双廊，大量“新移民”的进入已是不争的事实，对地方性影响最直接体现为地方空间主体的嬗变。但同时，“新移民效应”也应辩证对待。“新移民”的到来虽然打破了双廊原有的平静，但确实为双廊发展建设做出了重要贡献。在早期的“新移民”当中，有的是被双廊缓慢的生活节奏和安逸舒适的环境所吸引，所以选择在此投资置业。怀揣着“地方之爱”的他们对双廊充满感情，他们关心双廊的环保与发展，自发组织公益论坛为双廊的发展出谋划策，以尽一己之力。但在后期双廊声名鹊起之后，涌入的资本和投资者越来越多，投资者们中很大部分已不像最初怀揣着梦想、试图在双廊定居的异乡人，越来越多的投资者只是看到了双廊的旅游商机，试图在双廊寻找发展机会。对这些人而言，双廊更多是一个财富之地而非安心安居之所。

尽管“新移民”在双廊的投资被认为加剧了贫富差距、导致了传统文化的断裂或衰退，但同时也该看到，“新移民”也确实为双廊的发展做出了不可磨灭的贡献。从某个层面来讲，双廊的发展是旅游引导的新型城镇化缩影，只是推进主体不再是一般意义上的官方行政机构，而成为民间资本流动和市场发展的必然结果。区别在于，官方统一征地和补偿往往相对公平，且没有市场竞争因素影响；双廊开放的市场竞争态势，既实现了双廊土地、房屋等不动产市场化的价值转化，同时也具有强烈的不稳定性。由于投资者众多、地价飞涨，土地出让的时段和时限差异也导致了价格的差异。不均的土地出让价格也是导致“新移民”与原住民之间的矛盾之一。“新移民”痛斥原住民不再淳朴、不具备契约精神而动辄违约加租；原住民则无奈于“新移民”利用自家土地或住房实现了经济价值的大幅提升。双廊土地置换背后产生的人口置换和人口流动，也是乡村城镇化进程中的必然。只是双廊的城镇化进程在旅游引导下进行，旅游和外来“新移民”成为地方传统变迁的“推手”。

空间主体嬗变往往会改变地方内部的社会结构、景观形态和生活状态。外来“新移民”进入后，双廊人口构成不可避免地发生了变化，最关键的是外来“新移民”携带着“他地”的思想观念、生活方式、审美情趣植入式地进入双廊，或建造了客栈，或经营咖啡馆，或开酒吧、书吧，对双廊而言也意味着新的文化因子的注入。“新移民”也将自己对双廊的解读以自媒体的方式传导出去，赋予了双廊新的地方意义，构建了双廊新的地方形象。双廊不再是原住民的双廊，而逐步通过外来“新移民”成为大理旅游场域中的焦点之一和外地旅游者心中的理想之地。从这个层面来讲，双廊超越了自身的局限，被放置在了更广阔的视野之下。更广阔的视野也赋予了双廊更多的地方意义：由一个自在的地方成为旅游目的地，成为向“他者”呈现地方魅力的舞台。

双廊大建旁村传统文化的退隐与新文化势力的崛起，既有人为推动的因素，也是社会发展自选择的结果。双廊的地方性，并不是在外来者到来后就丧失了，而是由空间主体的变化引致了一系列变化。如何保留与复现富有意义的地方传统，让旅游者可以触摸到双廊的地方历史脉络与文化脉络，如何让变迁速率放慢、让变迁内容更为理性，更值得关注。

6.3.3 地方性感知

6.3.3.1 调研说明

笔者曾两次到双廊实地调研。第一次调研时间为2012年9月22日，主要从大理市区方向进入双廊，获得了初次对双廊的感性认识，当时双廊环湖路才开通不久，洱海环境整体感觉较好，路边还没有大量的客栈，环湖路上有少数的观景台，人也比较少。双廊镇区的路面还在修建状态，游客相对较少，一块石头上写着“双廊古渔村”提示进入了双廊。

第二次调研时间为2016年9月22日至24日，本次主要联系了双廊旅游办收集资料，并向大理客栈协会会长、客栈经营者及政府工作部分人员了解了双廊情况。本次对双廊大建旁村主要采用实地考察及半结构访谈法。其中，对当地居民和旅游者感知主要采用了半结构访谈的方式进行。在人员选择上，为保证样本的可靠性和真实性，基本按照“少而精”的原则进行。对受访者进行问卷调查的同时也会对其进行访谈。若遇集体出游的群体，人数不多时会一起访谈，人数较多时则选择其中一位代表进行访谈。由于双廊游客非常多，本地人相对较难遇到，在问卷的比例上，地方居民较旅游者少。为了有区别地了解当地居民和旅游者对地方性感知的差异，笔者分别针对当地居民和旅游者设计了半结构访谈问题。共访谈44人，其中访谈当地居民12人，旅游者32人。

需要说明的是，研究对象是大建旁村，当地居民访谈主要针对大建旁进行问卷和访谈，旅游资源分析也主要以大建旁村为核心。但由于旅游者对双廊以整体感知为主，因此旅游者的访谈基本围绕整个双廊而展开。

6.3.3.2 本地居民感知

对于双廊地方性的感知，在信息获取上大致有三种路径。一是官方或专业化的正面宣传，主要是官方媒体、客栈经营者、旅游经营者、与官方合作的旅游出版商等，他们专门精心建构地方形象，其整理发布的相关信息是专门针对旅游宣传的。二是非官方的中立者，如亲朋好友、旅游达人往往会通过朋友圈、微信、微博游记等形式分享对一地的所感所知，相对真实，但因个人立场、知识背景和体验程度呈现出差异。三是实地体验。实地体验往往是最直观、最深刻的感知方式，也往往会和先前的预设信息进行比较，从而得出“游后感”，即形成个体对地方的感知。有学者认为，在双廊的实际体验中，居民传统居住空间与游客的旅游空间重叠，游客感受到的是多种混乱的空间景观的杂糅形象，遭遇到想象与现实的落差（孙凯，王贺，2016）。

（1）基本信息。选择了 12 名本地居民进行了访谈，其中，政府工作者 2 名（Civil Servant，编号 CS–1、CS–2），客栈经营者 3 名（Hotel Boss，编号 HB–1、HB–2、HB–3），百货店老板 1 名（Grocery Boss，编号 GB–1），水果摊老板 1 名（Fruit Stand Boss，编号 FSB–1），饭店经营者 2 名（Restaurant Boss，编号 RB–1、RB–2 ），青少年学生 2 名（Young Students，编号 YS–1、YS–2），未参与旅游活动的老人 1 名（Elder Man，编号 EM–1）。访谈对象的基本情况如表 6–10 所示。

表 6-10　双廊受访当地居民基本情况

<table>
<tr><th>项目</th><th colspan="5">构成情况</th></tr>
<tr><td>性别</td><td colspan="2">男：6</td><td colspan="3">女：6</td></tr>
<tr><td>年龄</td><td>18岁以下：2</td><td>18~25岁：4</td><td>26~40岁：2</td><td>46~60岁：3</td><td>60岁以上：1</td></tr>
<tr><td>教育程度</td><td>初中及以下：6</td><td>高中及中职：2</td><td>本科或大专：4</td><td colspan="2">研究生及以上： 0</td></tr>
<tr><td>从事工作</td><td colspan="2">旅游相关：6</td><td colspan="3">旅游无关：6</td></tr>
<tr><td>旅游培训</td><td colspan="2">接受过：2</td><td colspan="3">未接受过：10</td></tr>
<tr><td>外界宣传</td><td colspan="2">接触过：9</td><td colspan="3">未接触过：3</td></tr>
<tr><td>居住年限</td><td colspan="2">本地居民：6
60，5，37，10，15，73</td><td colspan="3">外地临时定居居民：6
1，1，3，3，2，5</td></tr>
<tr><td>了解渠道</td><td>网络渠道：1</td><td>移动智能终端：3</td><td>口传心授：2</td><td>户外广告：1</td><td>生活体验：7</td></tr>
</table>

注：了解渠道为多项选择，数字为出现的频次，未出现项目未列入。居住年限一栏下数字为居住时间（年）。

在受访的当地居民中，性别比例较为均衡，年龄主要以中青年为主，有个别青少年和老年人接受了访谈。多数受教育程度不高，旅游从业情况基本均衡，即有一半受访者在从事旅游相关工作，一半以上受访者没有从事旅游相关工作。旅游培训程度较低，绝大多数没有接受过旅游培训。受访者中有将近一半是本地居民（含因婚嫁进入双廊的人员），有一半是外地临时定居在双廊，多数为经营客栈、饭店的人员。本地居民对双廊的了解渠道较为有限，多数人对双廊的了解主要通过生活体验实地感知，外地临时定居人员和本地青年群体会通过网络渠道和移动智能终端接触到一些双廊的相关信息。

（2）地方特色感知。本地居民关于具体事项的地方感知问题部分结果统计如图 6-7 所示。开放式问题中关于地方特色代表性内容中最有特色的事项总结如表 6-11 所示。

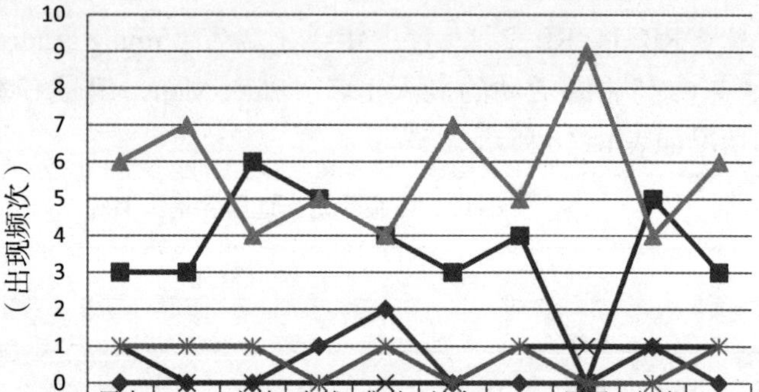

	历史事件	文化	宗教信仰	自然环境	集体活动	社会环境	习俗	民居形态	宗教活动	住所
A非常有特色	0	0	0	1	2	0	0	0	1	0
B有特色	3	3	6	5	4	3	4	0	5	3
C一般	6	7	4	5	4	7	5	9	4	6
D比较没特色	1	0	0	0	0	0	1	1	1	1
E完全没特色	1	1	1	0	1	0	1	0	0	1

图 6-7　双廊当地居民具象的地方性感知情况

注：数字为该选项出现的频次，个别问题出现了留白（未选择），所以部分选项的总频次出现了较小偏差。

表 6-11　当地居民提及的具有地方性特色的事项

主题	具有特色事项
历史事件	本主节、开海节、三月街
文化	火把节、白族服饰、饮食、洱海风光、乳扇、洱海鱼

主题	具有特色事项
宗教信仰	本主（3）、佛教（2）
自然环境	洱海（5）
集体活动	火把节（2）、迎本主、三月街
社会环境	交通方便、和谐、质朴、村民热情好客、乐于助人、友善
习俗	杀猪饭、做客、盖新房、结婚
民居形态	白砖黑瓦
宗教活动	初一十五烧香拜佛、火把节、春节、本主节（2）、三月街（2）、迎本主
住所	“三坊一照壁”的建筑风格

注：括号内数字为出现频次，无数字的出现频次为 1。

从上面两个图表可以看出，双廊本地居民对地方性感知整体较弱，以中性感知居多，本地居民眼中非常有特色的事项极少。在“非常有特色”事项中，自然环境出现 1 次，集体活动出现 2 次，宗教活动出现 1 次，总频次为 4，排序最低；出现频次最高的为“一般”，频次共计 57。按频次从高到低排序依次为民居形态、文化 / 社会环境（并列）、历史事件 / 住所（并列）、自然环境 / 习俗（并列）、宗教信仰 / 集体活动 / 宗教活动（并列）；“有特色”事项出现频次总数为 36，位于第二，按频次从高到低排序为：宗教信仰、自然环境 / 宗教活动（并列）、集体活动 / 习俗（并列）、历史事件 / 文化 / 社会环境 / 住所（并列）。“比较没特色”和“完全没特色”出现的频次较低，分别为 5 和 6，但分布较为均衡，仅有自然环境和社会环境未被视作“比较没特色”和“完全没特色”，其他项目均有 1~2 的频次被视作“比较没特色”或“完全没特色”。

在历史事件的感知方面：受访的当地居民没有人认为双廊大建旁村的历史事件“非常有特色”，27% 认为“有特色”，55% 认为“一般”，认为“比较没特色”和“完全没特色”的均占 9%，超过半数的受访者认为特色一般，感知较为中性。认为最有特色的历史事件也往往与节庆活动结合起来，或与村寨居民对于集体记忆中的历史事件认知较为缺乏有关。

在文化特色的感知方面：受访的当地居民没有人认为双廊的文化“非常有特色”，仅有 27% 认为“有特色”，64% 认为“一般”，9% 认为“完全没特色”。总体而言，超过一半的当地居民认为双廊大建旁村的文化特色一般，感知较为中性。而对于富有特色的文化事项认知，也停留在对服饰、饮食、节庆的认识上。

在宗教信仰感知方面：受访的当地居民没有人认为双廊大建旁的宗教信仰“非常有特色”，但 55% 认为“有特色”，36% 认为“一般”，9% 认为“完全没特色”。总体来看，超过一半的当地居民认为双廊大建旁村的宗教信仰“有特色”，对宗教信仰地方特色的感知以正向居多。但在具体的宗教信仰认知上出现了偏差，有 3 名本地居民认为双廊的宗教信仰是本主，有 2 名认为双廊是信仰佛教。对于“本主节”，大多数本地居民有了解与认识。

在自然环境感知方面：9% 的受访当地居民认为双廊大建旁村的自然环境“非常有特色”，46% 认为“非常有特色”，45% 认为“一般”，没有人表示“比较没特色”或“完全没特色”。总体而言，认为双廊大建旁村自然环境“非常有特色”和“有特色”的正向感知率达 55%，认为“有特色”和“一般”的频次持平，但正向感知略高于“一般”，无负面感知。自然环境感知中认为最有特色的事项是洱海，接近半数的人明确表示洱海最有特点。

在集体活动感知方面：18% 的受访当地居民认为双廊大建旁村的集体活动“非常有特色”，认为“有特色”和“一般”的频次持平，均为 36% 左右，认为“完全没特色”的占 9%。总体来看，持正向感知的认为“非常有特色”和“有特色”的共占 65%，对集体活动以正面感知为主。集体活动的特色事项也集中在节庆活动上，如本主节、三月街等。

在社会环境感知方面：30% 的受访当地居民认为双廊大建旁村的社会环境“有特色”，70% 认为“一般”。中性的“一般”认知高出“有特色”一倍以上，可以看出本地居民对社会环境特色感知以中性为主，基本无负面感知。社会环境的特色事项上，当地居民对于本民族的热情友好与交通方面感知较高，也间接说明双廊白族人民对本民族的认同尚可。

在习俗感知方面：没有受访的当地居民认为双廊大建旁村的“非常有特色”，认为“有特色”的占 36%，认为特色“一般”的占 46%，认为双廊大建旁村的习俗“比较没特色”和“完全没特色”的当地居民均占 9%。可以看出，双廊大建旁村地方习俗特色感知程度为中性居多。地方习俗中的特色事项亦与生活密切相关，如杀猪饭、婚嫁、盖新房等。

在民居形态感知方面：绝大多数当地居民认为特色“一般”，占到 90%；

认为“比较没特色”占10%。没有人认为双廊大建旁村的民居形态“非常有特色”和“有特色”，整体感知非常中性，正向感知为零。也有少量外来居住者认为白族民居的白砖黑瓦很有特色。

在宗教活动感知方面：认为“非常有特色”的受访当地居民约占9%，认为“有特色”的占46%，认为“一般”的占36%，认为比较没特色的占9%，总体正向感知为55%，超过了半数，当地居民对宗教活动地方特色的感知以正面居多。宗教活动中被提及的特色事项较为笼统，既有宗教活动，也有节庆活动，如初一、十五烧香拜佛及火把节、春节、本主节、三月街、迎本主等。

在住所感知方面：受访当地居民认为双廊大建旁村房屋建筑“有特色”的占27%，认为“一般”的占55%，认为“比较没特色”和“完全没特色”的各占9%。整体来看，中性感知“一般”的超过半数，当地居民对住所地方特色的整体感知较为中性。“三坊一照壁”的特色也有被提及。

在当地居民的访谈过程中，提及较多的特色事项也是节庆活动，如开海节、本主节及一些宗教节庆活动等。受教育程度相对较高的本地居民对地方特色事项的感知会略强，如一位上过大学的商铺老板家的儿子在提起双廊地方特色时较能侃侃而谈，“我们的特色还是蛮多的，白族风情像白族‘三坊一照壁’的房子、衣服，吃的如雕梅啊、酸辣鱼、生皮这些啊，还有本主节、三月街这些节庆活动都挺有特色的”（GB-1）。村里的老者和水果摊老板娘被问及双廊有没有什么地方特色时，第一反应均是“没什么特别的”（EM-1，FSB-1），要再进一步提到一些具体事项时才会有个简单评价，如问到洱海怎么样，会说“洱海挺漂亮，风景好，环境好”（EM-1）。综合来看，具体事项的感知情况大多数较为中性。

此外，双廊当地居民在感知事项的划分上较为模糊，但对节庆活动和洱海的感知最明显。在当地居民提供的认为最有特色的事项中，历史事件、文化、宗教信仰、集体活动、宗教活动等几个方面出现了重叠：一是以上内容具有一定的相关性和相通性；二是当地居民在认知上较为模糊，与生活相关的诸多地方文化事项也着实相互交织在一起而难以区分。在关于“认为最有特色的事项”这一问题上，较多的回答集中在节庆活动方面，如火把节、三月街、本主节上，另一个出现频率最高的是洱海，在自然环境最有特色的事项中是有且仅有的内容。

为了进一步检验双廊个别地方特质在当地居民心中的地位，进一步设置了一些双廊典型地方特质作为“双廊令您印象最深刻”问题的多项备选。在双廊令人印象最深刻的事项上，当地居民的选择如图 6–8 所示。

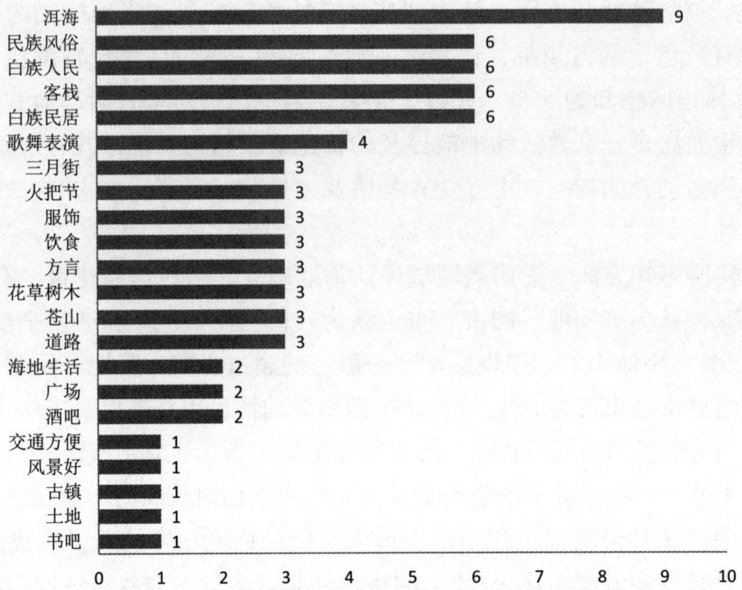

图 6-8　双廊大建旁村当地居民印象深刻事项排序

注：图中数字代表双廊大建旁村各具体特色事项在“令人印象深刻”这一问题上的出现频次，一位微信访谈者为开放式访谈，并未涉及具体的特色意象问题，故此处总受访者为 11。

从图 6–8 可以看出，令人印象最深刻事项中，洱海位居第一，也可看出本地居民对自然环境的感知最为突出。洱海是双廊大建旁村自然环境显著的可视化的水体景观，与双廊大建旁村密不可分，在当地人民心中的意义、价值与地位也非同一般。绝大多数本地受访者表示，洱海很漂亮，比较吸引人，也比较有特点，是吸引外地旅游者来双廊的主要原因。

民族风俗、白族人民、客栈和白族民居四项并列第二。以上四项内容均是文化环境和社会环境方面的内容，白族人民、风俗和民居建筑有不错的感知印象。但双廊的白族民居和客栈在当地居民的感知中处于同一梯队，也可印证客栈惊人的崛起……在访谈中，不少当地居民都表示，双廊旅游兴起之后，房子多了，客栈也多了。如一位四川“荤豆花”饭店老板就表示，双廊房子多了好多，客栈也多，而且客栈做得花里胡哨的，还比较漂亮。好多人都要去看那个海地生活（RB–1）。另一位靠山居住的老人表示："双廊发展旅游后交通更方便了，房子也盖起来好多。外地人来开客栈的很多。"（EM–1）在风俗感知方面，无论是长期居住在此的本地居民，还是外地过来的新移民，在长期居住过程中均会被当地的风俗所浸染。本地的老人讲道，"老妈妈们初一、十五烧香拜佛"（EM–1）、"结婚盖房都要请客，人多热闹好玩"（EW–2），外地来开客栈的老板也认为，"杀猪饭好吃又好玩，做客挺好玩的"（HB–2）。在民居建筑的感知方面，本地居民中有人表示"三坊一照壁"格局挺有特色（GB–1），也有人表示白族传统民居特色是青瓦白墙（CS–1）。

歌舞表演位居第三。三月街、火把节、服饰、饮食、方言、花草树木、苍山及道路并列第四。"三月街""火把节"是访谈中出现的仅次于洱海的高频词汇之一，也与民俗活动相关联。饮食中的乳扇、雕梅、酸辣鱼认知程度较高。位于第五的是海地生活、广场、酒吧。其他零星的感受或与各自的偏好有关，如交通方便，也被视作一种旅游发展后的"地方优势"了，相比其他村寨而言，双廊高速公路、铁路、环湖路大大提高了双廊的通达性和生活便利性。值得一提的是，客栈海地生活被单独提及，也可见其影响力。

当地居民对待地方性在旅游当中的重要性态度及对双廊大建旁村地方特色的整体感知如表 6–12 所示。

表 6-12　当地居民地方特色重要性及地方特色整体感知

感知情况 感知问题	非常正向	正向	一般	比较负面	非常负面
地方特色重要性	18%	55%	27%	—	—
地方特色整体感知	9%	45%	46%	—	—

可以看出，当地居民绝大多数较为认可地方特色在旅游当中的重要性，认为地方特色在旅游开发中"非常重要"或"很重要"的比例占到了 73%，也有少量当地居民认为无所谓，无人认为不太重要或完全不重要。

在对地方特色的整体感知上，受访当地居民无人表示双廊大建旁村"非常有特色"，认为"有特色"和"有一点特色"的当地居民共占 45%，未超过半数。46% 的当地居民认为"一般"，9% 的当地居民表示"没有特色"。整体来看，当地居民对其地方特色的感知较差，与单项地方特质感知结果基本吻合。

从访谈的情况来看，本地确有部分居民认为双廊不具有典型的地方特色，或特色不如他地，如喜洲、沙溪等。在提及地方传统时，人们也习惯将白族传统与双廊联系起来，但不少人认为双廊只是北上广或外来人的聚居地，传统的地方特色已经日渐式微，而认为喜洲更具白族传统文化底蕴。如“讲特色的话可能喜洲这边更好一点，喜洲的商帮很有名，在民国时期就把生意做到欧洲、东南亚等国家去了，白族民居也非常有特色。双廊那边外地人多些，更多也是一些外来文化的杂烩地吧”（CS–2）。“双廊什么人都有，客栈形形色色，传统文化氛围已经很弱了，要研究地方特色的话还是喜洲可能会更传统更有特色些。”（HB–1）“双廊更多是一个‘北上广’的聚居地，也比较乱，很多外地人在搞，真正的传统文化可能在喜洲那边保留得会好一点，感觉也会好一点。如果喜欢白族传统文化，有空应该去喜洲啊、沙溪这些地方好好看看，那边的传统民居保护得更好。”（HB–3）可以看出，本地居民的长时段生活体验对于地方性的系统认知会有帮助，但在比较尺度上双廊地方性可能会被“屏蔽”或形成“比较下的地方认知”，如以上有丰富生活体验的本地客栈经营者和政府工作人员，均认为双廊的地方特色不如喜洲。

（3）旅游开发感知。在旅游开发感知的问题上，受访当地居民无人认为旅游开发“非常恰当”，认为开发“恰当”的仅占 18%，认为开发“一般”的占 46%，认为开发“不太恰当”的当地居民占到了 36%（见图 6–9）。说明旅游开发的本地居民满意度不太理想，还有较大的提升空间。在访谈的过程中也感觉到当地居民与政府、外来新移民与当地居民这两类原住民之间存在着一些矛盾：“双廊自然风光虽好，但一部分当地民众比较愚蛮，有毁约加租的、持币豪赌的、得意忘形的、无所事事的。政府也忙得不可开交，今天一个文件明天一个文件，今天一个规定明天一个规定。”（HB–1）“双廊旅游的问题挺多的，比较混乱，政府管也管不了，搞得乱麻麻的一团糟”（GB–1）。“双廊旅游开发比较乱，政府一下规定这样一下那样，头都乱晕了。如果做不好的话游客会减少，修路就很影响客流量，游客来的少了很多很多。规划不协调，意见也不太统一。东一下、西一下，游客减少，车流量也减少了。旅游服务也不到位，指示不明。”（RB–2）“现在交通太不方便了，修路把两边堵起来，人都没有了，起码少了 2/3 的游客。店里的生意也少了。”（RB–1）调研时适逢国庆前夕双廊主街及外复线路施工，临时关闭了双廊高速出口，并对车辆通行做了一定限制。访谈的一些商家因为车辆无法正常进出、游客大量减少表现出了不满。也有少量居民表示，外来旅游者到来后并不影响生活（EM-1，EW-2）。此外，在一些媒体报道中，也可见双廊旅游井喷后当地居民的一种“情绪转移”——无论是旅游者还是当地居民，均将双廊“井喷式”发展之下的种种问题归咎于政府。前期由于政府对双廊发展的预估不足导致了诸多问题，“双廊的速度大大超过了之前的预期，之前就是按照一个小村子的要求来定位的，如污水处理设施，先前就是按照一个乡村的要求来设计的，现在的容量完全没有办法匹配实际的需求。政府当初完全没有预料到双廊会发展得那么快，感觉是一下子就火了起来，政府都还没来得及反应，等反应过来要去控制管理，又已经来不及了。建筑物也不像其他，说拆就拆，说不要就不要，政府工作也比较难做”（CS-2）。到后期政府管控逐步引入诸多限制性条件的时候，当地居民及旅游经营者们则大感不适，如拆除违规建筑、规定客栈、饭店等必须污水处理等环保设施达标等，也曾引发当地居民、新移民与政府之间的矛盾。这些矛盾和问题的存在也是当地居民对旅游开发态度不甚满意的原因所在。

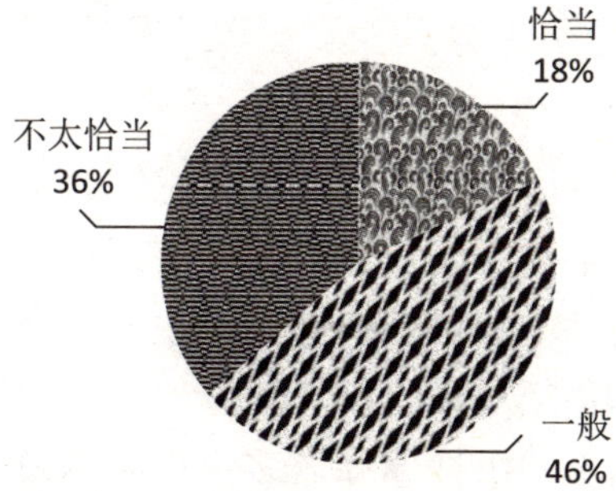

图6-9　旅游开发的恰当性

此外，当地居民在增强地方特色渠道的建议有：完善公共设施，增加一些民族性的活动；改善旅游整体环境和交通条件，政府部门注意工作的方式方法等。

在旅游开发的改进措施建议上，当地居民认为可以通过强化旅游公共服务设施，完善交通条件等方式来改进。虽然双廊紧邻高速公路、铁路，也有环海路经过，但由于双廊本身空间有限，加上房屋建筑密集，人口众多，局促的空间势必造成交通困难。在公共服务设施方面，双廊自旅游发展以后也在不断建设之中，如环海路、观景台、广场、步游道、标识标牌等，但由于是短期的“井喷式”发展，双廊的旅游公共服务设施在很大程度上处于供不应求的状态，有限的公共设施难以满足大量的旅游者需求。

总体而言，这些意见和建议反映出了双廊旅游中现存的一些问题，也为改进提供了方向。在今后的双廊旅游建设中以上问题值得关注。

（4）地方认同。在地方认同的相关问题上，当地居民的选择结果如表6-13所示。

表 6-13　当地居民地方认同相关问题分析

感知情况 感知问题	非常正向	正向	一般	比较负面	非常负面
居住适宜性	—	70	30	—	—
生活便利性	9	55	18	18	—
旅游适宜性	—	45	55	—	—
旅游变化强度	60	40	—	—	—
旅游变化态度	9	64	27	—	

可以看出，当地居民对居住适宜性以正向感知为主，70% 的当地居民都表示双廊“比较适合”居住，30% 的当地居民表示“一般”，无负面感知。

当地居民对生活便利性主要以正向感知为主。综合来看，双廊大建旁村在本地居民心中的居住功能认同程度较高。

在旅游适宜性的感知上，中性感知居多，正向感知居于第二，基本无负面态度。

在旅游变化强度感知的问题上，40% 的当地居民认为双廊大建旁村旅游变化“比较大”，60% 认为旅游变化“非常大”，双廊旅游的迅猛发展带来了景观、交通、建筑、文化等方方面面的改变，给村寨带来了翻天覆地的变化，当地居民也深刻地感受到了旅游变化。

在对待旅游变化的态度上，当地居民对旅游变化的态度较为正面，正向感知率为 73%，绝大多数当地居民认为双廊发展旅游带来的变化是正面的变化，这在访谈中也得到了验证。村寨里老人并不反感双廊旅游变化，多数认为双廊搞旅游之后人多了、交通方便了、环境也好了，旅游者的到来也不太影响自己的生活，表示非常欢迎旅游者。旅游经营者们或商铺老板们虽然在旅游开发过程或管理中有一些抱怨，但多数能对交通条件改善、人气旺等正向变化予以肯定。

从当地居民对居住功能及旅游变化感知及认知等方面可以看出，当地居民对双廊大建旁村的地方认同尚可。

（5）地方依恋。当地居民对双廊大建旁村地方依恋的问题分析如表 6-14 所示。

表 6-14　当地居民地方依恋相关问题分析

感知情况 感知问题	非常正向	正向	一般	比较负面	非常负面
居住意向	—	18%	55%	18%	9%
地方好感度	—	73%	18%	9%	—

受访者中没有人表示“一定不会”离开大建旁村前往他地生活，仅有 18% 表示“多半不会”，55% 的表示“不一定，看情况”，共有 27% 的表示“多半会”或“肯定会”离开（主要为外地投资者）。从单项结果来看，目前在双廊的当地居民超过半数的地方依恋程度较为一般，正向居住意向的比例甚至低于负面的居住意向，说明双廊当地居民的地方依恋程度较弱。一方面受中国现目前城镇化发展大趋势所影响，另一方面也与双廊过度的旅游开发有关。

在地方好感度的问题上，大多数当地居民对双廊的情感较为正向，愿意把双廊推荐给亲朋好友，推荐率达到 73%，也有少数本地居民觉得“双廊一般，没什么好推荐的”。

在地方特色的感知上，当地居民不甚理想。但在地方认同和地方依恋上，则以正面情感为主，这说明当地居民地方特色“自觉”程度还较弱。在旅游开发上，尽管在旅游开发恰当性的感知上以中性为主，但对于旅游变化，多数当地居民情感较为正向。虽然双廊的旅游开发还有待改进之处，但当地居民对双廊旅游带来的变化甚感欣慰。另外，地方性感知个体差异较大，无论是知识背景，还是旅行阅历、生活经历等都会影响其对双廊的感知和评价。

6.3.3.3 旅游者感知

双廊共有 32 位旅游者接受了访谈，多数为情侣、好友、亲子家庭等组合类型，结伴而行的朋友、家庭有的会有一个“代言人”回答，有的是开放式问答，但几乎均是自由行旅游者。为了便于表示，统一用 FT（Free Tourists）表示。接受访谈的旅游者个人背景如表 6–15 所示。

表 6-15 双廊受访旅游者基本信息

项目	构成情况				
性别	男：15		女：17		
年龄	18岁以下：0	18~25岁：10	26~45岁：21	46~60岁：1	60岁以上：0
教育程度	初中及以下：2	高中及中职：2	本科或大专：28	研究生及以上：0	
停留时间	不过夜：4	一晚：8	2~7天：17	7~15天：3	
外界宣传	接触过：26		未接触过：6		
了解渠道	网络渠道：14	移动智能终端：7	亲友推荐：6	户外广告：1	其他：4
旅游频率	经常：11	节假日：1	一般：13	很少：6	几乎不：1
村寨经历	非常长时间：3	较长时间：4	一段时间：9	几乎没有：16	

注：了解渠道为多项选择，数字为出现频次，未出现项目未列入。

（1）基本信息。

旅游者中的受访者性别基本均衡，所占比例为男性 47%、女性 53%。

从年龄构成来看，受访旅游者主要以中青年群体为主。其中 18~25 岁的青年占到 31%，26~45 岁的中年占 66%，46~60 岁占 3%。在调研中，也发现情侣、青年家庭、结伴而行的青年好友共同出游居多。

受访旅游者受教育程度较高，绝大多数为本科或大专，达到 88%。受教育程度高的旅游者也更易从其他渠道搜寻目的地信息。

从停留时间来看，一晚和超过一晚的旅游者达 88%，其中停留 2~7 天的达 53%，停留 7~15 天的将近 10%，住一晚的达 25%，说明双廊度假型旅游者占有很大比例。考虑经济成本，选择环湖观光游览双廊在他地如下关或古城住宿的旅游者也不在少数。

81% 的受访旅游者接触过双廊的旅游宣传，间接也说明双廊的旅游宣传较为到位，能够为大多数的潜在旅游者提供信息获取的途径。

38% 的旅游者经常旅游和节假日都会旅游，41% 的旅游者旅游频率一般，21% 的旅游者表示很少或几乎不旅游。这说明大建旁村的旅游者类型较为多样，属于大众型旅游目的地。

在旅游信息了解渠道上，以网络渠道最多，其次为智能终端、亲朋好友推荐，也有少量通过户外广告和影视宣传了解。

从旅游者的村寨生活经历来看，有 50% 的没有村寨生活经历，28% 的有过一段时间的村寨生活经历，说明双廊“白族古渔村”对不具备村寨生活背景的城市人群较具吸引力。也有约 20% 的受访者具备较长时间的村寨生活经历。

（2）地方特色感知。旅游者对双廊具体地方特质的感知情况如图 6–10 所示。

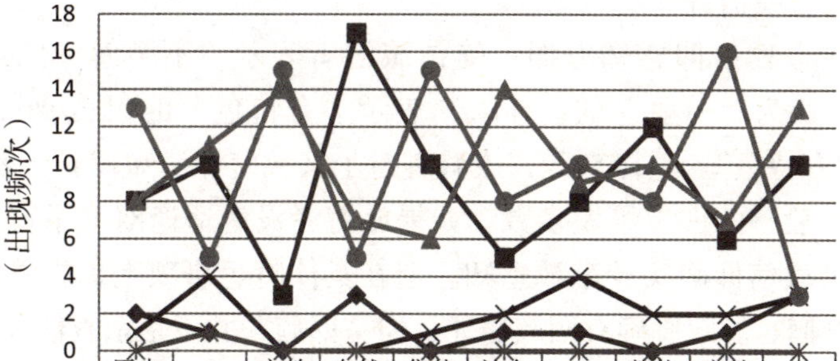

	历史事件	文化	宗教信仰	自然环境	集体活动	社会环境	习俗	整体形态	宗教活动	住所
A非常有特色	2	1	0	3	0	1	1	0	1	3
B有特色	8	10	3	17	10	5	8	12	6	10
C一般	8	11	14	7	6	14	9	10	7	13
D比较没特色	1	4	0	0	1	2	4	2	2	3
E完全没特色	0	1	0	0	0	0	0	0	0	0
F不了解	13	5	15	5	15	8	10	8	16	3

图 6-10　旅游者对双廊地方特质的感知情况

注：表中数字为该选项出现频次，频次总计为 32，低于 32 的为部分问题留白。第 8 项内容原为民居形态，但考虑到与第 10 项内容“住所“的相关访谈信息有交叉可能，此处调整为“整体形态”，旨在关注双廊特有的临海格局与建筑格局的特殊性。

在历史事件感知方面：受访旅游者认为双廊历史事件“非常有特色”的占 6%，认为“有特色”和“一般”的均占 25%，认为“比较没特色”的占

3%，表示“不了解”的比例最大，约占41%。总体来看，认为“非常有特色”和“有特色”的正向感知仅占31%，表示“不了解”的最多，认为“一般”的位于第三。说明旅游者对双廊历史事件感知较弱，在旅游宣传当中应当强化。在旅游者给出的有特色历史事件中，分别有火把节、三月街，也和节庆活动出现了混淆。

在文化特色方面：认为“非常有特色”和“有特色”的共占34%，认为“一般”占34%，表示“比较没特色”和“完全没特色”的共占16%，表示不了解的占16%。正向感知和中性感知比例相同，表示“不了解”和负面感知的旅游者也占了一定比例，共占到约1/3。双廊大建旁村对旅游者的文化传导有待加强。在旅游者提及的具体最特色事项中，分别有建筑、服饰、白族文化，可见建筑作为最直观的地方视觉景观及传统的白族民族文化在旅游者心目中仍有一定的地位。

在宗教信仰感知方面：受访旅游者表示“不了解”的最多，共占了47%；认为“一般”的占44%，表示“有特色”的仅占9%，没有人认为“非常有特色”。整体来看，旅游者对于宗教信仰认知较弱，表示“不了解”和“一般”的占了绝大多数。如果旅游者没有适逢双廊举行宗教活动，双廊的宗教信仰确实较难被感知。但在具体特色事项上，旅游者列出了“回族”“佛教”。双廊确有回族居住，但“回族”并不是宗教信仰，在旅游者的认知里，因为在双廊有回族餐厅用餐经历，因此推定“回族”为其宗教信仰，实际是对双廊的宗教信仰的一种误读。

在自然环境特色方面：认为“有特色”和“非常有特色”的约占63%，认为“一般”的占22%左右，表示“不了解”的约占16%，没有旅游者表示双廊的自然环境“比较没特色”或“完全没特色”。整体来看，旅游者对自然环境特色的感知以正向为主，说明旅游者对双廊自然环境认知较为正向。在旅游者提及的自然环境特色事项中，洱海位居第一（共被提及9次），其他如海景、金黄色的田野、青山绿水、环境优美也被认为是双廊自然环境中具有特色的事项。访谈中多位游客表示洱海海景很漂亮。

在集体活动特色方面：表示“不了解”的旅游者最多，共占到47%；表示“有特色”的占31%，表示“一般”的占19%，极少数旅游者认为“比较没特色”，仅占3%。整体来看，旅游者对集体活动特色正向感知较弱。集体活动也是民族村寨旅游体验的重要一环，让旅游者亲身参与当地的民俗活动，能增加旅游者的参与感与体验感。在旅游者提及的特色集体活动中，火把节、三月街都有提及。同当地居民感知相似，旅游者也更易将集体活动与节庆活动联系在一起，事实上二者确有一定的相通之处。

在社会环境特色方面：认为“非常有特色”和“有特色”的共占20%；认为“一般”的占47%，比例最大；表示“比较没特色”的约占7%，表示“不了解”约占27%。整体来看，大多数旅游者对自然环境感知较为中性，认为当地社会环境一般，约两成的旅游者认为“非常有特色”或“有特色”，其社会环境特色的塑造与信息传导也有待增强。在旅游者列出的具体特色事项中，主要有觉得当地人好，热情淳朴（FT-4）。也有旅游者表示觉得当地居民不那么热情，“当地人感觉也不怎么热情，问个问题也不愿意回答你”（FT-6）。可看出游客感知与其经历密切相关。

在习俗特色感知方面：表示“不了解”的旅游者所占比例最大，约占31%；认为“非常有特色”“有特色”“一般”的分别占3%、25%、28%；认为“比较没特色”的约占13%。整体来看，正向感知和中性感知均等，表示“不了解”的所占比例最大，说明习俗方面的宣传有待加强。在具体的与习俗相关特色事项中，旅游者列举出的有当地少数民族、民族风情、民俗、服饰、饰品等。旅游者在习俗的认知上也有些“误差”，或因文化范畴的相对宽泛更容易被混淆。

在整体形态感知方面：认为整体格局“有特色”的旅游者最多，约占38%；认为“一般”的约占31%；表示“不了解”的占25%；也有少量旅游者表示“比较没特色”，约占6%。整体来看，虽然认为“有特色”的旅游者最多，但并未超过半数。整体形貌和格局的感知主要需要开阔的全景式观景平台，但目前双廊的旅游公共设施中还相对较为缺乏整体概览式的观景台，在后期旅游开发中可加以突出。在旅游者列出的相关特色事项中，分别有白族民居、民族风情、服饰、建筑。说明白族风情在整体氛围中影响较为深远，同时，在整体层面上，反差较大的民居形式也受到了旅游者的关注。在访谈中有旅游者认为，“双廊植被破坏挺严重的，到处都可以看到凸出来的岩石和土，而且客栈和后面的房屋看起来也不怎么协调，风格很不一样，条件也很不一样”（FT-9）。

在宗教活动感知方面，表示“不了解”的旅游者最多，占50%。仅有22%的表示宗教活动“非常有特色”和“有特色”。22%的表示“一般”，

6% 表示“比较没特色”。旅游者未列出具体的特色事项。整体来看，对于宗教活动特色表示不了解的有 5 成，正向感知的仅占 2 成，旅游者对宗教活动特色的整体感知较弱。

在住所（即民居建筑）感知方面，认为“一般”的约占 41%，认为“非常有特色”和“有特色”的约占 41%，表示“比较没特色”的约占 9%，表示“不了解”的也约占 9%。整体来看，持中性态度的旅游者比例最大，正向感知较弱，仅占 4 成不到。民居建筑是村寨有形物质景观中非常重要的内容，大建旁村的建筑特色，也有待强化。在具体特色事项上，旅游者列出了海地生活、房屋建筑、房屋构造等；认为本地建筑越来越少，很多新房已经都市化等，其中海地生活被提及 2 次。同时也可看出在旅游者理解的民居建筑里，客栈已经和当地民居融为了一体，旅游者甚至以为二者等同。现代化、城市化的问题也已被关注到。

在令人印象最深刻的事项上，旅游者的选择如图 6–11 所示。其中，洱海位居第一，被勾选频次达 29，占到受访者比例的 91%，与当地居民的选择基本一致。第二为客栈，被勾选频次为 16，占受访者比例的 50%，说明旅游者对大建旁村的印象较为深刻。排名第三的为花草树木与苍山，是自然环境的重要组成部分。排名第四为白族民居，可见旅游者对白族民居的感知要略弱于当地居民。第五为服饰和道路，其后依次为酒吧、安静 / 饮食、白族人民、民族风俗、蓝天 / 稻田 / 方言 / 土地 / 书吧。

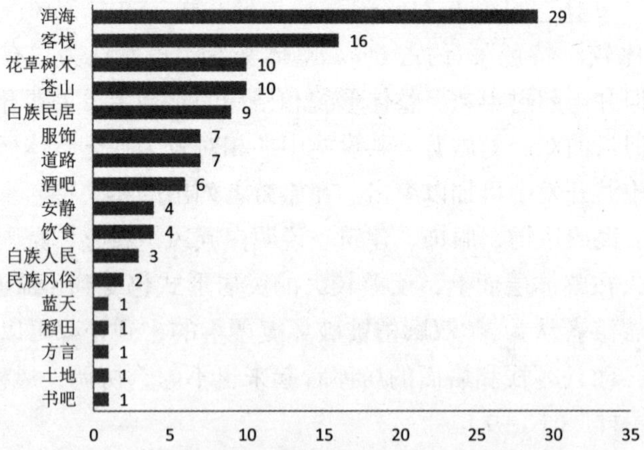

图 6-11　双廊大建旁村旅游者印象深刻的事项排序

注：图中数字为该事项在旅游者访谈中出现的总频率，接受访谈的旅游者共有 32 名。

从整体排名情况来看，旅游者对洱海的感知程度最高，其次为客栈，接着为花草树木、苍山和白族民居。旅游者对自然环境要素感知程度较高，如洱海、苍山、花草树木。在人文风情感知意象中，客栈和白族民居感知最强，白族民居略逊色于客栈，但差别不大，可见客栈的迅猛发展有与当地民居并驾齐驱的趋势，也可见建筑作为最显性的地景方式较易被感知。与民族风情相关的服饰、风俗、饮食、白族人民等，旅游者的感知程度较弱，说明双廊旅游宣传应强化当地生活方式和突出民族风情。

旅游者对地方性在旅游中的重要性态度及双廊大建旁村的地方性感知如表 6–16 所示。

表 6-16　双廊旅游者地方特色重要性及地方整体特色感知

感知情况 / 感知问题	非常正向	正向	一般	比较负面	非常负面
地方特色重要性	25%	69%	6%	—	—
地方特色整体感知	—	78%	22%	—	—

从表 6–16 中可以看出，绝大多数旅游者认为地方特色在旅游当中很重要，占比 94%，仅有 6% 的旅游者认为一般。说明地方特色在旅游开发中确有意义，人们也希望看到、感受到地方独有的特色风情。

在对整体地方特色感知方面，有一半旅游者认为“有特色”，28% 的人认为“有一点特色”，22% 的人认为“一般”。总体而言，认为“有特色”的正向感知率为 78%，说明双廊大建旁村在旅游者心目中地方特色比较突出。

（3）旅游开发感知。在对旅游开发恰当性感知上，49% 的旅游者表示“一般”、32% 的人表示“不太恰当”、仅有 19% 的人表示“非常恰当”和“恰当”（见图 6–12）。在访谈中不少旅游者因为交通条件、洱海水质恶化、公共服务、购物条件、商业化气息太重、旅游宣传等因素表示不满。

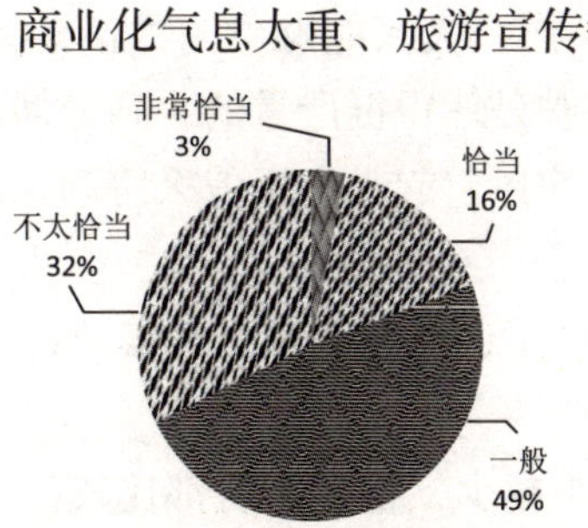

图 6-12　旅游者对大建旁村旅游开发恰当性的感知

“对双廊感觉非常糟糕，从高速出口下来步行了将近半个钟头才到客栈，可进入性太差了，没有清晰的标识，没有人告诉我们是这个情况。一路感觉也是乱乱的，非常不好。体验性非常非常糟糕，我是绝对不会再来的。标识什么的也不怎么清楚。商业化气息太重了，没感觉到什么特色的，跟丽江差不多吧。什么古镇、古城都差不多，卖的东西差不多，装饰的感觉差不多。双廊的装饰，好像跟鼓浪屿也差不多。”（FT-1）

“双廊现在不行了。像个大工地，洱海的水还越来越脏。我第一次来想在这生活，第二次觉得不怎么样，第三次已经不想来了。”（FT-3）

“双廊外面的那些民居更有村寨的气息，但似乎不该用电动车在里面跑来跑去，感觉会比较乱。”（FT-5）

“双廊跟我之前看到的照片差距太大了，实际和宣传的差好远。感觉别人拍的照片好漂亮，怎么我看到的就是这样的？我还花了好几百块钱去住什么海景房，反正没觉得漂亮，也再不会来了。交通也不方便，当地人也不热情。”（FT-6）

“双廊也没什么特别的，跟丽江也差不多，还是挺商业化的，卖的东西也差不多，好像也看不到什么特别的，只是宣传的好。现在的古镇好像都差不多，装饰差不多，卖的东西差不多，反正没发现什么特别的，估计也不会再来了。”（FT-7）

“感觉这里不是很方便，交通不方便，购物也不方便，离市区挺远的，没有公交车，没有母婴店，孩子尿不湿要是用完了我都不知道上哪里买。基础设施还有待提升，出行过程中的休息点比较少，如果途中多一些休息和观景的地方，可能感觉会比较好一点。然后双廊的体验活动也很少，基本就是看看洱海，洱海上面似乎也缺少了些小木船，无法感受泛舟洱海的感觉。其实双廊的活动可以再多一点，大家能够参与的活动多一些可能感觉会好一点。另外就是感觉双廊植被破坏得挺严重的，到处都可以看到露出来的岩石和土。而且客栈和后面的房屋看起来也不怎么协调，风格很不一样，条件也很不一样。”（FT-9）

“双廊开发得有些过度了，现在就像个大工地，也没什么特别的，挺一般的。”（FT-10）

“感觉本地的建筑越来越少，很多新房都比较都市化、现代化一点。反正和想象的差别还是很大的。”（FT-12）

“整体感觉一般吧，交通不是很方便，两边都堵起来修，车子也不让进去，停车费、电瓶车钱收得还挺贵的。”（FT–16）

“交通拥堵，到处都在建房子，政府也不管，乱麻麻的，停车费又贵。”（FT–17）

关于如何增强双廊大建旁村的地方特色及改进旅游开发，旅游者建议汇总如表 6–17 所示。

表 6-17　旅游者关于双廊大建旁村增强地方特色渠道与旅游开发的改进建议

主题	旅游开发的改进措施
增强特色渠道	增加人文建筑及设施 突出民族特色 强化人文地理 突出地方特色建筑和民俗活动 增加特色交通工具，可适当增加海上娱乐活动 放置一些小木船，感受泛舟洱海的感觉
旅游开发的改进措施	开发速度应适中，应注意洱海水质变化，不能再开发了 降低停车收费 应注意遮挡建筑、修路现场，注意整体视觉感受 应该增加一些休息站和体验性的活动 好好规范建筑工地，应有序开发 应当适度开发 应该增加一些本地的东西、商业 应改善交通，优化交通服务 建议提升基础设施，完善购物服务 注意风貌的协调统一

（4）地方认同。在地方认同的相关问题上，旅游者的选择结果如表 6–18 所示。

表 6-18　双廊旅游者地方认同相关问题分析

感知情况 感知问题	非常正向	正向	一般	比较负面	非常负面
旅游适宜性	19%	56%	16%	9%	—
旅游便利性	6%	53%	25%	16%	—
形象一致性	—	34%	38%	19%	—

对于旅游适宜性，旅游者的正向感知率达到 75%，说明旅游者对双廊

作为旅游目的地还是比较认同的。

在旅游便利性的问题上，半数以上的旅游者认为“基本能满足”旅游所需，但仍有较大比例的旅游者认为“一般”或“不太能满足”，说明在旅游便利性上仍有较大的改进空间。

在形象一致性的问题上，受访旅游者没有人表示想象中的双廊和实际见到的双廊“完全一致”。中性感知比例最大，其次是正向感知，负面感知的也占了将近 1/3 的比例。说明旅游者游前在接受旅游宣传下的地方想象与期望和实际感知有一定的出入，在旅游体验方面，还应再提高满意度，同时注重宣传的方式方法。

（5）地方依恋。在旅游者地方依恋的相关问题上，旅游者的选择如表 6-19 所示。

表 6-19　双廊旅游者地方依恋相关问题分析

感知情况 / 感知问题	非常正向	正向	一般	比较负面	非常负面
重游意向	6%	47%	28%	13%	6%
居住意向	3%	28%	27%	27%	15%
地方好感度	19%	50%	19%	6%	6%

在重游意向上，53% 的旅游者表示会再来双廊，28% 的表示不一定，19% 的则表示“不太会”或“完全不会”再来双廊。旅游者的重游意向超过了半数。

在居住意向上，仅有 31% 的旅游者在双廊大建旁村居住的意愿比较强烈；27% 的表示看情况而定；42% 的表示不太会选择在大建旁村居住。

在地方好感度上，旅游者对其推荐率接近 7 成，说明旅游者对双廊大建旁村的好感度尚可，但还有提升空间。建议从旅游者提出的意见和建议方面着手，改善旅游环境，提升旅游的服务水平，优化旅游形象。综合来看，旅游者对其重游意向和好感度都尚可，但居住意向较弱，地方依恋程度并不十分强烈。

6.3.4 地方性彰显

在双廊的文化保护和社区发展方面，已有不少学者做过相关研究。有学者认为在伴随着文化变迁、景观改变的地方性重构过程中，双廊有着不可避免的商业化和功利主义倾向增强、族群认同弱化等问题。而应对此类问题，可以从回归乡土性、保持原真性，保留真实的民俗和生活场景；兼顾旅游过程的生态化，重视对传统文化的生态体验和环保；注重文化内涵的挖掘，结合后现代思想通过旅游产业化平台展示，保留传统文化的精髓和灵魂等方面来努力（张颖，2015）。杨家娣（2013）则认为，如何避免“丽江化”是目前双廊面临的最大难题。她建议当地政府应充分发挥调控和引领作用，积极探索社区参与旅游业的良策。如让失地村民免费接受旅游服务知识与技能培训，进入各旅游企业从事服务工作；对于有土地的靠山村民，通过项目扶贫让其从事家禽家畜养殖和蔬菜瓜果种植，满足双廊村旅游餐饮业的食品需求。此外，成立白族文化研习班，争取专项资金，将掌握白族传统文化的年长者聚在一起，吸收部分白族青年参与学习白族传统歌舞、戏曲、乐器和其他文化知识，定期在村子中开展歌舞、戏曲等文化表演活动，丰富旅游内容，增加游客参与地方文化活动的机会，从而增强族群成员对本民族文化的自豪感和认同感，提升族群凝聚力。张颖（2013）认为，在双廊的旅游发展中，村民既是旅游产品经营者，又是白族文化展示者。但其自我发展能力与看待问题的高度有限，仅仅依赖村民会导致旅游开发中公共产品供给不足，因此，政府应发挥其公共职能参与旅游开发、提供公共产品和服务。杨家娣（2015）提出，可从赋权东道主居民，构建社区主导旅游发展机制；不与民争利，构建政府宏观调控与扶持机制；全民参与，构建以社区为利益主体的旅游经济发展机制；充分挖掘白族文化精髓，构建文化旅游产业发展机制；老少共参与，构建民族文化自我保护与传承机制；发挥“驻客”内联外引的桥梁作用，构建主—客合作机制六个方面来实现双廊的自我发展，实现文化传承保护发展与经济收益双赢。总体而言，试图从族群社区的自我发展机制来寻求解决之道。

以上研究为双廊地方性的彰显提供了一定的思路借鉴，如社区参与、自发展机制、政府角色、问题应对等方面的策略也是双廊大建旁村地方性彰显中应注意的问题。结合前期德尔菲法的专家意见汇总、一般性的地方性彰显模式与路径、双廊旅游发展的实际情况，以及关于当地居民和旅游者地方性感知实地调研的情况，建议从以下几个方面着手来凸显双廊的地方性。

6.3.4.1 **系统梳理和普及地方特色，奠定本地居民地方文化自觉、自信的基础**

根据德尔菲法汇总专家意见，地方性中按重要性排序的一级指标分别是地方传统、地方历史、地方环境、精神纽带、生活方式、空间格局、社会氛围、地方联系、地方活动、生产方式。二级指标中属于非常重要的是集体记忆、文化、宗教信仰、自然环境、集体活动、社会环境、习俗、民居形态、宗教活动和住所。位于“很重要”层次的按重要性排序分别是景观组合、纪念性建筑、社会交往、生活气息与方言俚语（并列）、饮食、历史事件、公共约束与文化气息（并列）、精神文化活动、血缘关系、知识、艺术气息、农林牧渔景观与整体形貌、社交礼仪、地缘联系、生产劳作与居住联系（并列）、规制和生活用具。

双廊的地方特色事项可根据以上内容进行梳理，制作《双廊地方手册》或“双廊信息系统”，以供当地居民和旅游者了解双廊的地方特质。建议采用文字＋图片、音频、视频等多媒体形式，充分梳理、整理、记录双廊方方面面的地方风情，并尽可能地向本地居民和旅游者进行宣传。尤其是在从事相关旅游工作的本地居民，应在闲暇之余充分了解双廊的地方环境、历史、人文等知识，并在条件允许的情况下向旅游者传导，以便旅游者更好地认识双廊大建旁村。建议将信息系统做成交互式、开放式的信息系统，以便当地居民或相关人员及时补充、添加，并实现平台的交互反馈。

地方手册的制作，是培养当地居民文化自觉、树立文化自信的基础条件。从调研的情况来看，双廊本地居民或因生活在一个惯常的环境之中，也不能系统地认识双廊的地方特色。《双廊地方手册》的制作用意在于分类整理双廊的地方特色，并将其转化为旅游宣传中的根本性依凭。当地居民只有充分认识到双廊的魅力所在，也才能更胸有成竹、全面细致地向旅游者介绍双廊。

6.3.4.2 **形成地方传统旅游化利用的良性机制，为其注入自我生长的动力**

地方传统的传承，需要以地方传统功能拓展和价值转化等实用价值的挖掘为前提。以马林诺夫斯基为代表的功能学派认为，文化与人的需要密不可分，人类有机体的需要是第一个基本需要，从而形成基本的“文化迫力”。由于需要形成迫力，这种迫力使人们靠着有组织的合作及经济的、道德的观念而满足生理的需要，之后产生新的需要，继而产生新的文化迫力。文化在满足人类的需要当中，创造了新的需要，这就是文化最大的创造力和人类进步的关键（黄淑娉，龚佩华，2004）。无论是双廊还是其他民族旅游村寨，在全球化、现代化及旅游化的背景下均在悄然发生改变，也包括地方文化。地方文化作为地方传统中的核心内容，在新的时代和产业冲击之下，也不可避免地会随之发生改变。除了“典藏式”地保护遗产外，更需要的是挖掘传统文化或技艺新的利用方式，使其在新时代焕发出新的功能与价值。如实现传统实用价值向实用价值、艺术价值、收藏价值的转化；在传统技艺方面，也可通过款式花式的增多、内容样式的增加来适应新时代的新需求以提升吸引力；在农副产品方面，通过产地认证、绿色认证、原产地直供等方式，以及古朴的包装、线上网络式的分销渠道来实现当地农副产品的增值与当地居民的创收。

双廊现已是全国知名的热门旅游目的地，具有旅游利用的优越条件，应努力实现地方传统的旅游化利用。通过旅游商品制作、特殊手工艺品制作、文化符号及意蕴嵌入、文化的旅游化转化、节庆活动打造等将双廊的传统文化进行合理旅游化改造，满足旅游者寻求地方特色事物的需求，同时实现双廊传统文化的传承与复兴。地方传统的变化在所难免，即使没有旅游开发，一样会在新的时代背景下产生变化。旅游产业在某种程度上反而有助于民族村寨地方传统文化的复振，因为旅游者更愿意看到和体验到不一样的地方。

地方传统旅游化利用的具体策略有：（1）地方传统的有形物质展示，形成鲜明的地方特色烘托之下的旅游氛围。包括与地方原住民生活休戚相关的各项要素真实地精致化呈现，如地标式建筑、民居、休闲娱乐活动、各类器具、交通工具等，并将其精华亮点部分融入旅游者的游览线路，让旅游者领略到双廊最美的一面。若以“双廊古渔村”为宣传主题，相关的渔猎文化系统中的各项要素都应得到充分的展现。再者，白族作为当地的原住民，其传统文化的方方面面也应得以呈现。（2）场所精神和地方气质的展示，塑造不一样的双廊。双廊的场所精神蕴含了静谧、恬淡、超凡脱俗、远离尘嚣等气质，又是传统与现代交织下的迅猛发展的小城镇，但旅游场域之下的双廊应该是怎样的双廊，应该通过怎样的细节设计来体现地方气质是“旅游化设计”中不得不考虑的问题。（3）地方传统的商业化利用。传统的保护不该是商业化开发的枷锁，尽管“商业化”在传统文化保护当中并不是一个十分受欢迎的词汇，但文化的增值必须通过商业化的利用才得以实现。尤其是传统技艺、手工制品、土特产品等地方特色商品，只有通过引入更好的市场销售渠道，增值增收才有可能实现。反过来也会敦促当地居民或开发商提供更加优质上乘的商品和服务，为地方文化的发展带来新的“文化迫力”，并使其不断革新与发展。香格里拉仁安藏寨的悦榕庄酒店，从外观上保留了藏族民居的风格，但在内部陈设上则非常的现代、舒适，既与当地风貌天然协调，亦能满足大部分现代旅游者的生活起居所需。其与地方的完美契合、当地文化特色的传导与现代旅游需求的融合经验非常值得借鉴。

6.3.4.3 **通过官方媒介宣传展示“多面双廊”“变化的双廊”**

双廊旅游宣传中一个比较突出的问题是，客栈自媒体太强大，官方声音有被淹没的风险。从城镇发展的角度来讲，昔日的小渔村成为今天的小城镇，本身是一种进步，东部沿海地区类似的村落城镇化发展并不鲜见。人气陡增、建筑荟萃，双廊是“客栈博物馆”“驻客聚居地”，本身也是一种特色。若以开放、包容的眼光来看待双廊，外来新移民的涌入在某种程度上验证了双廊的地方魅力所在。再者，即使是传统边缘的民族村寨，也依然有着经济增收、生活条件改善、生活便利等发展需求，不应一味地声讨双廊的发展。因此，双廊是多面的，也是动态发展的。双廊人民枕水而居，即有着安逸恬淡的生活，也有着现代化的发展诉求；外地新移民作为异地的“他者”来到双廊，为双廊的文化注入了新的血液，也带来了新的生机与活力。建议在双廊作为一个整体的旅游景区进行开发之后，可遴选出一批具有代表性、典型性的客栈来作为旅游观赏景点，甚至可依托其丰富的客栈建设模式和经营模式打造“双廊客栈博物馆”开放参观，引入现代建筑和美学知识，并将其作为双廊游览的一部分。

在对旅游者的访谈中，非常现代、地中海、鼓浪屿、小清新、文艺范、海景房在对双廊客栈的印象中均有被提及。双廊客栈的风格，也很难被定义，只能将其笼统地归纳为全球化、现代化背景下“个性凸显与汇集的杂糅之地”。在一个空间尺度较小的小渔村，异地乃至他国的风格都被迁移至此，让人无从辨识此种风格来自何处、源自何地，这是双廊的困惑，也是现代化、城镇化进程中城镇乃至乡村共同面临的困惑。但杂糅本身也是一种魅力，类似于“熔炉”（melting pot）或混杂（hybrid）的状态。再者，白族文化本身充满了包容性，从其宗教信仰及本主崇拜上也可见一斑。白族人民既信仰佛教，又信仰本主，在佛教寺院里也会供奉着道家或历史名人塑像，在文化上，也能充分吸收纳西族、藏族、汉族文化中的精华部分为其所用，这就不难理解双廊为何能够发展为今天的格局。诚如有的学者在调研后所言，在报道之初有一种对于大理海东地区环境、文化破坏问题“义愤填膺”的“正义感”，有着“揭露问题”的使命感，然而在深入采访之后，发现在海东开发的问题上，海东地区人们几乎没有反对的意见，当地人们也认为为了保护而不发展，是对当地人的不公平（张婧怡，2015）。虽然专家学者和旅游者为双廊的文化断裂和流失担忧，但当地居民并不排斥发展。“多元的、多面的双廊”也不是可怕的双廊，虽然旧的文化传统有式微的风险，但新的文化势力也在不断地崛起。这些新文化最终也将被当地居民较好地吸收整合进他们的日常生活之中。

考虑到旅游者实际体验与旅游前的地方想象的不一致问题，建议在双廊的官方旅游宣传当中，逐渐淡化双廊以往宣传中的“小资天堂”“北上广遁世之地”“诗意双廊”“桃源双廊”之类的过度诗化、美化的刻板印象，回归其白族古渔村的本原，将其放置在一个祖国边疆少数民族地区逐步发展的本真角色中来，逐步唤起旅游者的理解与包容，并通过软性和硬性的旅游服务完善来重塑双廊的地方形象。

6.3.4.4 **强化地方传统和文化展示，实现自然环境与人文风情的同步感知**

调研结果显示，旅游者和当地居民对双廊的自然环境感知尚可，均对洱海有着非常深刻的印象和较高的评价，但旅游者对双廊的人文风情方面明显感知不足。因此建议双廊应突出历史人文风情，强化以白族文化为主的民族文化展示，无论是官方媒体、多媒体媒介，还是当地的展板、文化墙、印刷出版物等均注重突出双廊的地方历史，让旅游者在领略洱海美景的同时也能充分理解认识双廊的历史变迁，进而实现自然风光和人文风情的同步感知。

在人文风情的展示方面，可以通过地方特色的民俗节庆活动、服饰、交通工具等参与式体验活动的多元化来实现。参与式体验活动一方面能使旅游者参与其中，自得其乐，另一方面也可为本地文化展示提供理想的平台。民俗节庆活动是问卷开放式问题中被提及较多的事项，也是旅游者和当地居民都更能接受的形式。在一些老牌民族旅游目的地，节庆活动往往是旅游者和当地居民共同参与、喜闻乐见的形式。在香格里拉，锅庄舞老少皆宜，无论是当地居民还是旅游者，甚至海外旅游者都非常喜爱。西双版纳的泼水节、昆明石林的三弦舞和火把节均非常受欢迎。双廊也可从白族舞蹈里挖掘出一些当地简单易学的歌舞形式，在广场进行表演，从而激发旅游者的参与热情。服装饰品历来受到女性游客青睐，可考虑将白族元素与现代潮流进行巧妙结合，设计一些DIY的自我制作、装饰等。此外，目前双廊的主流交通工具主要是环湖电单车、自驾车、自行车、电瓶车等，洱海也有游轮，但水上交通工具整体较少。在调研过程中，也有旅游者表示愿意体验洱海水上交通工具，可以考虑在确保环保和游客安全的前提下增加洱海水上交通工具。其他传统技艺，也可通过引导旅游者手工制作以实现深度体验。

6.3.4.5 强化旅游公共服务、建设管理、整体风貌管控等地方性的彰显

在旅游公共服务的接待设施、休息站、指示牌、旅游资讯提供等方面均可突出双廊的地方特色，建构鲜明的地方形象。在开发建设上，通过合理规划、正确引导、积极鼓励、有效沟通，也可实现地方特色的凸显。如对白族文化传统的复兴、对外来新移民的正确引导、对地方传统重视和制订相应的文化复兴计划等。在风貌管控上，通过专家咨询、社区调研、辖区内业经营户意见征求等途径形成科学有效的管控方案并严格执行，如建筑层高、建筑间隔、临街临海距离及风貌要求、白族建筑风格的体现等，均可起到较好的形象塑造效果。执行旅游经营的审批制度，注重环境保护、经营内容审查、实施监督等方面内容的调控，禁止与双廊形象严格不符、会造成不良文化示范效应的项目在双廊落地，形成自上而下的全民保护地方传统的良性机制。

6.3.4.6 实现本地居民与新移民的全民参与，促进地方文化复振

地方传统文化的复振是一个需要全民参与的过程。文化本来与生活密不可分，充满着生活气息和实用功能，在变化的同时也在被创造。一方面可以通过旅游文化创意产业来推动村寨原有文化的更新化发展，另一方面也可借力旅游发展的背景实现文化复振。再者，还可借力双廊有着大量的外地新移民的现实状况和当下国家正在实施的精准扶贫计划，搭建本土居民和外来新移民、本土居民和外来的脱贫助力者的合作平台，实现当地的文化复兴。不少外来新移民对双廊也充满热爱，也愿意为其发展贡献自己的力量，加上外来新移民和投资者在胆识、眼光、发展谋划等方面更胜一筹，艺术型新移民更能凭借其自身敏锐的洞察力和艺术创造力来发现双廊、解读双廊，也有助于双廊本土文化焕发出新的张力。

总体而言，要充分发挥双廊人力资本的最大优势，积极参与双廊地方文化的挖掘与地方文化产业的建设，通过资源整合、文化融合、全民参与，来

实现双廊地方文化的复振与新发展。

6.4 案例比较

因两个村寨具有不同的地方特质，案例比较部分不再对单项的地方特质进行比较，主要选择综合性较强的几个指标进行比较。

6.4.1 地方特色重要性认知比较

从表 6–20 可以看出，绝大多数的旅游者和当地居民认为旅游开发中地方特色非常重要或很重要。除双廊大建旁村当地居民以外，地方特色重要的正向感知率高达 90% 以上。

糯黑旅游者对地方特色重要性的正向感知达到 100%，全部认为非常重要或很重要，当地居民 95% 认为地方特色重要，说明当地居民对糯黑地方特色的重视程度很高。

而双廊大建旁村，旅游者认为地方特色重要的共占 94%，即使是双廊大建旁村当地居民，对地方特色重要性的正向感知率也达到了 70% 以上。

相比较而言，双廊当地居民对地方特色的重视程度不如糯黑，两地的旅游者对地方特色重要性认知较为接近。

表 6-20　旅游中的地方特色重要性认知比较

感知情况 / 被访者	非常重要	很重要	一般	不太重要	完全不重要
糯黑当地居民	53%	42%	—	5%	—
糯黑旅游者	48%	52%	—	—	—
大建旁当地居民	18%	55%	27%	—	—
大建旁旅游者	19%	50%	19%	6%	6%

6.4.2 地方特色整体感知比较

从表 6–21 可以看出，糯黑当地居民对地方特色整体感知率最高，为 100%，无中性和负面感知；糯黑旅游者对地方特色的正向感知率为 96%，接近当地居民。糯黑无论是当地居民还是旅游者，对其地方特色的感知程度均较为理想。

双廊当地居民对地方特色的正向感知仅有 54%，中性感知为 46%，无负面感知，但低于糯黑近 50%；旅游者对双廊大建旁村的正向感知率为 78%，中性态度为 22%，无负面感知。总体而言，旅游者对地方特色的感知高于当地居民。

相比较而言，热门旅游地双廊大建旁村的当地居民对双廊的地方特色感知并不理想，远低于糯黑，旅游者对双廊地方特色感知也略低于糯黑。这也说明，过度的旅游开发会影响当地居民和旅游者的地方性感知。

表 6-21　对村寨地方特色的整体感知比较

感知情况 / 被访者	非常有特色	有特色	一般	比较没特色	完全没特色
糯黑当地居民	47%	53%	—	—	—
糯黑旅游者	33%	63%	4%	—	—
大建旁当地居民	9%	45%	46%	—	—
大建旁旅游者	—	78%	22%	—	—

6.4.3 旅游开发感知比较

从表 6–22 可以看出，在村寨旅游开发恰当性的感知上，糯黑当地居民正向感知率最高，为 74%；旅游者的正向感知率为 48%，中性感知为 45%，负面感知仅有 7%。糯黑旅游者对糯黑旅游开发的正向感知要远低于当地居民。同时，中性感知也高于当地居民。说明糯黑当地居民对糯黑目前的旅游开发较为认可，旅游者认为的欠缺更多表现在糯黑的旅游服务设施不到位和体验项目、活动空间较少。

对于双廊旅游开发，当地居民的正向感知率仅有 18%，旅游者的正向也仅有 16%；当地居民的中性感知为 46%，旅游者的中性感知为 49%，当地居民的负面感知为 36%，旅游者的负面感知为 32%。这说明双廊大建旁村论是当地居民和旅游者，都较为不满，双廊的旅游开发有待提升和优化。从访谈中了解到，不满主要集中在双廊则是开发过多过乱、服务设施不健全等方面。

从主客感知差异来看，糯黑当地居民对本村寨的情感认同远高于外来旅游者，这种差异某种程度上是“我者”和“他者”各自对村寨的情感差异所致。但这种差异在双廊并不明显，双廊当地居民和旅游者对旅游开发的正面认知均非常低，中性认知和负面感知非常接近，某种程度上验证了“外来人的双廊”这一说法。大量的新移民投资下的旅游开发，确实让当地居民出现一定的身份认同危机。从调研结果来看，当家园不再属于“我者”，“我者”对家园的情感也与“他者”无异。

表6-22　对村寨旅游开发的恰当性感知比较

被访者 \ 感知情况	非常恰当	恰当	一般	不太恰当	完全不恰当
糯黑当地居民	42%	32%	10%	16%	—
糯黑旅游者	11%	37%	45%	7%	—
大建旁当地居民	—	18%	46%	36%	—
大建旁旅游者	3%	16%	49%	32%	—

6.4.4 地方认同比较

从表6–23可以看出，糯黑当地居民正向的地方认同比例为91%，而旅游者地方认同的正向感知仅有68%，当地居民的地方认同比旅游者强烈许多。

双廊大建旁村当地居民正向的地方认同综合比例为64%，旅游者正向的地方认同为56%，当地居民比旅游者略高。

比较而言，糯黑当地居民的地方认同程度比双廊大建旁村当地居民高出约30%。旅游者的地方认同方面，糯黑村也比双廊高出12%。

表6-23　对村寨地方认同比较

被访者 \ 感知情况	非常强	强	一般	比较弱	非常弱
糯黑当地居民	47%	44%	5%	3%	—
糯黑旅游者	20%	48%	25%	8%	—
大建旁当地居民	5%	59%	33%	5%	—
大建旁旅游者	8%	48%	27%	14%	2%

数据来源：此处地方认同的数值为本村寨各主体问卷相关选项比例的平均值，如当地居民的地方认同为居住适宜性与生活便利性的平均数；旅游者的地方认同为旅游适宜性、旅游便利性、形象一致性、重游意向的平均数。

6.4.5 地方依恋比较

从表 6–24 可以看出，糯黑当地居民正向的地方依恋程度为 95%，旅游者为 64%，当地居民明显高于旅游者；双廊大建旁村当地居民正向的地方依恋程度仅有 46%，旅游者为 50%。整体而言，旅游者的地方依恋程度比当地居民略高。

比较来看，糯黑当地居民的地方依恋程度远高于双廊大建旁村，糯黑旅游者的地方依恋比双廊大建旁村略高，但双廊旅游者的地方依恋强度略高于本地居民。

综合来看，当地居民和旅游者对地方特色都足够重视，但在旅游开发、地方认同及地方依恋方面，糯黑明显高于双廊。

表 6-24　对村寨的地方依恋比较

感知情况 被访者	非常强烈	强烈	一般	比较弱	非常弱
糯黑当地居民	52%	43%	6%	—	—
糯黑旅游者	13%	51%	21%	12%	4%
大建旁当地居民	—	46%	37%	14%	5%
大建旁旅游者	11	39%	23%	17%	11%

数据来源：以上数字为在前文分析的基础上对应的问卷板块相关问题的平均值，主要为居住意向和好感度的平均值。

6.4.6 启示

（1）当地居民和旅游者均较为重视民族旅游村寨的地方特色，但旅游热门地的当地居民对地方特色的重要性认知不足。受访当地居民和旅游者当中，绝大部分表示地方特色在旅游发展当中非常重要或重要，但双廊大建旁村的当地居民有 27% 表示地方特色在旅游发展中的重要性仅为“一般”。实际上，不少当地人确实认为双廊是外来人的双廊等，风格非常多元，面临着文化断代的困境，已经没什么特色，传统文化保留更好的在喜洲、沙溪等。即便是基于如此现状，双廊游人依旧络绎不绝，也在当地居民心中形成了一种认知：即使没有特色，旅游一样可以发展得很好。或许这是给当地人形成

“地方特色无所谓”认知的原因之一。

（2）糯黑当地居民对旅游开发、地方认同以及地方依恋明显高于旅游者，这表明当地居民对本村寨的认同度极高，或与糯黑的地方整体感极强有关。在地方特色的感知上，糯黑当地居民明显优于旅游者。从访谈中也可发现，多数糯黑当地居民能对糯黑特色事物如数家珍，尤其是节庆活动、民族习俗等较为了解。此外，在旅游开发的感知上，即使旅游者认为有诸多不足，但大多数糯黑居民觉得开发得挺好。说明糯黑当地居民对本村寨充满情感，糯黑极强的整体感和家园感也给予了糯黑当地居民内心的安定及对家园的热爱和留恋。

（3）两个村寨中，当地居民和游客的感知均有差异，糯黑差异较为明显，双廊相对不太明显，过度的旅游开发可能导致当地居民地方认同的弱化。由于信息摄入的差异、生活经验的差异、与地方互动时间与经验的差异等，均会导致旅游者和当地居民对地方的认知差异。但整体来讲，当地居民在地方依恋和地方好感度的问题上，明显优于旅游者。两个案例中，在地方认同和地方依恋的问题上，当地居民和旅游者呈现出了很大的差异，前者正向感知明显优于后者。但在双廊大建旁村，这种差异没有糯黑明显。当地居民的一些选项，与旅游者非常接近，如对于双廊大建旁村的地方依恋，旅游者反而高出当地居民4个百分点，说明当地居民的地方依恋程度并不理想。

双廊作为大理知名旅游目的地，高强度的旅游开发和宣传营销为双廊赢得了极高的旅游人气，当地也因此新建了大量的住宿接待、餐饮、购物、娱乐等旅游设施。但在地方特色的感知上当地居民是十分薄弱甚至不及旅游者。这也说明，目前双廊大建旁村旅游开发确实迎合了旅游者需求，但地方民众的公共空间和情感联系纽带在某种程度上则被忽略或削弱了。双廊在很大程度上成了外来新移民和旅游者的双廊，使得当地居民的身份认同出现了弱化，确有地方认同危机出现的可能。当家园不再为“我者”的家园，人们对待地方的态度也会转为冷漠。适度的旅游开发，应是地方性彰显的重要前提。

（4）基于主客感知差异的旅游宣传营销和形象塑造，应关注旅游者需求、顾及当地居民情感。既然作为“我者”和“他者”的当地居民和旅游者对于地方的感知存在差异，地方性的彰显也要在考虑二者感知差异的基础上兼顾二者的平衡，既不影响当地居民的地方认同，顾及当地居民情感，也要能充分体现地方特色，满足旅游者需求，实现双向的正向感知与满意。在原生型的民族村寨中，当地居民往往对本村寨有着更为强烈的情感。旅游宣传营销和形象塑造的内容和素材、旅游开发的项目建设，都以村寨为中心进行，要避免类似的地方性彰显活动伤害到当地居民的情感。同时，旅游者有猎奇、娱乐追求，在民族村寨的旅游活动设计中，也应把握好二者的平衡，依据村寨传统进行开发设计，尊重并体现村寨传统。

（5）地方特色是民族村寨吸引力中的重要但非全部内容，影响民族旅游村寨旅游发展的因素非常多元，应将其进行整合，形成地方性彰显的支持系统。旅游动机千差万别、复杂多元，探索、求知、休闲、娱乐、健康、走亲访友、感受不一样的文化风情、彰显社会地位、丰富社会阅历、增进友谊和社会交往，都可以是旅游动机。地方特色是民族村寨吸引力体系中的重要内容，但并非全部。景观质量、可参与项目与可体验活动、旅游宣传与口碑、村寨的通达性和知名度、当地居民的旅游发展态度等，也会在很大程度上影响村寨的旅游发展。除了关注地方特色如何彰显之外，还应对其密切相关的要素进行系统设计，让地方特色在得以体现的同时形成良好的整体支持系统，从而让地方特色的彰显更富有意义。

地方性彰显的整体支持系统，除突出地方性以外，还应调动其他密切相关的要素来积极支持地方性的彰显，并最终服务于地方旅游发展。如宣传营销系统中对地方传统的凸显、景观系统中对地方要素的充分挖掘和利用、讲解系统中对关键性的地方文化的点睛讲解等。总之，地方性的彰显，不仅是地方景观的营造、文化的复振等本体的地方性塑造，还应做好宣传营销系统、解读系统等相关工作，才能确保地方性真正地被传导与理解。

（6）村寨旅游建设主体和旅游发展所处的阶段也会在很大程度上影响当地居民和旅游者对地方性的感知。以当地居民为村寨旅游开发和建设主体的糯黑比双廊大建旁村拥有更多的主动权和发展权，在风貌管控上也会更加协调和统一。大量的外来投资者进入双廊对其进行开发建设，导致了其风格的杂乱，也影响了当地居民和旅游者对其的认知。旅游发展阶段也会一定程度上影响“我者”和“他者”对地方性的感知。糯黑彝族村寨是两个案例地中当地居民和旅游者对地方特色感知较为明显的村寨，同时也是旅游接待人数较少的村寨。换言之，也是旅游发展相对较为缓慢的村寨。糯黑很好地保留了村寨原本的形貌特征，并小心翼翼地维持着地方传统，但多年来固定的旅游接待也只是以美术实习为主的师生食宿接待，外地过夜旅游者造访仅占很小的比例，糯黑目前的旅游设施也并不足以接待大量的游客。糯黑保存较好的地方风貌既得益于有识之士的多方努力，同时得益于村寨多年来发展形成的小众型旅游使其免受了过多的外界干扰和影响。而双廊大建旁村，快速的旅游发展给整个小渔村带来了翻天覆地的变化，从有形的物质景观到内在的地方文化，都在被外来新移民和大量的旅游者逐渐消解与重构，本质上也是双廊旅游迅猛发展缺乏有效调控的必然结果。当地居民和旅游者对其地方特色感知也较为负面，调研中听到不少旅游者关于旅游服务不到位、设施不健全、与想象中不一致的抱怨，当地居民和旅游经营者对此也颇有微词，是目前双廊旅游超速发展下不可避免的阶段性矛盾。但经过阶段性的策略调整，地方也可以有强烈的转化。双廊大建旁村结合后期的洱海保护工程及云南省特色小镇创建工作，大力对景观风貌、排污设施、街道风貌等进行改造，也塑造了全新“蝶变”的双廊。

第7章
结论与讨论

7.1 研究结论

7.1.1 民族旅游村寨地方性的内涵与关联要素

民族旅游村寨地方性是指民族旅游村寨因其所在地域特殊的自然地理环境与社会、经济、文化、政治因素共同作用形成的有别于他地的特殊性。包括自然生态环境的特殊性、地方历史、民族文化具有的特殊性及特殊的区位形成的地方优势。民族旅游村寨有着生态性、乡村性、民族性、文化性、传统性的地方特质，民族旅游村寨的地方性与民族文化、族群性、自然环境、大众媒介、旅游活动等密切相关。

7.1.2 地方性的概念模型、识别要素与重构动力

“地方树”可以较好地表达地方性的概念模型，包含地方之根（地理环境、地方历史、地方传统）、地方之干（地方活动、地方联系与精神纽带）、地方之叶（生产方式及相关要素、生活方式及相关要素、居住地空间格局、社会氛围与社会关系）、影响因素（传播因素、创新因素）。

地方性的识别要素可以划分为显性要素 / 物质要素与隐性要素 / 非物质要素。其中显性要素包括民族村寨的环境要素、景观空间格局、生产方

式及相关要素、生活方式及相关要素。隐性要素包括民族村寨的历史与传统、内在联系与精神纽带、民族气质、工艺和技艺。

民族旅游村寨地方性的重构动力，从结构主义视角来看，既有国家政策、制度安排、工业化、信息化、现代化、全球化与旅游化等结构性动力作用，也受到了来自民族社区精英、本土投资者、外来投资者、民间组织机构等非结构动力的作用。从系统观视角来看，则受到了资源禀赋、生产方式与生活方式变迁、发展需求与家园保护、地方性知识的运用、自组织与创新、对旅游市场需求的理解与认识等内生动力的影响，也受到了来自政策、市场、外部交通、资本、技术、外来人力资源等外生动力的影响。

7.1.3 地方性的感知维度及各指标的重要性判定

地方感包括情感维度、功能维度与认知维度，更侧重人们主观视角对客观地方的认知。地方性更偏向于地方与诸多事项相连的客观的特殊性。对地方性的感知也属于地方感内容。经过 17 名文化地理学和民族学专家打分的德尔菲法得出：一级指标下的地方传统、地方历史、地方环境、精神纽带、生活方式在地方性构成中非常重要；空间格局、社会氛围、地方联系、地方活动与生产方式很重要。二级指标中的集体记忆、文化、宗教信仰、自然环境、集体活动、社会环境、习俗、民居形态、宗教活动、住所非常重要。

7.1.4 影响当地居民和旅游者地方性感知因素不尽相同

本土居民的人口统计学特征、旅游发展所处的阶段、是否从事旅游行业、是否接受专业的教育培训、接受了怎样的地方媒体宣传内容均会导致地方性感知差异。旅游者人口统计学特征、偏好、所处的旅游体验时段（游前、游中、游后）、地方的建构与宣传会导致旅游者地方性感知的差异。相比较而言，人口统计学特征均会影响到其对民族旅游村寨地方性的感知，但又有所不同。当地居民的居住时间、性别影响较大，旅游者对地方性的感知则更易受到个人偏好、媒体宣传所决定的对地方的认知水平及实地的旅游体验影响。

7.1.5 地方性彰显的框架体系包含“本体—传播媒介—感知”体系

地方性彰显的方式，包括地方感的构建、地方精神与地方性形象塑造及地方性的塑造。民族旅游村寨地方性彰显的框架体系包含本体的地方性塑造、媒介对地方性的宣传及旅游者对地方性的感知，三方面的内容分别代表着地方性刻画—传导—接收三个阶段的过程，经由这三阶段的整体过程，地方性的彰显也才具有意义。任何一个环节的“偏差”和“失误”，均会导致“他者”对民族旅游村寨地方性的“误读”。如部分媒体对丽江泸沽湖摩梭人母系氏族社会和“走婚”制度宣传的不全面，就让不少旅游者形成了一种对泸沽湖的误解，让其与不受约束的“一夜情”联系起来[1]。访谈中不少旅游者对两个民族旅游村寨文化方面的地方特色如历史、宗教等知之甚少，而节庆活动和突出的自然环境知晓度更高，也与旅游宣传中的节庆活动、自然环境等主题相吻合。传播媒介对地方性的选择性“剥离”是导致旅游者感知内容不均衡的主要原因所在。

7.1.6 民族旅游村寨地方性彰显的理想模式和路径

民族旅游村寨地方性的彰显，应充分发挥政府的引导作用，实现村寨自主、社区参与的自我发展，并构建多方支持系统。在村寨旅游开发的过程中，当地居民作为“我者”往往对地方特色的敏感性不够，难以自察，地方特色的突出需要有意识地引导。政府作为许多民族村寨开发的指导者、支持者，也应当对其地方特色的维护进行合理引导。具体路径有两项：一是在旅游开发中融入地方性的应用实践路径；二是以情境构建策略、深度体验策略、社区治理策略及景观设计策略为主的方法技术路径。应用实践路径主要包括旅游规划、项目设计、景观建设及旅游要素相关活动的包装、策划，将突出地方特色这一主题贯穿整个村寨旅游开发建设始终，是前提保障；而方法技术的创新性运用与原汁原味原地的“三原”形象的塑造相结合，也是地方性彰显的重要手段。糯黑村就地取材，将当地石材的实用价值、观赏价值

1　资料来源：凤凰时尚网.导游以走婚之名玩一夜情，被大众误读的走婚习俗[EB/OL] .http://fashion.ifeng.com/a/20111014/9855818_0.shtml.

与美学价值充分地融于一体，又创新性地增加节庆活动，将当地的民歌、乐器等传统技艺与现代流行元素结合起来，为当地文化的再生增加活力，既有来自政府的推动和支持，也受到了当地居民的大力支持。适宜的现代技术，尤其是生态适宜技术，对民族旅游村寨景观建设中地方特色的保留和整体生态的维护，提供了不二之选。

7.1.7 空间主体是村寨地方性塑造者，政府是地方性建构的影响者

村寨内的各主体是村寨地方性除原生景观外的主要塑造者。村寨的建筑景观、民族风情、田园景观、生活场景、劳作景象等，均由空间主体创造和建构。内生型自主发展的大糯黑村村寨整体风貌更为统一，当地居民和旅游者对其地方特色感知良好，主要得益于其主体民族为撒尼人，拥有更为统一的语言、文字、节庆活动等同一性的文化体系和要素。同时，糯黑也拥有更多的自助发展权，政府和社区精英更多体现在对其引导和支持上。而双廊大建旁村，随着外来人口的急剧增加，文化日益多元，导致当地的地方特色被剧烈的重构，甚至在某种程度上与传统之间形成了一定的脱节和断裂。但同时，新移民又带来了富有创造力的人力资本、发展资金等，为双廊创造了风格迥异的建筑景观、文化情调，营造了一种慢生活方式并不断对其进行宣传推广，激起了无数旅游者的美好憧憬。但是，当地居民的地方认同和地方依恋却不甚理想。超快的旅游发展使得当地居民身份认同模糊，有演变为“边缘人”的风险。政府应充分发挥监督、引导作用，在促进村寨旅游经济发展的同时兼顾当地传统文化建设，维护村寨长远发展的基底。

7.2 讨论

在地方性的指标体系上，研究将地方性可能包含的内容做了梳理，并采用德尔菲法请文化地理学从事地方性研究的专家学者及民族学的 17 位专家对其进行评分，并根据专家意见打分汇总出了一级指标和二级指标中“非常重要”的要素，试图去理解地方性背后起着关键性作用的核心要素，并据此设计了案例地调查问卷。为了使问卷更为具体，问卷在地方特色感知部分分别针对每一个二级指标单独设置了一个问题。但同时，也深知所列举的要素

难以穷尽地方性的全部所指，但实为一种努力和尝试。

从整体角度来理解地方性，从地方之根、地方之干、地方之叶及外力因素的角度构建了地方性的概念模型——“地方树”，对地方性的生成、发展及外界影响因子进行了一个较为开放的框架构建。同时，从结构主义视角和系统观视角分析了影响地方性生成与重构的动力要素，以便更好地理解地方性的生成和变迁。

研究选择了两种自主内生型和外界主导型不同类型的民族村寨——糯黑彝族村寨和双廊大建旁白族村寨，通过单体分析和比较分析的方式，从主客视角来比较当地居民和旅游者地方性的感知异同，并提出了相应的彰显策略。

地方性是地方特有的属性，是地方魅力的基础，也是地方的发展优势，选择民族旅游村寨的地方性作为研究对象，一是考虑到云南是民族旅游大省，有着丰富的民族村寨。二是国家对传统村落的保护、传统文化的复兴、家园乡愁的守护和乡村旅游的发展也越加重视，这些都与地方性有着莫大关联。民族旅游村寨地方性的研究，可为以上问题提供一定借鉴。地方性彰显也是对目前城镇化建设中千城一面、千镇一面、千村一面问题的回应，试图寻找行之有效的方法来维持地方传统，凸显地方特色。但本书中案例仅仅是民族旅游村寨中的个别案例，虽有一定的代表性和典型性，但或也缺乏普遍性的指导意义。如何针对不同地域、不同空间层次、不同类型的旅游地如中西部旅游城镇、古镇、旅游街区、旅游城市等，进行相应的地方性的生成及变迁机制、主客感知差异与具体的地方性彰显研究，仍值得进一步探讨。

再者，理论上地方性对地方旅游发展具有重要意义，但不同主体对地方性的关注程度也不尽相同。如双廊，虽然调研结果显示当地居民和旅游者对当地地方特色感知并不十分突出，然而依旧备受旅游者热捧。那地方性究竟在多大程度上影响甚至决定着地方旅游吸引力，在旅游者的旅游决策行为中居于何种地位，也值得探讨。而如何有针对性地强化特别重视地方特色感知的旅游者进行地方信息传导，从而强化或引导其正向的旅游体验，也值得关注。

此外，影响地方性生成的力量很多，虽然本研究已对其从规范角度进行了梳理，但具体到不同的案例点，又各有其背后的主导原因和内在影响。如何从林林总总的案例中探索出具有普遍意义的地方性生成和变迁机制，有待进一步深入研究。

参考文献

[1]Berghe V D，Keyes C F. Introduction tourism and recreated ethnicity[J]. Annals of Tourism Research，1984，11（3）：343–352.

[2]Bjørn P. Kaltenborn，Tore Bjerke. Associations between landscape preferences and place attachment：A study in Røros，southern norway[J]. Landscape Research，2002，27（4）：381–396.

[3]Bonaiuto M，Carrus G，Martorella H，et al.Local identity processes and environmental attitudes in land use changes：The case of natural protected areas [J]. Journal of Economic Psychology，2002，23（5）：631–653.

[4]Bott S，Michael J Crosbie. Discovering the sacred within the quotidian：the role of "spirit of place" in creating sacred environments[M]. Architecture，Culture，and Spirituality Symposium，2015：1–6.

[5]Brown G，Raymond C. The relationship between place attachment and landscape values：Toward mapping place attachment[J]. Applied Geography，2007，27（2）：89–111.

[6]Caffyn A，Lutz J. Developing the heritage tourism product in multi–ethnic cities[J]. Tourism Management，1999，20（2）：213–221.

[7]Callahan R. Ethnic politics and tourism：A British case study[J]. Annals of Tourism Research，1998，25（4）：818–836.

[8]Cohen E. Authenticity and commoditization in tourism[J]. Annals of Tourism Research，1988，15（3）：371–386.

[9]Cresswell T. Place：A shot introduction[M].Malden：Blackwell Publication，2004.

[10]Deutsch K，Yoon S Y，Goulias K. Modeling travel behavior and sense of place using a structural equation model[J]. Journal of Transport Geography，2013，28（3）：155–163.

[11]Devine–Wright P. Local attachments and identities A theoretical and empirical project across disciplinary boundaries[J]. Progress in Human Geography，2015，39（4）：527–530.

[12]Dr. Ph¹m ThÞ Méng Hoa.Dr. L©m ThÞ Mai Lan.The impacts of tourism on ethnic minority inhabitants of Sa Pa District, Lao Cai: Their participation and attitudes toward tourism[D].Human Geography Research Centre - National Centre for Social Sciences and Humanities, 1999.

[13]Enache C, Craciun C. The role of the landscape in the identity generation process[J]. Procedia - Social and Behavioral Sciences, 2013 (92): 309–313.

[14]Grenier L. Working with indigenous knowledge: A guide for researchers[J].Working with Indigenous Knowledge A Guide for Researchers, 1998.

[15]Gross M J, Brown G. An empirical structural model of tourists and places: Progressing involvement and place attachment into tourism[J].Tourism Management, 2008, 29 (6): 1141–1151.

[16]Hammitt W E, Stwart W P. Sense of place: A call for construct clarity and management[Z].The Six International Symposium Society and Resource Management, 1996: 23–35.

[17]Hashemnezhad H, Heidari A A, Hoseini P M. Sense of place and place attachment[J]. International Journal of Architecture & Urban Development, 2013.

[18]Hitchcock M. Tourism and ethnicity: situational perspectives[J]. International Journal of Tourism Research, 1999, 1 (1): 17–32.

[19]Hiwasaki L. Ethnic tourism in Hokkaido and the shaping of Ainu identity[J]. Pacific Affairs, 2000, 73 (3): 393–412.

[20]Hong Zhu, Junxi Qian, Lei Feng. Negotiating place and identity after change of administrative division[J]. Social & Cultural Geography, 2011, 12 (2): 143–158.

[21]Ishii K. The impact of ethnic tourism on hill tribes in Thailand[J]. Annals of Tourism Research, 2012, 39 (1): 290–310.

[22]Jacobs P, Mann R. Landscape prospects of the next millennium[J]. Landscape & Urban Planning, 2000, 47 (3): 129–133.

[23]Jamison D. Tourism and ethnicity: The brotherhood of coconuts[J].Annals of Tourism Research, 1999, 26 (4): 944–967.

[24]Jhon Urry. Consuming Place[M]. London and New York: Routledge, Taylor and Francis Group, 1995.

[25]Jorgensen B S，Stedman R C. A comparative analysis of predictors of sense of place dimensions：attachment to，dependence on，and identification with lakeshore properties[J]. Journal of environmental management，2006，79（3）：316.

[26]Jorgensen B S，Stedman R C. Sense of place as an attitude：Lakeshore owners attitudes toward their properties[J]. Journal of Environmental Psychology，2001，21（3）：233–248.

[27]Lai P H，Kreuter U P. Examining the direct and indirect effects of environmental change and place attachment on land management decisions in the Hill Country of Texas，USA[J]. Landscape & Urban Planning，2012，104（3–4）：320–328.

[28]Lazaridis G，Wickens E. "Us" and the "others". Ethnic minorities in Greece[J]. Annals of Tourism Research，1999，26（3）：632–655.

[29]Lefebvre，Henri. The production of space[M]. Blackwell，1991.

[30]Li Y P. Ethnic tourism. A Canadian experience[J]. Annals of Tourism Research，2000，27（1）：115–131.

[31]Li Y. Ethnic Tourism and cultural representation[J]. Annals of Tourism Research，2011，38（2）：561–585.

[32]Loukaitou–Sideris A，Soureli K. Cultural tourism as an economic development strategy for ethnic neighborhoods[J]. Economic Development Quarterly：The Journal of American Economic Revitalization，2012，26（1）：50–72.

[33]Low S M，Altman I. Place attachment[M]. Springer US，1992.

[34]Lynch K. The image of the city[M]. MIT Press，1960.

[35]Maccannell D. Staged authenticity：Arrangements of social space in tourist settings[J]. American Journal of Sociology，1973，79（3）：589–603.

[36]Mansour H. The lost identity of the city：The case of Damascus[C]// Citta，Conference on Planning Research / Aesop Tg Public Spaces & Urban Cultures，2015.

[37]Mbaiwa J E. Cultural commodification and tourism：The Goo–moremi community central Bowstawana [J]. Tijdschrift Voor Economische En Sociale

Geografie，2011，102（3）：290–301.

[38]Mccabe S，Stokoe E H. Place and identity in tourists' accouts[J]. Annals of Tourism Research，2004，31（3）：601–622.

[39]Mccreanor T，Penney L，Jensen V，et al. 'This is like my comfort zone'：Senses of place and belonging within Oru ā mo/Beachhaven，New Zealand [J]. New Zealand Geographer，2006，62（3）：196–207.

[40]Mellqvist H，Gustavsson R，Gunnarsson A. Using the connoisseur method during the introductory phase of landscape planning and management[J]. Urban Forestry & Urban Greening，2013，12（2）：211–219.

[41]Mohammad N M N，Saruwono M，Said S Y，et al. A sense of place within the landscape in cultural settings[J]. Procedia – Social and Behavioral Sciences，2013，105（1）：506–512.

[42]Moscardo G，Pearce P L.Understanding ethnic tourists[J].Annals of Tourism Research，1999，26（2）：416–434.

[43]Nash N，Lewis A，Griffin C. 'Not in our front garden'：Land use conflict，spatial meaning and the politics of naming place[J]. Journal of Community & Applied Social Psychology，2010，20（1）：44–56.

[44]Notzke C. Indigenous tourism development in the Arctic[J].Annals of Tourism Research，1999，26（1）：55–76.

[45]Paasi A. Place and region：Looking through the prism of scale[J]. Progress in Human Geography，2004，28（4）：536–546.

[46]Pitchford S R. Ethnic tourism and nationalism in wales[J]. Annals of Tourism Research，1995，22（1）：35–52.

[47]Podlaszewska A. Lesson from new orleans tourism：Commodification of the old quarters and the dilemma of local idtiteny[J]. Metropolitan America，1999：1–15.

[48]Pratt G. Cultural Geography[J]. International Encyclopedia of the Social & Behavioral Sciences，2001，13（4）：3070–3075.

[49]Proshansky H M，Fabian A K，Kaminoff R. Place–identity：Physical world socialization of the self[J]. Journal of Environmental Psychology，1983，3（1）：57–83.

[50]Raffaetà R，Duff C. Putting belonging into place：Place experience and sense of belonging among ecuadorian migrants in an Italian alpine region[J]. City & Society，2013，25（3）：328–347.

[51]Rd F J. Building our sense of place.[J].Family Medicine，1998，30（6）：401–403.

[52]Relph E C. Place and placelessness[J].Geographical Review，1975，68（1）：116.

[53]Relph E. Place and placelessness[M].London：Pion，1976.

[54]Rose E. Encountering place：A psychoanalytic approach for understanding how therapeutic landscapes benefit health and wellbeing[J].Health & Place，2012，18（6）：1381.

[55]Ryan R L. Preserving rural character in New England：Local residents' perceptions of alternative residential development[J]. Landscape & Urban Planning，2002，61（1）：19–35.

[56]Seamon D，Sowers J. Place and placelessness，edward pelph[C].London：Sage，2008：43–51.

[57]Sense of place：Urban design principles for the metropolitan strategy. Technical report 12. Planning Melbourne for the 21st century.

[58]Shamsuddin S，Ujang N. Making places：The role of attachment in creating the sense of place for traditional streets in Malaysia[J]. Habitat International，2008，32（3）：399–409.

[59]Smith D P，Phillips D A. Socio–cultural representations of greentrified Pennine rurality[J]. Journal of Rural Studies，2001，17（4）：457–469.

[60]Somsonge Burusphat，Sujaritlak Deepadung，Sumittra Suraratdecha，etal. Language vitality and the ethnic tourism development of the Lao ethnic groups in the western region of Thailand[J]. The Journal of Lao Studies，2000，2（2）：23–46.

[61]Steele F. The sense of place[J]. Cbi Pub Co，1981，50（2）：14–19.

[62]Stephen Graham，Patsy Healey. Relational concepts of space and place：Issues for planning theory and practice[J]. European Planning Studies，1999，7（5）：623–646.

[63]Stewart W P，Liebert D，Larkin K W. Community identities as visions for landscape change[J]. Landscape & Urban Planning，2004，69（2）：315–334.

[64]Theerapappisit P. The bottom–up approach of community–based ethnic tourism：A case study in Chiang Rai[M]// Strategies for Tourism Industry–Micro and Macro Perspectives. InTech，2012.

[65]Tosun C. Expected nature of community participation in tourism development[J].Tourism Management，2006，27（3）：493–504.

[66]Tuan Yi–Fu. Space and place：The perspective of experience [M]. Minneapolis：University of Minnesota Press，2001.

[67]Uriely N. Theories of modern and postmodern tourism[J].Annals of Tourism Research，1997，24（4）：982–985.

[68]Walker A J，Ryan R L. Place attachment and landscape preservation in rural New England：A Maine case study[J]. Landscape & Urban Planning，2008，86（2）：141–152.

[69]Watson D B，Murtagh M J，Lally J E，et al. Flexible，therapeutic landscapes of labour and the place of pain relief[J]. Health & Place，2007，13（4）：865–876.

[70]Williams D R. Measuring place attachmentt：More preliminary results[C]//National Recreation and Park Association，Leisure Research Symposium，1995.

[71]Wood R.，Caribbean cruise tourism[J]. Annals of Tourism Research，2000，27（2）：345–370.

[72]Yang L，Wall G，Smith S L J. Ethnic tourism development：Chinese government perspectives[J]. Annals of Tourism Research，2008，35（3）：751–771.

[73]Yang L，Wall G. Ethnic tourism：A framework and an application[J]. Tourism Management，2009，30（4）：559–570.

[74]Yang L. Ethnic tourism and cultural representation[J].Annals of Tourism Research，2011，38（2）：561–585.

[75]Zhou L X. Online rural destination images：Tourism and rurality[J]. Journal of Destination Marketing & Management，2014，3（4）：227–240.

[76]Zhu H，Chen X，Qian J. Charting the development of social and cultural geography in Mainland China：Voices from the inside[J]. Social & Cultural Geography，2014，15（3）：255–283.

[77]Zwick R R，Solan D. Community attachment and resource harvesting in rural Damark[J]. Proceedings of the 2001 Northeastern Recreation Research Symposium，2002：369–373.

[78]Massey D. Questions of locality[J]. Geography，1993，78（2）：142–149.

[79] 阿帕杜莱 . 消散的现代性 [M]. 刘冉，译 . 上海：上海三联书店，2012.

[80] 爱德华 · W. 苏贾 . 后现代地理学 [M]. 王文斌，译 . 北京：商务印书馆，2004.

[81] 白凯，杜涛 . 民族旅游社区治理：概念关联与内部机制 [J]. 思想战线，2014，40（5）：94–98.

[82] 保继刚，杨昀 . 旅游商业化背景下本地居民地方依恋的变迁研究——基于阳朔西街的案例分析 [J]. 广西民族大学学报：哲学社会科学版，2012，34（4）：49–54.

[83] 贝克 . 地理学与历史学 . 阙维民译 [M]. 北京：商务印书馆，2008.

蔡晓梅，何瀚林 . 城市星级酒店的“无地方性”思考 [J]. 旅游学刊，2013，28（3）：8–9.

[84] 曹诗图 . 关于“地理环境决定论”批判的哲学反思——兼评斯大林的地理环境理论 [J]. 世界地理研究，2001，10（4）：100–106.

[85] 曹兴平 . 贵州民族旅游村寨社区居民的社区感研究 [J]. 贵州民族研究，2013，34（6）：155–158.

[86] 曹兴平 . 民族村寨旅游社区参与的内生动力研究 [M]. 成都：西南财经大学出版社，2015.

[87] 曾军 . 地方性的生产:《繁花》的上海叙述 [J]. 华中师范大学学报：人文社会科学版，2014，53（6）：110–119.

[88] 查文静 . 糯黑阿诗玛文化课堂 – 彝族撒尼文化传承的新平台 [J]. 学园：学者的精神家园，2011（5）：54–58.

[89] 蒂姆 · 克雷斯韦尔 . 地方：记忆、想像与认同 [M]. 徐苔玲，王志

弘，译 . 台北：群学出版有限公司，2006.

[90] 戈夫曼 . 日常生活中的自我呈现 [M]. 冯钢，译 . 北京：北京大学出版社，2008.

[91] 陈华文 . 细节变异与地方认同：年文化的一种存在方式 [J]. 文化遗产，2007（1）：69-73.

[92] 陈丽玲 . 福建土楼：地方性文化景观的模板 [J]. 福建地理，2002，17（4）：53-59.

[93] 陈萍萍 . 基于“体验”视角的旅游景观主题化规划设计研究 [J]. 浙江学刊，2010（4）：163-168.

[94] 陈巍 . 新人文的地方性现代景观规划设计 [J]. 风景园林（创刊号），2005（1）：55-60.

[95] 陈文玲，苏勤 . 近十五年来真实性在国内外旅游中的研究对比 [J]. 人文地理，2012（3）：118-124.

[96] 陈晓亮 . 地方性的积累与消费——“荔枝湾”的浮现与“恩宁路”的消隐 [J]. 旅游学刊，2013，28（4）：11-12.

[97] 陈晓扬，仲德崑 . 地方性建筑与适宜技术 [M]. 北京：中国建筑工业出版社，2007.

[98] 陈燕 . 不同生命周期阶段民族旅游地居民对旅游影响的感知与态度——基于傣族、哈尼族村寨的比较研究 [J]. 黑龙江民族丛刊，2012（4）：85-92

[99] 陈蕴真 . 浅议地方理论在旅游研究中的应用 [J]. 桂林旅游高等专科学校学报，2007，18（3）：453-456.

[100] 陈志永，杨桂华，陈继军，等 . 少数民族村寨社区居民对旅游增权感知的空间分异研究——以贵州西江千户苗寨为例 [J]. 热带地理，2011，31（2）：216-222.

[101] 陈志永 . 少数民族村寨旅游开发的主体选择及利益制衡机制 [J]. 兴义民族师范学院学报，2011（2）：10-13.

[102] 程郁儒 . 民族文化传媒化 [M]. 北京：中国社会科学出版社，2012.

[103] 大卫 · 哈维 . 新帝国主义 [M]. 初立忠，沈晓雷，译 . 北京：中国社会科学出版社，2009.

[104] 戴俊骋，韦文英 . 区域性格的形成与扬弃——区域性格研究系列

论文之二 [J]. 广西社会科学，2010（8）：112-115.

[105] 邓庄，江珍珍 . 地方媒体对城市景观的塑造与想象 [J]. 新闻爱好者，2013（9）：68-71.

[106] 蒂姆・克雷斯维尔 . 地方：记忆、想像与认同 [M]. 徐苔玲，王志弘，译 . 台湾：群学出版社有限公司，2006.

[107] 董培海，李伟 . 旅游、现代性与怀旧——旅游社会学的理论探索 [J]. 旅游学刊，2013，28（4）：111-120.

[108] 段禀昌，赵云芳，董秀团 . 多彩凝重的交响乐章 [M]. 昆明：云南教育出版社，2000.

[109] 多琳・马西 . 劳动的空间分工：社会结构与生产地理学 [M]. 梁光严，译. 北京：北京师范大学出版社，2010：318；

[110] 范钧，邱宏亮，吴雪飞 . 旅游地意象、地方依恋与旅游者环境责任行为——以浙江省旅游度假区为例 [J]. 旅游学刊，2014，29（1）：55-66.

[111] 方海川 . 景观及旅游景观特征探讨 [J]. 乐山师范学院学报，2002，17（3）：101-104.

[112] 方李莉 . "文化自觉"与"全球化"发展——费孝通"文化自觉"思想的再阐释 [J]. 民族艺术，2007（1）：80-87.

[113] 费孝通 . 乡土中国 [M]. 北京：人民出版社，2008.

[114] 冯淑华，方志远 . 乡村聚落景观的旅游价值研究及开发模式探讨 [J]. 江西社会科学，2004（12）：230-234.

[115] 冯瑜，赵卫东，李红春 . "地方性的尝试"：云南回族特殊族群民族认同、族群关系及社会文化变迁研究 [M]. 北京：知识产权出版社，2012.

[116] 付保红，徐旌 . 曼春满村寨民族旅游中村民社会角色变化调查研究 [J]. 云南地理环境研究，2002，14（1）：43-49.

[117] 高冲，吴忠军 . 民族旅游村寨文化话语权转移研究——以贵州西江千户苗寨为例 [J]. 民族论坛，2014，（5）：54-58.

[118] 高婕 . 论民族旅游开展背景下的文化变迁与社会发展——以黔东南苗寨为例 [J]. 中南民族大学学报：人文社会科学版，2013，33（4）：59-63.

[119] 葛冰 . 景观生态规划与景观评价初探 [J]. 佳木斯大学社会科学学报，2004，22（5）：42-43.

[120] 宫本宪一. 环境经济学 [M]. 朴玉，译 . 北京：三联书店，2004.

[121] 龚花，毛端谦 . 国内地方依恋研究综述 [J]. 江西科技师范大学学报，2013，(3)：77-82.

[122] 供里斯·哈布瓦赫著 . 毕然，郭金华译 . 论集体记忆 [M]. 上海人民出版社，2002.

[123] 圭山乡人民政府 . 圭山乡志 [M]. 昆明：云南大学出版社，1993.

[124] 郭凌，王志章 . 论民族地区旅游社区参与主体的培育—以泸沽湖里格岛为例 [J]. 广西师范大学学报：哲学社会科学版，2009，45（3）：110-115.

[125] 郭凌，阳宁东，王志章 . 民族旅游开发与民族文化的空间生产研究—基于对四川省凉山彝族自治州盐源县泸沽湖的个案研究 [J]. 西南民族大学学报：人文社会科学版，2014，35（2）：144-149.

[126] 何辉，赵八旬 . 双廊模式——建筑师何辉与赵八旬的对谈 [J]. 时代建筑，2014（2）：98-103.

[127] 侯春光 . 浅谈民俗博物馆的文化特征 [J]. 文物世界，2000（2）：35-37.

[128] 胡大平 . 地方认同与文化发展 [J]. 苏州大学学报：哲学社会科学版，2012，33（3）：14-18.

[129] 胡家镜 . 民族旅游村寨自组织困境与社会网络信任构建 [J]. 贵州民族研究，2016（9）：73-76.

[130] 宦震丹，王艳平 . 地方感与地方性的异同及其相互转化 [J]. 旅游研究，2015，7（2）：64-68.

[131] 宦震丹 . 旅游视角下古码头地方性构成与塑造 [D]. 东北财经大学，2014.

[132] 黄海珠 . 民族旅游村寨建设研究 [D]. 中央民族大学，2007.

[133] 黄海珠 . 民族旅游多元利益主体非和谐因素探讨——以广西龙胜平安村为例 [J]. 广西社会科学，2006（10）：68-71.

[134] 黄华，明庆忠 . 社区参与民族村寨旅游开发的途径探讨 [J]. 边疆经济与文化，2008（1）：25-27.

[135] 黄华 . 社区参与民族村寨旅游开发的初步研究 [D]. 云南师范大学，2004：5.

[136] 黄继元 . 乡村旅游开发与非物质文化遗产传承与保护研究——以云南省石林县大糯黑村为例 [J]. 云南社会科学，2010（3）：114–118.

[137] 黄亮 . 少数民族村寨的旅游发展模式研究 [J]. 旅游学刊，2006，21（5）：53–56.

[138] 黄萍，杜通平，李贵卿，等 . 文化生态村：四川民族旅游可持续发展的有效模式 [J]. 农村经济，2005（1）：106–109.

[139] 黄淑娉，龚佩华 . 文化人类学理论与方法研究 [M].3 版 . 广州：广东高等教育出版社，2004.

[140] 黄向，保继刚，Wall Geoffrey. 场所依赖：一种游憩行为现象的研究框架 [J]. 旅游学刊，2006，21（9）：19–24.

[141] 黄燕玲，刘星，罗盛锋 . 西南地区民族村寨旅游环境影响研究——基于“主客”感知视角 [J]. 云南地理环境研究，2014，26（3）：7–13.

[142] 黄烨勍 . 西双版纳 . 族民俗文化生态旅游规划研究 [D]. 昆明理工大学，2002：5.

[143] 黄颖华，黄福才 . 旅游者感知价值模型、测度与实证研究 [J]. 旅游学刊，2007，22（8）：42–47.

[144] 吉登斯 . 现代性的后果 [M]. 田禾，译 . 南京：译林出版社，2011.

[145] 吉尔慈 . 地方性知识——阐释人类学论文集 [M]. 王海龙，张家瑄，译. 北京：中央编译出版社，2000.

[146] 冀满红 . 民众迁徙、家园符号与地方认同——以洪洞大槐树和南雄珠玑巷移民为中心的探讨 [J]. 史学理论研究，2011（2）：100–109.

[147] 贾生华，陈宏辉 . 利益相关者的界定方法述评 [J]. 外国经济与管理，2002，24（5）：13–18.

[148] 贾衍菊，王德刚 . 社区居民旅游影响感知和态度的动态变化 [J]. 旅游学刊，2015，30（5）：65–73.

[149] 江春娥，黄成林 . 九华山游客地方依恋与游后行为研究 [J]. 云南地理环境研究，2011，23（1）：71–75.

[150] 蒋焕洲 . 贵州民族村寨旅游发展现状、问题与对策研究 [J]. 广西财经学院学报，2010，23（2）：121–124.

[151] 卡洪 . 现代性的困境 [M]. 北京：商务印书馆，2008.

[152] 凯 · 安德森，莫纳 · 多莫什，史蒂夫 · 派尔，等 . 文化地理学手

册 [M]. 李蕾蕾，张景秋，译 . 北京：商务印书馆，2009.

[153] 克利福德 · 格尔兹 . 地方性知识：阐释人类学论文集［M］. 王海龙，等，译 . 北京：中央编译出版社，2004.

[154] 孔旭红 . 场所依赖理论在博物馆旅游解说系统中的应用 [J]. 软科学，2008，22（3）：89–91.

[155] 郎超，李煜，蔡君 . 旅游规划中的地方性研究 [J]. 辽宁林业科技，2009（4）：50–52.

[156] 李川 . 民俗学视野下的民族村寨旅游景观规划——以广西三江程阳八寨为例 [D]. 广西师范大学，2008：5.

[157] 李芳，李庆雷，李伟，等 . 旅游开发背景下民族社区精英的成长研究——以贵州省西江苗寨“阿浓”为例 [J]. 内蒙古民族大学学报：社会科学版，2015，41（5）：6–9.

[158] 李飞 . 基于乡村文化景观二元属性的保护模式研究 [J]. 地域研究与开发，2011，30（4）：85–88.

[159] 李广良，钱翌 . 城市生态景观的地方性研究 [J]. 河南科技大学学报（社会科学版），2007，25（3）：82–83.

[160] 李九全，张中华，王兴中 . 场所理论应用于社区研究的思考 [J]. 国际城市规划，2007，22（6）：85–90.

[161] 李乐京 . 民族村寨旅游地利益主体分析及协调策略初探 [J]. 贵阳学院学报（社会科学版），2013（4）：31–34.

[162] 李玲 . 社区参与民族村寨旅游可持续开发——基于东宅江瑶寨和平安壮寨的比较研究 [D]. 广西师范大学，2010：4.

[163] 李敏，谢莲，胡最 . 基于 Fuzzy 的南岳古镇景观基因的游客感知评价 [J]. 衡阳师范学院学报，2015（3）：166–170.

[164] 李强 . 新农民：民族村寨旅游对农民的影响研究——以云南曼听村和贵州西江村为例 [D]. 兰州大学，2012：5.

[165] 李瑞，殷红梅 . 近 10 年中国民族村寨旅游研究进展与展望 [J]. 地理科学进展，2010，29（4）：411–421.

[166] 李珊珊 . 民族旅游开发中的文化移植与文化认同研究——以枫村为分析个案 [D]. 中南民族大学，2013：5.

[167] 李仕蓉 . 旅游开发与石头寨社会关系的变迁 [D]. 中央民族大学，

2011：5.

[168] 李天翼 . 贵州民族村寨旅游开发模式研究 [M]. 成都：西南交通大学出版社，2014.

[169] 李文勇，张汉鹏 . 本真视角的少数民族旅游文化符号舞台化研究 [J]. 人文地理，2012（3）：34–38.

[170] 李晓峰 . 集体记忆・文化符号・民族形象——论 1950 年代少数民族文学文化民族主义话语 [J]. 民族文学研究，2013（6）：5–17.

[171] 李兴军 . 集体记忆研究文献综述 [J]. 上海教育科研，2009（4）：8–10.

[172] 李彦辉，朱竑 . 地方传奇、集体记忆与国家认同——以黄埔军校旧址及其参观者为中心的研究 [J]. 人文地理，2013（6）：17–21.

[173] 李燕琴 . 基于地方依恋与社区感的边疆民族旅游社区研究构想 [J]. 地域研究与开发，2013，32（4）：90–93.

[174] 李忠斌，文晓国 . 对民族旅游概念的再认识 [J]. 广西民族研究，2012（4）：177–184.

[175] 李竹娟 . 云南石林遗产地内外村寨旅游发展比较研究 [D]. 云南大学，2015：26.

[176] 梁雪 . 中国地域文化与建筑的地方性 [J]. 天津大学学报，1997，30（5）：554–548.

[177] 廖春花，杨坤武 . 全球化与地方认同：城市历史街区研究的新视角 [J]. 云南师范大学学报：哲学社会科学版，2014，46（1）：49–56.

[178] 廖春花 . 城市历史街区“地方性”的居民感知与游客感知的比较研究——以广东潮州古城区为例 [J]. 旅游论坛，2015（5）：31–38.

[179] 廖军华 . 民族村寨旅游发展的创新模式——5Cs 模式 [J]. 安徽农业科学，2011，39（24）：14884–14886.

[180] 林敏霞 . 符号动员与景观再造：旅游情境下的“抗倭历史名城”打造 [J]. 青海民族研究，2011（2）：30–34.

[181] 刘博，朱竑 . 由广府庙会案例管窥地方性研究议题 [J]. 旅游学刊，2013，28（3）：7–9.

[182] 刘超祥 . 民族旅游村寨的人口移动与文化变迁——以湘西德各村为例 [D]. 中央民族大学，2012：3.

[183] 刘宏芳，明庆忠 . 社区参与旅游发展的困境及其对策研究 [J]. 四川师范大学学报：社会科学版，2012，39（2）：56–62.

[184] 刘华欣 . 大众传媒塑造和培养城市精神策略研究——以地方媒体创建“全国文明城市”报道研究为例 [J]. 新闻知识，2014（1）：40–42.

[185] 刘晖 . 旅游民族学 [M]. 北京：民族出版社，2006.

[186] 刘建明 .“全球化传播”笔谈——文化全球化与地方文化认同 [J]. 湖北大学学报：哲学社会科学版，2005，32（4）：460–461.

[187] 刘莉，陆林 . 江苏省同里镇旅游者旅游感知调查分析 [J]. 安徽师范大学学报：人文社会科学版，2006，34（2）：220–223.

[188] 刘沛林，刘春腊，邓运员，等 . 中国传统聚落景观区划及景观基因识别要素研究 [J]. 地理学报，2010，65（12）：1496–1506.

[189] 刘晓丽 . 民族村寨文化旅游原真性感知评价研究——以西双版纳基诺山为例 [D]. 昆明理工大学，2011：10.

[190] 刘孝蓉 . 文化资本视角下的民族旅游村寨可持续发展研究 [D]. 中国地质大学，2013.

[191] 刘旭玲，杨兆萍，谢婷 . 生态博物馆理念在民族文化旅游地开发中的应用——以喀纳斯禾木图瓦村为例 [J]. 干旱区地理，2005（3）：414–418.

[192] 刘艺兰 . 少数民族村落文化景观遗产保护研究——以贵州省榕江县宰荡侗寨为例 [D]. 中央民族大学，2011：5.

[193] 刘志扬 . 民族旅游的麦当劳化——以白马藏族风情游为例 [J]. 旅游学刊，2012，27（12）：21–22.

[194] 陆敏，顾雪芝，姜辽 . 居民城市公园游憩涉入与地方依恋——以江苏省常州市红梅公园为例 [J]. 地域研究与开发，2014，33（2）：122–129.

[195] 罗明义，田里，杜靖川，等 . 民族地区旅游产业发展研究——大理白族自治州旅游产业发展战略暨综合改革试点规划 [M]. 昆明：云南大学出版社，2011.

[196] 罗永常 . 基于体验的民族村寨旅游产品设计——以贵州黔东南少数民族村寨为例 [J]. 安徽农业科学，2011，39（13）：7976–797.

[197] 罗永常 . 论少数民族传统社区旅游开发中的六大关系——以黔东南民族旅游村寨为例 [J]. 中国商贸，2010（29）：167–168.

[198] 罗永常 . 民族村寨社区参与旅游开发的利益保障机制 [J]. 旅游学刊，2006，21（6）：45–48.

[199] 卢斌 . 大理双廊：一个白族村庄的自救 [N]. 南方都市报，2012-07-26.

[200] 麻国庆 . 全球化：文化的生产与文化认同——族群、地方社会与跨国文化圈 [J]. 北京大学学报（ 哲学社会科学版），2007，37（4）：152-160.

[201] 马晓京 . 民族旅游开发与民族传统文化保护的再认识 [J]. 广西民族研究，2002（4）：77–83.

[202] 马晓京 . 西部地区民族旅游开发与民族文化保护 [J]. 社会科学家，2000，15（5）：46–49.

[203] 蒙本曼 . 知识地方性与地方性知识 [M]. 北京：中国社会科学出版社，2016.

[204] 苗长虹，魏也华，吕拉昌 . 新经济地理学 [M]. 北京：科学出版社，2011.

[205] 民族旅游：文化变迁与族群性 [J]. 旅游学刊，2013，28（11）：10–11.

[206] 明庆忠，刘宏芳 . 乡村旅游：美丽家园的重塑与再造 [J]. 云南师范大学学报哲学社会科学版，2016，48（4）：79–87.

[207] 明庆忠，熊剑峰，陈颖，等 . 土著知识旅游研究 [M]. 北京：科学出版社，2012.

[208] 潘年英 . 矛盾的“文本”——梭嘎生态博物馆田野考察实录 [J]. 黎明职业大学学报，2000（4）：6–14.

[209] 彭长歆 . 现代性 . 地方性——岭南城市与建筑的近代转型 [M]. 上海：同济大学出版社，2012：3.

[210] 彭兆荣 . 旅游人类学 [M]. 北京：民族出版社，2004.

[211] 亓元 . 大众媒体对地方旅游形象塑造的影响力探讨 [J]. 新闻战线，2015（7）：118–119.

[212] 祁进玉 . 全球化与地方性：认同的全球化话语——基于同仁县“五屯”地区人类学田野调查的个案分析 [J]. 青海民族研究，2008，19（1）：12–17.

[213] 邱彭华，俞鸣同，曾从盛 . 旅游地景观生态规划与设计研究 [J]. 旅游学刊，2004，19（1）：51-56.

[214] 冉琼，苏智先，冉军 . 利益相关者理论在民族村寨生态旅游发展中的实践——以震前北川县青片乡羌、藏民族村寨为例 [J]. 农村经济与科技，2009，20（11）：71-73.

[215] 任以婷 . 民族旅游下羌族的文化表象与真实性 [D]. 中央民族大学，2011：5.

[216] 萨拉 · L. 霍洛韦，斯蒂芬 · P. 赖斯 . 当代地理学要义——概念、思维与方法 [M]. 黄润华，孙颖，译 . 北京：商务印书馆，2008.

[217] 邵培仁 . 地方的体温：媒介地理要素的社会建构与文化记忆 [J]. 徐州师范大学学报：哲学社会科学版，2010，36（5）：143-148.

[218] 沈莹，苏芹 . 民族村寨旅游游客分项满意度评价研究——以广西桂林龙胜县龙脊景区为例 [J]. 重庆科技学院学报（社会科学版），2009（5）：101-102.

[219] 盛成，黄明华，王爱 . 基于文脉传承的民族村寨旅游规划与设计研究 [J]. 广西城镇建设，2012（3）：62-67.

[220] 石坚 . 深生态视野下的民族生态旅游——以贵州省黔东南苗族为例 [J]. 西南民族大学学报：人文社科版，2011，32（10）：109-114.

[221] 石林县旅游局，昆明学院 . 石林乡村旅游规划 .

[222] 石林县政府 . 石林彝族自治县“十二五”旅游发展规划，2010.

[223] 宋正海 . 地理环境决定论是人类优秀文化遗产 [J]. 湛江海洋大学学报，2006，26（5）：14-19.

[224] 苏晓波 . 商业化、地方性和城市遗产旅游 [J]. 旅游学刊，2013，28（4）：8-9.

[225] 苏扬期，王柏山 .“地方感”研究观点的探讨——从人本主义地理学、行为地理学到都市意象学派 [J]. 社会科教育研究，2005（10）：109-136.

[226] 孙九霞，刘相军 . 地方性知识视角下的传统文化传承与自然环境保护研究——以雨崩藏族旅游村寨为例 [J]. 中南民族大学学报：人文社会科学版，2014（6）：71-77.

[227] 孙九霞，刘相军 . 生计方式变迁对民族旅游村寨自然环境的影响——以雨崩村为例 [J]. 广西民族大学学报（哲学社会科学版），2015（3）：

78–85.

[228] 孙九霞，苏静 . 多重逻辑下民族旅游村寨的空间生产——以岜沙社区为例 [J]. 广西民族大学学报：哲学社会科学版，2013，35（6）：96–102.

[229] 孙九霞，王学基 . 民族文化“旅游域”多元舞台化建构——以三亚槟榔谷为例 [J]. 思想战线，2015（1）：97–105.

[230] 孙九霞 . 旅游人类学的社区旅游与社区参与 [M]. 北京：商务印书馆，2009.

[231] 孙凯，王贺 . 多重逻辑下的古镇旅游空间再生产研究——以大理市双廊古镇为例 [J]. 价值工程，2016，35（5）：174–177.

[232] 孙新，赵振斌，邓李娜 . 目的地少数民族居民旅游感知与态度研究——以青海互助北山浪士当村为例 [J]. 西北民族大学学报：哲学社会科学版，2009（1）：68–73.

[233] 谭璇 . 黔东南少数民族村寨旅游开发研究 [D]. 重庆师范大学，2012：3.

[234] 唐欢 . 民族旅游村寨文化景观真实性感知比较研究——基于游客和原住民视角 [D]. 四川师范大学，2016.

[235] 唐玲萍，俞琼丽 . 民族旅游村寨青少年居民对旅游影响的感知研究——以新平大槟榔园花腰傣民族文化生态旅游村为例 [J]. 玉溪师范学院学报，2013，29（6）：53–55.

[236] 唐玲萍 . 民族旅游村寨原生态文化保护的社区方法 [J]. 走进原生态文化——人类学高级论坛，2010：376–383.

[237] 唐顺英，殷秀梅 . 游记对旅游地地方性的影响研究——以曲阜为例 [J]. 地域研究与开发，2014，33（3）：111–116.

[238] 唐顺英，周尚意，刘丰祥 . 地方性形成过程中结构性动力与非结构性动力的关系——以曲阜地方性塑造过程为例 [J]. 地理与地理信息科学，2015，31（6）：120–124.

[239] 唐文跃 . 地方感——旅游规划的新视角 [J]. 旅游学刊，2008，23（8）：11.

[240] 唐文跃 . 地方感研究进展及研究框架 [J]. 旅游学刊，2007，22（11）：70–77.

[241] 唐文跃 . 地方性与旅游开发的相互影响及其意义 [J]. 旅游学刊，2013，28（4）：9–11.

[242] 唐文跃 . 旅游地地方感研究 [M]. 北京：社会科学文献出版社，2013.

[243] 唐文跃 . 旅游开发背景下古村落居民地方依恋对其迁居意愿的影响——以婺源古村落为例 [J]. 经济管理，2014（5）：124–132.

[244] 唐文跃 . 南京夫子庙游憩者地方感特征及其规划意义 [J]. 资源科学，2011，33（7）：1382–1389.

[245] 唐晓峰 . 文化地理学释义：大学讲课录 [M]. 北京：学苑出版社，2012.

[246] 陶伟，程明洋 . 地方性空间与旅游发展中的地方性研究：从空间与空间句法谈起 [J]. 旅游学刊，2013，28（4）：15–17.

[247] 田敏，撒露莎，邓小艳 . 民族旅游开发与民族村寨文化保护及传承比较研究——基于贵州、湖北两省三个民族旅游村寨的田野调查 [J]. 广西民族大学学报（哲学社会科学版），2012，34（5）：88–94.

[248] 田艳 . 民族村寨旅游开发中的利益补偿制度研究 [J]. 广西民族研究，2010（4）：181–187.

[249] 田云海 . 湘西民族村寨旅游产业与生态农业融合发展研究 [D]. 吉首大学，2013：6.

[250] 佟琛 . 民族旅游村寨的跨文化交流研究——以凤凰早岗苗寨为例 [D]. 中南民族大学，2013：6.

[251] 瓦伦 . 史密斯 . 东道主与游客 [M]. 张晓萍，何昌邑，译 . 昆明：云南大学出版社，2007：4.

[252] 万基财，张捷，卢韶婧，李莉 . 九寨沟地方特质与旅游者地方依恋和环保行为倾向的关系 [J]. 地理科学进展，2014，33（3）：411–421.

[253] 汪芳 . 旅游地地方感的游客认知研究 [J]. 地理学报，2009，64（10）：1667–1677.

[254] 王婵娟 . 民族旅游村寨发展模式研究——以贵州郎德苗族村寨和镇山布依族村寨为例 [J]. 贵州民族大学学报（ 哲学社会科学版），2013（6）：61–64.

[255] 王凤娇 . 旅游人类学视角下的民族村寨自主发展 [D]. 中央民族大

学，2011：4.

[256] 王玲 . 云南少数民族农村的社会文化变迁：以石林圭山大糯黑村彝族撒尼支系的调查与思考 [M]. 北京：中国社会科学出版社，2015.

[257] 王玲 . 枕石撒尼 [M]. 北京：中国社会科学出版社，2009.

[258] 王晓宇 . 民间传统文化类电视节目与地方独特形象塑造——以 CCTV7《乡土》栏目为例 [J]. 电影评介，2013（12）：89–91.

[259] 王云才，石忆邵，陈田 . 传统地域文化景观研究进展与展望 [J]. 同济大学学报（社会科学版），2009，20（1）：18–24.

[260] 王云才 . 风景园林的地方性——解读传统地域文化景观 [J]. 建筑学报，2009（12）：94–96.

[261] 王臻 . 彝族撒尼人经济生活变迁研究 [D]. 云南大学，2011.

[262] 魏雷，钱俊希，朱竑 . 旅游发展语境中的地方性生产——以泸沽湖为例 [J]. 华南师范大学学报：社会科学版，2015（2）：99–109.

[263] 吴必虎 . 区域旅游规划原理 [M]. 北京：中国旅游出版社，2001.

[264] 吴静文 . 民族旅游背景下少数民族特色村寨建设研究——以黔东南郎德上寨为例 [D]. 中南民族大学，2013：5.

[265] 吴沛丽，杨洋，蔡溢，等 . 村寨居民旅游影响感知与态度的差异性研究——基于贵州不同旅游生命周期的民族旅游村寨的对比分析 [J]. 贵州师范大学学报：自然科学版，2015，33（3）：104–110.

[266] 吴其付 . 从普通村民到社区精英：中国旅游精英的典型个案——以阳朔“月亮妈妈”为例 [J]. 旅游学刊，2007，22（7）：87–90.

[267] 吴其付 . 民族旅游文献中的文化认同研究 [J]. 广西民族研究，2011（1）：191–198.

[268] 吴炆佳，袁振杰 . 商品化、主体性和地方性的重构——再造的西双版纳傣族园泼水节 [J]. 旅游学刊，2013，28（4）：14–15.

[269] 吴晓 . 乡村旅游语境中民间艺术的在场与形变——基于湘西德夯苗寨的个案研究 [J]. 广西民族研究，2010，26（1）：189–194.

[270] 吴钘 . 武汉市黄陂区居民与旅游者地方感的对比研究 [D]. 华中师范大学，2013.

[271] 吴忠军 . 民俗旅游与村寨开发初探 [J]. 中央民族大学学报，1992（5）：91–93.

[272] 向明 . 基于社区居民感知与态度的民族村寨旅游发展研究——以德夯苗寨为例 [J]. 陕西师范大学学报，2008：5.

[273] 项辉，周俊麟 . 乡村精英格局的历史演变及现状——“土地制度—国家控制力”因素之分析 [J]. 中共浙江省委党校学报，2001（5）：90–94.

[274] 肖青，李宇峰 . 全球化、现代化与民族村寨文化 [J]. 社会科学论坛，2015（5）：225–230.

[275] 肖琼，赵培红 . 我国民族旅游村寨利益相关者行为分析 [J]. 西南民族大学学报：人文社会科学版，2012，33（9）：143–146.

[276] 肖琼 . 我国民族旅游村寨利益相关者行为分析 [J]. 西南民族大学学报（人文社科版），2012（9）：143–146.

[277] 谢彦君 . 旅游体验的情境模型：旅游场 [J]. 财经问题研究，2005（12）：64–68.

[278] 邢启顺 . 乡土知识与社区可持续生计 [J]. 贵州社会科学，2006，26（3）：76–77.

[279] 熊元斌，龚箭 . 旅游产业利益相关者分析 [J]. 中南财经政法大学学报，2007（1）：47–50.

[280] 徐赣丽 . 民间传说与地方认同——以广西博白绿珠传说为例 [J]. 广西师范学院学报：哲学社会科学版，2011，32（2）：1–7.

[281] 徐新建 . 开发中国：“民族旅游”与“旅游民族”的形成与影响——以“穿青人”“银水寨”和“藏羌村”为案例的评述 [J]. 西南民族学院学报（哲学社会科学版），2000，21（7）：1–9.

[282] 许林，鲍宏礼 . 旅游体验设计理念与旅游产品体系构建——以武汉市新洲区为例 [J]. 企业经济，2007，（2）：91–93.

[283] 薛宝琪，刘长运，范红艳 . 目的地居民旅游感知态度研究——以丹江口水库南部东岸及南岸为例 [J]. 地域研究与开发，2011，30（1）：99–103.

[284] 薛群慧 . 民族村寨旅游体验型产品设计的心理学阐释 [J]. 改革与战略，2008，24（11）：178–181.

[285] 颜晗 . 村寨旅游利益相关者的利益影响因素研究——以西双版纳基诺巴坡村寨为例 [D]. 昆明理工大学，2011：10.

[286] 杨复兴 . 云南大理双廊镇的旅游品牌建设 [N]. 中国旅游报，2012–

10-12.

[287] 杨焕英 . 栽秧会 [J]. 大理文化，2002（5）：50-51.

[288] 杨慧 . 民族旅游与族群认同、传统文化复兴及重建——云南民族旅游开发中的“族群”及其应用泛化的检讨 [J]. 思想战线，2003，29（1）：41-44.

[289] 杨家娣，陈修岭 . 民族旅游中的族群社区自我发展机制研究——以大理双廊白族村为例 [J]. 昆明理工大学学报（社会科学版），2015，15（1）：90-96.

[290] 杨家娣，陈修岭，张颖 . 旅游背景下对大理双廊白族村族群认同的田野调查 [J]. 旅游世界·旅游发展研究，2013（4）：20-26.

[291] 杨建春，吴建国 . 民族旅游村寨系统非线性动态演化研究 [J]. 生态经济（中文版），2012（8）：85-89.

[292] 杨婧 . 相融·共生——洱海周边近二十年建筑的地域性研究 [D]. 昆明理工大学，2013.

[293] 杨军辉，李同昇，徐冬平 . 民族旅游村寨居民文化补偿认知的空间分异及机理——以贵州西江千户苗寨为例 [J]. 地理科学进展，2015，34（9）：1167-1178.

[294] 杨强，盛锴 . 村居意象系统与旅游景观资源的保护及利用 [J]. 城市问题，2011（5）：97-101.

[295] 杨世文 . 撒尼村落形态和民居建筑研究 [D]. 西南林学院，2008.

[296] 杨兴柱，王群 . 全球—地方连接下的旅游地研究进展 [J]. 旅游学刊，2007，22（1）：60-66.

[297] 杨业文 . 民族旅游与社区教育：以大寨红瑶为例 [J]. 广西民族大学学报：哲学社会科学版，2007，29（6）：76-79.

[298] 杨昀 . 地方依恋的国内外研究进展述评 [J]. 中山大学研究生学刊（自然科学、医学版），2011，32（2）：27-37.

[299] 杨振之，陈谨 .“形象遮蔽”与“形象叠加”的理论与实证研究 [J]. 旅游学刊，2003，18（3）：62-67.

[300] 杨志明 . 云南少数民族传统文化研究 [M]. 北京：人民出版社，2009：224-225.

[301] 杨复兴 . 云南大理双廊镇的旅游品牌建设 [N]. 中国旅游报，2012-

10–12.

[302] 袁野 . 大理双廊“暴富”之后 路在何方 [N]. 生活新报，2012–05–21.

[303] 殷勇峰 . 民族村寨的建筑景观与旅游开发——以龙脊、平安、金竹三个壮寨为例 [D]. 桂林理工大学，2008.

[304] 尤海涛，马波，陈磊 . 乡村旅游的本质回归：乡村性的认知与保护 [J]. 中国人口 · 资源与环境，2012，22（9）：158–162.

[305] 余勇，田金霞，粟娟 . 场所依赖与游客游后行为倾向的关系研究——以价值感知、满意体验为中介变量 [J]. 旅游科学，2010，24（3）：54–62.

[306] 张春晖，白凯 . 乡村旅游地品牌个性与游客忠诚：以场所依赖为中介变量 [J]. 旅游学刊，2011，26（2）：49–57.

[307] 张洁 . 民族村寨旅游景观系统的开发研究——以云南大槟榔花腰傣村寨为例 [J]. 云南财经大学学报，2007，23（5）：91–95.

[308] 张洁 . 民族村寨旅游景观系统构建的初步研究 [J]. 资源开发与市场，2007，23（11）：1051–1053.

[309] 张瑾 . 民族旅游语境中的地方性知识与红瑶妇女生计变迁——以广西龙胜县黄洛瑶寨为例 [J]. 旅游学刊，2011，26（8）：72–79.

[310] 张京祥，陈浩 . 基于空间再生产视角的西方城市空间更新解析 [J]. 人文地理，2012（2）：1–5.

[311] 张婧怡 . 深度报道《洱海东岸的困惑——大理海东地区旅游发展与保护现状调查》[D]. 云南大学，2015.

[312] 张敏，王海娜，池敏 . 中国白族村落影像文化志 · 大建旁村 [M]. 北京：光明日报出版社，2013.

[313] 张琼，舒伯阳 . 不同地区旅游者对民族村寨旅游资源偏好研究——四川丹巴甲居藏寨的实证调研 [J]. 中南财经政法大学研究生学报，2013（3）：89–95.

[314] 张素珍 . 双廊“成长的烦恼”[J]. 决策探索，2013（1）：46–47.

[315] 张骁鸣 . 官办的火把节与建构的地方性 [J]. 旅游学刊，2013，28（4）：12–14.

[316] 张阳，刘扬 . 云南石林大糯黑乡村景观元素浅析 [J]. 广西城镇建

设，2012（3）：76–78.

[317] 张颖，陈修岭，杨家娣 . 民族旅游中文化移植现象调查研究——以云南大理双廊白族村为例 [J]. 山东青年政治学院学报，2013（4）：104–108.

[318] 张颖 . 后现代视角下民族旅游发展的困境与反思——以云南大理双廊白族村为例 [J]. 贵州民族大学学报（哲学社会科学版），2015（1）：52–57.

[319] 张永宏 . 本土知识概念的界定 [J]. 思想战线，2009，35（2）：1–5.

[320] 张玉婷，徐晓林，陈涛 . 基于场所依赖的旅游目的地信息服务系统构建研究 [J]. 现代情报，2012，32（6）：46–54.

[321] 张中华，段瀚 . 基于 Amos 的环境地方性与游客地方感之间的关系机制分析——以西安大明宫国家考古遗址公园为例 [J]. 旅游科学，2014，28（4）：81–94.

[322] 张中华，王岚，张沛国外地方理论应用旅游意象的研究的空间解构 [J]. 现代城市研究，2009（5）：69–75.

[323] 张中华 . 陕南秦岭山区古镇地方性意象解构及规划设计策略研究——以汉阴漩涡文化旅游古镇为例 [J]. 城市发展研究，2015，22（6）：C17–C21.

[324] 赵飞羽，范斌，方曦来，等 . 地脉、文脉及旅游开发主题 [J]. 云南师范大学学报，2002，34（6）：83–87.

[325] 赵红梅，李庆雷 . 旅游情境下的景观“制造”与地方认同 [J]. 广西民族大学学报：哲学社会科学版，2011，33（3）：14–20.

[326] 赵红梅 . 民族旅游：文化变迁与族群性 [J]. 旅游学刊，2013，28（11）：10–11.

[327] 赵宏杰，吴必虎 . 大陆赴台自由行游客地方认同与休闲效益关系研究 [J]. 旅游学刊，2013，28（12）：55–63.

[328] 赵巧艳 .“资本—策略”视角下居民参与民族旅游的路径：以龙脊景区为个案 [J]. 中央民族大学学报：哲学社会科学版，2012，39（3）：125–132.

[329] 赵莎莎 . 从“三坊一照壁”到“海景房”：大理双廊的空间与社会交往变化 [D]. 云南大学，2015.

[330] 赵玉宗，李东和，黄明丽 . 国外旅游地居民旅游感知和态度研究

综述 [J]. 旅游学刊，2005，20（4）：85–92.

[331] 郑威 . 地方性：一种旅游人类学视角——以广西贺州区域旅游研究为个案 [J]. 改革与战略，2006（4）：123–125.

[332] 钟洁，沈兴菊 . 民族村寨游客的旅游体验质量研究——以西双版纳傣族园为例 [J]. 资源开发与市场，2010，26（4）：362–371.

[333] 钟洁 . 基于游憩体验质量的民族村寨旅游产品优化研究——以云南西双版纳傣族园、四川甲居藏寨为例 [J]. 旅游学刊，2012，27（8）：95–103.

[334] 钟声宏 . 浅论广西旅游业发展中的民俗博物馆建设 [J]. 桂林旅游高等专科学校学报，1999（1）：66–69.

[335] 周常春，王玉娟，徐国麒 . 民族村寨旅游利益分配机制的影响研究——以可邑村为例 [J]. 中南林业科技大学学报（人文社科版），2013，7（1）：1–6.

[336] 周大鸣 . 人类学与民族旅游：中国的实践 [J]. 旅游学刊，2014，29（2）：103–109.

[337] 周大鸣 . 树立文化多元理念，避免民族旅游中的同质化倾向 [J]. 旅游学刊，2012，27（11）：16–17.

[338] 周晖 . 黔东南地区乌利、朗利苗寨旅游规划策略研究 [D]. 华南理工大学，2011：5.

[339] 周杰，杨兮，张凤太 . 少数民族村寨社区参与旅游发展的特征及内涵解析 [J]. 黑龙江民族丛刊，2013（5）：92–97.

[340] 周俊华，秦继仙 . 全球化语境下民族地方性知识的价值与民族的现代发展——以纳西族为例 [J]. 云南民族大学学报哲学社会科学版，2008，25（5）：21–25.

[341] 周尚意，唐顺英，戴俊骋 ."地方"概念对人文地理学各分支意义的辨识 [J]. 人文地理，2011（6）：10–13.

[342] 周尚意 . 四层一体：发掘传统乡村地方性的方法 [J]. 旅游学刊，2017，32（1）：6–7.

[343] 周尚意 . 地方性形成机制的结构主义与人文主义分析——以 798 和 M50 两个艺术区在城市地方性塑造中的作用为例 [J]. 地理研究，2011，30（9）：1566–1576.

[344] 周尚意．人文主义地理学家眼中的地方 [J]. 旅游学刊 .2013，28（4）：6–7.

[345] 周尚意．文化地理学 [M]. 北京：高等教育出版社，2004.

[346] 周诗雅．基于游客及居民感知的民族旅游村寨空间形态研究 [D]. 华中农业大学，2014.

[347] 周宪．视觉文化的转向 [M]. 北京：北京大学出版社，2008.

[348] 周真刚．试论生态博物馆的社会功能及其在中国梭嘎的实践 [J]. 贵州民族研究，2002（4）：42–48.

[349] 朱竑，刘博．地方感、地方依恋与地方认同等概念的辨析及研究启示 [J]. 华南师范大学学报（自然科学版），2011（1）：1–8.

[350] 左晓斯，李钰．现代性、逃避主义与后现代旅游 [J]. 思想战线，2009，35（5）：21–25.

致 谢

本书是在我的博士论文基础上提炼而成的。首先要感谢我一直在学术道路上勤勉精进又十分开明的导师明庆忠教授，在我的学术道路上老师一直是明灯、是榜样，亦是不可多得、尽心尽责的师长，其一往无前的精神深深地激励着我，同时让我在选择研究领域和方向时拥有高度的自主选择权。最开始老师曾希望我往边疆经济地理的方向发展，但苦于数学功底较弱，感觉很有难度。后来陈亚颦老师在课堂上向我们推荐了麦克·克朗的《文化地理学》，也是在这个时候，我开始对地方理论有了兴趣，并决定将其作为我的博士论文研究方向，导师也十分支持，由此进入人文地理学之下的文化地理领域。

本书的选题、研究框架及修改是在明庆忠老师不厌其烦的多轮指导和修改下完成的，凝聚了老师大量的心血。针对书稿初稿，老师足足提了将近3000字的20条修改意见，深受感动！还要特别感谢前来参加论文开题报告的朱竑老师、陈亚颦老师、杨桂华老师和杨宇明老师，他们为论文的研究方法、视角及案例点的研究等提供了诸多宝贵意见。也要感谢来参加论文预答辩及最终答辩的薛德升老师、周建新老师、田里老师、许南垣老师、杨桂华老师和唐雪琼老师等，他们为论文的修改提供了诸多宝贵意见和建议，这些意见和建议也为本书的修改提供了依据。感谢那些熟悉的、陌生的回复我专家问卷的民族学和文化地理学领域的各位专家、师长和朋友，成为我用“德尔菲法”分析地方性构成要素的关键依据。许多并不太熟悉的专家还为我的研究提供了宝贵的意见和建议，非常感动！这样的帮助极大地鼓舞着我。同时还要感谢百忙之中抽空指导的赵红梅老师，她从人类学视角为我论文的案例部分提供了诸多细致而深入的意见和建议。感谢就地方理论为我提供诸多资料的李灿松老师、朱静虹师姐。感谢曾远在美国为我查询并下载民族旅游相关英文文献的魏红妮博士。感谢在糯黑调研中给予我许多帮助的王光华先生、王光珍女士、周艳同学及她的朋友王海东、张清丽，以及接受访谈和问卷的多位当地居民和旅游者；感谢在双廊调研中为我提供帮助的杨女士和罗玉蓉女士，以及接受访谈和问卷的多位当地居民和旅游者；同时还要感谢大理喜洲的乔吉安师妹及张曙先生，以及当地接受问卷和访谈的多位当地居民和旅游者。感谢这些来自老师、朋友和陌生人之间真诚的帮助，为我研究工作的顺利开展提供了极大的支持。

2015 年，也就是第四个学年刚刚开始的时候，大女儿和同门鲁芬师姐家的小生命前后三天双双来到这个世界。交织着喜悦与压力一路披荆斩棘完成了博士论文的调研与撰写，也因此论文还存在不少瑕疵，特别是定量研究这块方法比较老套，只能说是怀着很大的虔诚尽最大努力完成了论文。我和鲁芬师姐是云师大人文地理区域旅游发展与管理方向的第一届博士，在生活上相互扶助，学习上你追我赶，互相学习、互相帮助、互相督促，一起完成博士论文，实属缘分深厚！感恩多年的同门同学情谊，也要特别感谢给予我们诸多宽厚照顾和包容的导师！还要感谢我的父母和爱人，二老协助我照顾小宝，爱人承担起家中许多事情，让我可以腾出时间和精力来完成毕业论文和书稿的修改校对。一切都是最好的安排，感恩现世安稳、岁月静好，也感谢父母的全心付出和全力帮扶，让我们的付出和努力终归开花结果。

感谢 2012 级旅地学院的同窗好友，我们互相鼓励和帮助，总算顺利走完这一段弥足珍贵的求学之路。感谢同门所有师兄师姐、师弟师妹提供的许多关心和帮助，特别是娄思元、王娟师姐。感谢刘安乐师弟和周晓琴师妹帮助我绘制案例点区位图。还要特别感谢中国旅游出版社的张芸艳老师对文稿的认真审核和校对，助力了本书的顺利出版。

囿于本人学术水平的限制，书中难免有错漏之处，恳请各位专家及读者批评指正！书中有一些转引的访谈内容仅为当时调研信息的真实呈现，非本人观点，也希望无论是读者还是涉及的研究区域的主管部门持包容心态对待。祝大家平安幸福，安康如意。

刘宏芳

2020年7月

项目策划：段向民
责任编辑：张芸艳
责任印制：谢　雨
封面设计：武爱昕

图书在版编目（CIP）数据

民族旅游村寨地方性的感知与彰显研究 / 刘宏芳，明庆忠著 . -- 北京 : 中国旅游出版社，2020.8
（文旅产业与全域发展文库）
ISBN 978-7-5032-6519-8

Ⅰ．①民… Ⅱ．①刘… ②明… Ⅲ．①民族地区－乡村旅游－研究－中国 Ⅳ．① F592.7

中国版本图书馆 CIP 数据核字（2020）第 119831 号

书　　名：民族旅游村寨地方性的感知与彰显研究

作　　者：刘宏芳　明庆忠　著
出版发行：中国旅游出版社
（北京静安东里 6 号　邮编：100028）
http://www.cttp.net.cn　E-mail:cttp@mct.gov.cn
营销中心电话：010-57377108，010-57377109
读者服务部电话：010-57377151
排　　版：小武工作室
经　　销：全国各地新华书店
印　　刷：北京明恒达印务有限公司
版　　次：2020 年 8 月第 1 版　2020 年 8 月第 1 次印刷
开　　本：720 毫米 × 970 毫米　1/16
印　　张：18
字　　数：293 千
定　　价：49.80 元
ISBN　978-7-5032-6519-8